本书为国家社科基金青年项目"出版机制转型与新时期文学的市场化生产研究"(项目编号：15CZW052)、中国作家协会重点扶持项目、山东大学人文社会科学研究项目的研究成果。

出版机制转型
与新时期文学生产

周根红 著

中国社会科学出版社

图书在版编目(CIP)数据

出版机制转型与新时期文学生产／周根红著．—北京：中国社会科学出版社，2023.9
ISBN 978－7－5227－1945－0

Ⅰ.①出… Ⅱ.①周… Ⅲ.①出版业—发展—研究—中国 Ⅳ.①G239.2

中国国家版本馆 CIP 数据核字(2023)第 096200 号

出 版 人	赵剑英
责任编辑	王小溪
责任校对	季　静
责任印制	戴　宽

出　　版	中国社会科学出版社
社　　址	北京鼓楼西大街甲 158 号
邮　　编	100720
网　　址	http://www.csspw.cn
发 行 部	010－84083685
门 市 部	010－84029450
经　　销	新华书店及其他书店
印　　刷	北京君升印刷有限公司
装　　订	廊坊市广阳区广增装订厂
版　　次	2023 年 9 月第 1 版
印　　次	2023 年 9 月第 1 次印刷
开　　本	710×1000　1/16
印　　张	13.75
插　　页	2
字　　数	201 千字
定　　价	69.00 元

凡购买中国社会科学出版社图书，如有质量问题请与本社营销中心联系调换
电话:010－84083683
版权所有　侵权必究

目　　录

前　言 …………………………………………………………（1）

第一章　出版体制转型与新时期文学出版制度重建 …………（1）
第一节　出版体制重建与20世纪80年代文学生态 ………（1）
第二节　民营出版与新时期文学出版场域重建 …………（22）
第三节　文艺出版社的转型与当代文学生态 ……………（34）

第二章　畅销书机制与新时期文学出版 ………………………（46）
第一节　新时期文学畅销书的市场化生产 ………………（46）
第二节　转型时期文学畅销书的生产机制与消费趣味 …（62）
第三节　畅销书排行榜与新时期文学畅销书出版 ………（70）

第三章　出版机制转型与新时期文学出版的文化表征 ………（86）
第一节　出版机制转型与女性作家群的文化消费 ………（86）
第二节　新时期文学出版的社会话语生产 ………………（101）
第三节　茅盾文学奖与新时期文学出版 …………………（111）

第四章　跨媒介出版场域与新时期文学生产 …………………（124）
第一节　文学出版与影视的互动生产 ……………………（124）
第二节　出版的影视转型与21世纪文学生产 ……………（141）

第三节　数字化时代文学的生产机制与传播动力…………（152）

第五章　出版机制转型与读者场域重建……………………（165）
第一节　社会文化变迁与 21 世纪文学的畅销阅读 …………（165）
第二节　读者的瓦解与建构：影视时代的阅读症候 …………（174）
第三节　数字阅读模式变迁与读者主体建构…………………（182）

附　录 ……………………………………………………………（191）

参考文献 …………………………………………………………（207）

后　记 ……………………………………………………………（212）

前　　言

　　新时期以来，文学出版体制在拨乱反正中得以重建，有力地促进了新时期文学出版的繁荣发展。20世纪80年代中后期，出版社的体制改革逐步展开，其中面临的重要影响因素就是市场经济。出版社在坚持社会效益的前提下，开始追求市场效益。随着出版社从事业单位转型为企业单位，自负盈亏成为出版体制市场化改革过程中的重要方式。与此同时，80年代和90年代，政府相关的出版政策也在不断出台。出版社也不断在政策、市场等方面突围，影响了整个80年代的文学生态。90年代，随着政策对民营出版机构的认可，民营出版业不断发展壮大，传统出版社进一步面临着民营出版机构的冲击。21世纪以来，文学出版市场的主导性力量已经转向民营出版机构，它们与传统出版机构共同构成了当前文学出版的生产场域。

　　由于走向市场成为民营和国有出版机构共同的目标，因此，在遵守相关政策、坚持主流话语引导的基础上，寻求最大的市场效益便成为文学出版的发展动力。在这一过程中，文学出版取得的重要发展无疑是畅销书机制的引入。20世纪80年代，西方的畅销书机制进入中国，让出版机构眼前一亮。出版社充分发挥各自的优势，成立市场营销、策划等相关部门，纷纷运用各种营销手段，形成了一定的运作模式。它们通过对文本符号的挖掘、图书品牌的打造、消费者的市场定位、大众传媒的宣传、畅销书排行榜的引导等，扩大了文学出版的市场，但也产生了一些不良后果。

出版机制转型与新时期文学生产

文学出版的市场化转型，必然导致文学出版呈现出更多的消费文化特征。女性作家群的出现、迎合社会热点话题、张扬民族主义情绪、文学评奖等象征资本的市场开发等，都彰显了新时期文学出版的消费文化特征。消费文化的影响是相互的，它不仅体现在对文学出版的市场效益的追求，而且也反过来影响主流文学的评价标准，如茅盾文学奖的评选就是重要的表现。茅盾文学奖因为其特殊的主流文学地位，其早期的获奖作品大多追求宏大叙事、主流话语等，然而，晚近以来，一些叙事并不宏大、曾被改编为热播影视剧的书或畅销的图书纷纷入围茅盾文学奖，部分文学作品最终获得茅盾文学奖。这从一个侧面表明市场对主流文学评价机制的影响和渗透。

新时期以来，文学的创作和出版逐渐进入一个影视、网络等跨媒体互动的生产场域。影视媒体对日常生活的渗透，促成了一种强有力的遵循市场话语准则的媒体文化。这一文化的形成，不仅改变着图书出版的审美内涵，也导致了图书出版生态环境和文化范式的转型，文学出版也逐渐与影视形成合力，表现出强烈的影视化的生产转型，进而对21世纪的文学创作产生了重要的影响。21世纪以来，随着网络与新媒体的迅速崛起，网络文学渐成流行趋势，并迅速占据了文学的主导地位。网络文学生产迥异于传统文学，更多地表现出粉丝生产、付费模式、整合营销传播等特征。

文学出版的市场化转型，最终必然会反映在读者的身上。读者阅读趣味的变化也会反过来影响文学出版。21世纪以来，文学畅销书排行榜成为阅读趣味的重要表征。通过对21世纪以来文学畅销书排行榜的分析可以发现，读者的阅读呈现出青春阅读、传媒趣味、现实功利性的阅读和玄幻/悬疑文学阅读等不同的趣味。读者阅读趣味的变迁，也反映了21世纪以来社会文化的变迁。近年来，对读者产生较大影响的就是网络文学的崛起，数字化阅读已经成为当下读者阅读的主要模式。数字化阅读不仅丰富了读者的阅读内容和阅读形式，推动了整个数字阅读产业的繁荣，也创新着文学出版的理念和模式。当前，数字化阅读主要表现为社会化阅读。这一阅读模式已经超越了阅读本身，成为一种关系生产和社群的建构。社会化阅读对文学出版产生的重要影响便是出版模式的创新——根据用户的内容需求和兴趣进行定制化生产。

本书试图从出版体制转型与新时期文学出版制度重建、新时期文学畅销书生产、新时期文学出版的文化表征、跨媒介场域与新时期文学创作、出版机制转型与读者场域重建等方面出发，研究出版机制转型对新时期文学产生的影响。为避免重复研究，也为保证本书具有较为宏观的视角，对于目前研究较为充分的文学出版议题，如"布老虎丛书""文化大散文"等，本书没有进行专门的论述，而是以一种"化零为整"的方式融入其中。总体来说，一方面，新时期出版体制的市场化转型，对文学的生产、传播和接受都产生了重要的影响；另一方面，在出版体制的市场化进程中，如何在坚持文学的社会效益的同时更好地发挥文学的市场效益，是值得继续深入研究的重要课题。

第一章　出版体制转型与新时期文学出版制度重建

新时期以来，我国的出版体制逐步进行改革，出版的市场化机制逐步成型，原有的一元化国有出版体制逐渐过渡到多种所有制形式并存的多元出版结构，尤其是民营出版机构的大量出现，很大程度上改写了我国图书出版市场的格局，甚至成为出版市场的主导力量。新时期出版体制的重建和改革，在20世纪80年代的文学出版中表现得较为明显，影响了80年代的整个文学生态。新时期以来，各级、各地的出版社也纷纷进行市场化探索，将追求社会效益和经济效益的目标结合，争夺市场份额。与文学图书出版密切相关的文艺类出版社既是出版体制改革本身的产物，也为提高文学图书的市场占有率不断调整出版策略，见证了新时期的文学生态。

第一节　出版体制重建与20世纪80年代文学生态

新时期以来，出版行业进行了一系列的拨乱反正，终于走上了正轨。不过，出版行业面临着许多困境和新的问题，如"书荒"现象严重、纸张短缺、印刷技术落后、出版体制落后等。因此，新时期出版行业经历了发行制度改革、书价定价制度改革、地方出版社体制改革、印刷技术改造工程、出版分工制度改革、出版社税收制度改革等，为新时

出版机制转型与新时期文学生产

期文学图书的出版提供了良好的保障。20世纪80年代是我国文学大发展、大繁荣的时期，武侠小说热、丛书出版、文学史料与作品整理、文学思潮命名、中篇小说热与文学的当代意识、港台文学热等，不仅是文学创作对文学出版的推动，也是文学出版的自觉追求，从而形成了文学创作与文学出版相互促进的文学生态。

一 出版体制重建

1977年12月，由国家出版局主办的全国出版工作会议在北京召开，为出版行业的正常发展进行了拨乱反正。20世纪70年代和80年代的一系列出版工作会议，对新时期出版体制的重建和改革起到了重要作用。1978年10月在江西庐山召开的全国少儿读物出版座谈会（简称"庐山会议"），提出要恢复少儿读物的出版，并制定了三年重点少儿读物出版规划，"3年内为孩子们出版29套丛书"①。1978年12月21日，国务院批转了国家出版事业管理局、教育部、文化部、团中央等7个部门联合署名的《关于加强少年儿童读物出版工作的报告》，并要求各省市、自治区等单位遵照执行。这份报告对少儿读物的出版提出了重要措施，也为整个出版行业和图书品种的多样化指明了方向。1979年12月，全国出版工作座谈会在长沙召开，这次会议后来被称为"长沙会议"。"长沙会议"的重要意义是将地方出版社的经营方针从"地方化、群众化、通俗化"调整为"立足本省，面向全国"，将原本只能立足地方、出版通俗化小册子的出版方针扩大到可以"面向全国"的出版范围，这就使得地方出版社的出书限制被解除，也意味着地方出版社可以出版各种类型的图书。这次会议原则通过了《出版社工作暂行条例》，对出版社的指导思想、工作方针、性质等进行了规定，尤其是对地方出版社的"立足本省，面向全国"的出版方向进行了制度化的规定。

---

① 宋木文：《宋木文出版文集》，中国书籍出版社1996年版，第53页。

第一章　出版体制转型与新时期文学出版制度重建

出版行业经过拨乱反正，虽然出版工作得以恢复和重建，但却遇到了许多新的问题，其中重要的问题有两个：一是随着人民群众对图书需求的迅猛增长，出版社的印刷能力不足、发行渠道不畅、纸张供应紧张、资金严重不足，这都严重影响着新时期整个出版行业的发展；二是新时期以来，出版工作出现了许多新问题、新现象，对这些情况的理解和处理，需要新的思想进行指导。1982年2月4日，中央书记处会议审议国家出版局工作汇报时，对这两方面的问题做了充分讨论。1983年6月6日，为适应党的"十二大"提出建设"两个文明"的需要，中共中央和国务院联合下发了《中共中央、国务院关于加强出版工作的决定》。该决定明确规定了出版工作的性质和指导方针，"为人民服务，为社会主义服务"为根本方针，进一步明确了地方出版社"立足本地，面向全国"的出版方针，同时也对许多实际问题进行了规定，如实施印刷技术改造工程、出版单位的所得税由55%降为35%、全部留成用于发展出版事业等。该决定对新时期出版工作的"形势和任务""性质和指导方针""出版队伍建设""印刷发行""出版工作的领导"等方面都进行了较为全面的规定，具有重要的历史意义，是新时期出版工作具有纲领性的重要指导文件。

当时的买书难问题，也受到中央领导同志的高度关注。买书难的原因主要有两点：一是当时的印刷技术落后、纸张匮乏、出版周期长；二是发行体制流通不畅。因此，发行体制改革也是新时期出版体制重建的重要工作。1980年，发行体制改革逐步推进，主要工作有以下两点：一是允许出版社自办发行；二是提倡和推行"一主、三多、一少"（即以新华书店为主，多种经济成分、多种流通渠道、多种购销形式结合，减少流转环节）的新体制。然而，这两项改革也引起了发行方、出版社和新华书店等多方面的矛盾和争论。正是在这一背景下，1984年，时任国家出版局副局长的王益对发行体制改革提出了四点意见："（一）改革出版、发行分工绝对化，出版社与发行单位共同解决买书难的问题。（二）改包销为寄销，社店共担风险，改变出版社长年吃'保险饭'的

3

局面。（三）妥善解决备货问题，由出版社承担备书的主要责任，允许把备货所需费用计算成本，有的书可以适当提点价。（四）出版社从单纯生产型改为生产经营型。"① 这四条意见的总体思路就是将发行体制改革和出版体制改革相结合，整体推进出版发行体制改革。胡乔木看到王益的建议后，写信给时任中宣部部长的邓力群，表示对王益意见的赞同。随后，发行体制改革进一步向前推进，到80年代末期，买书难的问题得以缓解。

发行体制改革和前述的所得税降低并留成用于出版事业发展这一政策的推行，必然会涉及图书定价制度，这事关发行行业和出版社的经济效益和长期发展。当时图书定价执行的是1973年的定价标准，这一标准比1956年的还低。由于纸张价格、印刷成本上涨，这一标准已经严重不符合实际。于是，1984年，图书价格进行了相应调整，并引发了社会的广泛关注，甚至主管领导对此也提出了批评。1985年，国家出版事业管理局提交了图书提价必要性的《关于图书定价调整情况的报告》。后经中央领导同志和主管部门的审批，"对一般图书继续执行1984年中央批准的调价方案，对中小学课本和大专教材，则以国家补贴的办法，既保持低价水平，又使出版单位有微利收益"②。书价改革既坚持了课本和教材的低价策略，保障了教学工作的正常开展，同时允许一般图书的价格适当调整，也给出版社进行自我营收提供了机会。总体来说，书价改革有力地促进了新时期出版事业的健康发展。

经过出版体制的一系列改革，地方出版社的出版限制被松绑，图书的发行更加灵活，书价改革放开了"一般图书"的定价限制，为新时期文学图书的出版提供了良好的保障。有资料统计，"1978年以来，文

---

① 宋木文：《胡乔木对新时期出版工作的历史性贡献（上）——纪念胡乔木诞辰100周年》，《中国出版》2012年第9期。

② 宋木文：《胡乔木对新时期出版工作的历史性贡献（上）——纪念胡乔木诞辰100周年》，《中国出版》2012年第9期。

4

学出版工作发展迅速。至 1989 年 7 月，全国专业文学文艺出版社已由 1978 年的 9 家增至 37 家。1977 年至 1990 年，全国共出版各类文学作品和文学理论书籍 1 万多种。其中 1988 年就出版 6998 种（包括少年儿童文学图书），其中新版书 5801 种"①。

二　武侠小说热与出版管理

由于经过十余年的出版禁忌和创作中断，新时期图书出版遇到了严重的"书荒"现象。于是，出版工作者重新审视中华人民共和国成立以来出版的书籍和"五四"以来的各种书籍，并认为有些书可以原样出版，有些书可以进行必要的修改后出版。国家出版事业管理局也决定"从北京和上海有关出版社已经出版的文艺书籍中，选出三十多种为当前广大读者迫切需要的中外优秀作品，迅速重印一批，首先供应大中城市"②。这批得以迅速重印的书籍共有 35 种，主要可以分为三类："五四"以来的现代作家作品；古典文学名著；革命历史和解放区文学作品。但是，这些图书的品种过于单一，基本上都属于严肃文学范畴，缺乏供读者娱乐消遣的通俗读物。出版社根据市场需求，大规模挖掘通俗读物的出版资源，出版了大批旧武侠小说、公案小说。当时，这些书籍属于封建社会的产物，宣扬了封建道德观念，存在因果报应的消极思想，因此，只是作为"学术研究"和"古籍整理"进行小规模出版。由于潜在的市场效益和出版体制改革过程中对经济效益的追求，1979 年前后，出版行业掀起了一股出版古旧武侠小说、公案小说的热潮。如《三侠五义》《封神演义》《杨家将演义》《侠女奇缘》《侠女风月传》《济公传》《龙图耳录》《彭公案》《施公案》《呼延庆打擂》《西游补》

---

①　寇晓伟：《蓦然回首　星光灿烂——建国 40 年文学出版述略（一）》，《中国出版》1992 年第 6 期。

②　《年内将有大批重印书出版》，《出版工作》1978 年第 3 期。

等。"光是《三侠五义》上报数字即达 700 万部,而实际印数还要大些。"① 此外,《封神演义》印刷了 300 多万套、《杨家将演义》印刷了 250 万套。②

古旧武侠小说的出版虽然满足了社会文化的需求和出版社的经济效益,但是对于当时的图书出版业来说,也有着很多负面影响,受到管理部门和学术界的严厉批评。这些批评主要有两点。一是浪费纸张。新时期纸张供应非常紧张,出版社的印刷能力也严重不足,出版社一窝蜂地出版新旧武侠小说,势必会严重冲击中小学教科书和重点报刊的出版。二是有些武侠小说宣传了暴力、凶杀,给青少年带来了不良影响。甚至有些机构和媒体将 80 年代青少年犯罪率的增长归因于这类图书的出版。古旧武侠小说的出版被列入审批行列。1983 年,古旧小说热有所降温。

1985 年,以金庸、梁羽生、古龙等为代表的港台武侠小说掀起了一轮"新武侠小说热",如山西人民出版社的《武夷女侠》、宁夏民族出版社的《龙形剑侠》、云南民间文艺出版社的《单剑奇侠》、天山文艺出版社的《侠骨丹心》、河南人民出版社的《风尘剑侠谱》等。"新武侠小说热"也带动了旧武侠小说的重新出版:"这次好像比《三侠五义》热,还要厉害一点。新的武侠小说和旧的武侠小说,有的出版社印几十万甚至上百万册;一些古旧书店本来开个口可以影印一些有价值的古本、珍本和资料书,供专家学者用,这本是一件很好的事情,但现在为了赚钱也印起武侠小说来,甚至印新的武侠小说……"③ 有数据统计:"1985 年上半年,新武侠小说、旧小说出版量高达四千多万册。"④ 其中,还有大量盗印、冒名出版的现象,所出版的新旧武侠小说数不胜

---

① 孙五川:《论出书的"一窝蜂"现象》,《出版工作》1990 年第 4 期。
② 参见《"〈三侠五义〉出版热"说明了什么?》,载中共中央宣传部编《宣传动态 1981》,中央党校出版社 1982 年版,第 57 页。
③ 许力以:《许力以同志在全国图书评论工作会议上的讲话》(1985 年 5 月 18 日),载中共中央宣传部出版局主编《书评工作指导与探索》,云南人民出版社 1986 年版,第 9 页。
④ 郑士德:《1985 年图书发行工作概况》,载中国出版工作者协会编《中国出版年鉴 1986》,商务印书馆 1986 年版,第 115 页。

数。新旧武侠小说热严重冲击了文艺图书市场,甚至导致了 1985 年新华书店系统的"图书进货失控":"各种发行渠道自编、自印、自发一千多万册(套)新武侠、传奇、言情、探案等小说,在全国范围内掀起了新武侠、传奇小说热",新华书店盲目进货,导致"到货过量,销售呆滞,销存倒挂,库存猛增现象"。据统计,"1985 年全国库存图书高达 15.6 亿元,比 1984 年增长 65.5%","许多书店只好削价大拍卖,连环画三折出售,文艺书四、五折拍卖,经济损失严重"。"新旧武侠小说热"再次引起了社会的广泛争议和主管部门的不满,随后政策进一步加压新旧武侠小说的出版。经过一系列政策的严控,1986 年武侠小说的出版再次陷入低谷。

1987 年,武侠小说出版又一次走向高潮,并一直持续到 80 年代末 90 年代初。当时,几乎全国所有的出版社都在出版武侠小说。如华山文艺出版社的《金丹侠女》(1987)、延边教育出版社和文化艺术出版社的《侠影红颜》(1988);工人出版社的《大侠情怨》(1988)、中州古籍出版社的《侠女喋血记》(1988)、辽沈书社的《侠骨丹心》(1988)、华艺出版公司的《少侠华龙传》(1989)、广西文艺出版社的《金刚奇侠》(1988)、中国文联出版公司的《侠隐岛》(1988)、黄河出版社的《怪侠神刀》(1988)等。新武侠小说之所以能够突破严控的出版政策,一方面与出版社追求经济效益有关,另一方面也与当时的"统战"政策有关。与《三侠五义》为代表的旧武侠小说热有所不同,旧武侠小说是以"古籍整理"和"学术研究"的名义出版的,新武侠小说的流行则与"统战"政策关联。边春光(时任国家出版局局长)对 1985 年的新武侠小说出版热曾这样说:"新武侠小说泛滥,反映了一些同志思想认识模糊,政策界线不清。……我们在文化上并不笼统地排斥香港、台湾和外国的东西,但是要有选择。……对港台文化界知名人士,我们应该主动做统战工作,但是,要正确处理统战政策与文化政策

---

① 周一苇:《重视研究 1985 年图书进货失控的严重教训》,载周一苇《实践与探索 周一苇图书发行研究论文选》,中国国际广播出版社 1992 年版,第 172—175 页。

出版机制转型与新时期文学生产

的关系。"① 边春光的话表明,在关于新武侠小说出版的管制方面,既要控制出版,又要考虑"统战"工作。1991年,生活·读书·新知三联书店获准引进金庸小说的正式版权时,使用的就是"统战"策略:"用什么来统战呢? 我们又想出一个词:'文化'。后来把这词扩而大之,广泛使用。……如出金庸的武侠小说,也强调它的文化性格和文化意义,尽管那时查禁武侠小说甚严,我们的方案还是被批准了。"②

1992年8月8日,国家新闻出版署下发了《关于调整部分选题管理规定的通知》。该通知指出,为贯彻邓小平同志南方谈话重要精神,"深化出版改革,简政放权",决定将"古旧小说专题审批权""新武侠小说的专题审批权"下放,出版社"可按一般选题管理程序安排出版"。③ 武侠小说地位从仅供学术研究、严格控制、统战需求到出版权下放,也表明出版体制在武侠小说这类图书出版过程中市场化的基本成型。

三 丛书出版与史料整理

新时期图书出版规划是影响20世纪80年代文学出版生态的重要政策。1977年12月召开的全国出版工作座谈会上,讨论了1978年的出书计划和1978年至1985年八年间的出书规划。在文学艺术书籍出版方面,会议提出要出版"《鲁迅全集》新版注释本、《鲁迅手稿全集》影印本,1978年开始出版,1980年出齐,以纪念鲁迅诞生一百周年。要大力组织作家写作反映现实斗争和革命历史题材的长篇创作,力争在一九八〇年前至少出版一百五十部。五四以来的优秀作品(包括文学、戏剧、美术、音乐、舞蹈),除陆续出版一些作家的选集和单行本外,

---

① 边春光:《总结经验 端正思想 繁荣社会主义出版事业》,载中国出版工作者协会编《中国出版年鉴1986》,商务印书馆1986年版,第1页。
② 沈昌文:《恢复三联书店》,载沈昌文《也无风雨也无晴》,海豚出版社2014年版,第166页。
③ 《新闻出版署关于调整部分选题管理规定的通知》(1992年8月8日),载中国出版年鉴社编《中国出版年鉴1993》,中国出版年鉴社1994年版,第43页。

还要选编一套《中国现代文学三十年集》(1919—1949)十卷,一套《建国三十年文学作品选》(1949—1979)十卷,1980 年出齐"①。1978 年,陈翰伯在国家出版局直属出版社规划动员大会上提出要落实在全国出版工作座谈会所提出的出书规划,并将其划分为一年(1978)、三年(1978—1980)、八年(1978—1985)三个时间段。② 1978 年 2 月 24 日,国家出版局制定了《八年(1978—1985)出书规划初步设想》,确定了三年(1978—1980)、八年(1978—1985)的奋斗目标和重点图书出版项目。于是,各出版社根据《八年(1978—1985)出书规划初步设想》纷纷制定了各自的"出书规划"。如人民文学出版社规划要出版"新文学史料丛书""中国现代文学流派丛书""中国现代文学作品原本选印丛书""中国现代作家丛书"等;③ 中国青年出版社计划八年内出版长篇小说 40 部左右、供青年阅读的鲁迅选集和鲁迅的传记故事、一套文学知识普及读物、一套 160 种左右的"青年文库"(包括哲学社会科学、文学艺术和自然科学)。④ 广东人民出版社规划出版包括 40 部中长篇小说和个人专集在内的 20 部"粤海文丛",并在八年内分三个阶段出版。⑤ 由于新时期出版体制的重建,国家出版局对于出版社的出版总体指导思想是"整理""重印"和"规划",这成为 80 年代文学出版的重要动力,造成了这一时期丛书、文集等规模化的出版现象和出版形式。

　　在"出书规划"政策的指导下,"五四"以来现代作家全集或文集的出版成为新时期文学出版的重要工程。其实,"五四"以来现代作家的作品在"十七年"时期便开始出版,如《许地山选集》《郁达夫选

---

① 《保证重点　三年大见成效》,《出版工作》1978 年第 1 期。
② 参见陈翰伯《动员起来　订好出书规划——陈翰伯同志在国家出版局直属出版社规划动员会上的讲话摘要》(1978 年 1 月 19 日),《出版工作》1978 年第 2 期。
③ 参见剪括《向系列化出书的方面努力——1983 年人民、商务等出版社出版丛书一瞥》,《出版工作》1983 年第 4 期。
④ 《中国青年出版社八年出书规划》,《出版工作》1978 年第 16 期。
⑤ 《广东人民出版社四套丛书规划》,《出版工作》1978 年第 4 期。

集》《殷夫选集》《柔石选集》《蒋光赤选集》《应修人 潘漠华选集》《鲁彦选集》《萧红选集》《沙汀选集》《艾芜选集》等。新时期对"五四"以来现代作家全集或文集的出版,既是对"五四"以来文学的整理出版,从某种程度上来说,也是"十七年"时期"五四"文学出版的延续。1981年人民文学出版社在1958年版《鲁迅全集》的基础上进行重新注释,出版了16卷本的新版《鲁迅全集》。人民文学出版社还出版了《郭沫若文集》(1982—1984,共20卷)、《茅盾全集》(1986,共40卷)、《巴金全集》(1986—1989,共10卷)、《周扬文集》(1984—1994,共5卷)等。1983年以来,人民文学出版社陆续出版了"中国现代文学流派创作选丛书"。这套丛书既包括人们熟知的"荷花淀派""山药蛋派"等流派的作品选,也包括第一次整理出版的"新感觉派""象征诗派""新月派""战国策派""湖畔诗社""文学研究会"等流派或文学社团的作品选。这套丛书的出版一直持续到90年代初,成为第一套系统地介绍中国现代文学流派的丛书。各地出版社也编辑出版了本地区的(也有很多外地区)作家的文集或选集,如江苏教育出版社出版的《叶圣陶全集》(1987—1994,共25卷)和《朱自清全集》(1988—1997,共12卷),花城出版社出版的《欧阳山文集》(1988,共10卷),等等。

在"整理""五四"文学和"学术研究"的出版思想指导下,具有文学史料意义的大型丛书的出版成为新时期文学出版的鲜明特征。上海文艺出版社编辑出版的《中国新文学大系》(1983—1985年陆续出版)和中国文联出版公司编辑出版的《中国新文艺大系》(1984年以后陆续出版),是中国现当代文学(文艺)重要的集大成丛书。《中国新文学大系(1917—1927)》(10卷)是由赵家璧主编、良友图书公司在1935年出版的一套"五四"以来重要的文学大系丛书,1982年上海文艺出版社全套影印出版。《中国新文学大系(1927—1937)》无疑是对赵家璧所主编丛书的延续,这套丛书分文学理论集、小说集、散文集、杂文集、报告文学集、诗集、戏剧集、电影集、史料、索引,共20卷。《中

第一章 出版体制转型与新时期文学出版制度重建

国新文艺大系》采取的是由近至远的倒序时间编辑方式，主要分为1982—1976 年、1976—1949 年两个时间段，共出版了 30 集，内容包括小说、诗歌、民间文学、少数民族文学、舞蹈、书法以及文学理论、艺术理论、文艺史料等 20 个方面。1983 年，人民文学出版社也开始陆续出版"中国现代文学流派创作选丛书"，这套丛书整理挖掘了大量稀有的文学作品和各种主要文学流派的作品。人民文学出版社的"中国现代文学作品原本选印丛书"（1983—1988 年陆续出版）按照原书面貌进行了出版，共 27 种。这套丛书出版了包括康白情、左舜生、沈玄庐、胡适、傅斯年、戴季陶、周作人等人的作品；同时也挖掘了一批重要的作家作品，如冯沅君、彭家煌、凌叔华、沉樱等因各种原因被湮没在文学史中的作家的作品。这套丛书中大多数是绝版珍藏书籍，具有非常重要的文学史价值和版本学价值。上海文艺出版社出版了"中国现代文学史资料丛书"，该丛书分甲乙两种版本出版，主要包括《郭沫若著译书目》（上海图书馆编，1980）、《左联五烈士研究资料编目》（丁景唐、瞿光熙编，1981）、《鲁迅著译系年目录》（上海鲁迅纪念馆编，1981）、《语丝》（1982）、《鲁迅革命活动考述》（倪墨炎，1984）、《鸳鸯蝴蝶派研究资料》（魏绍昌、吴承惠编，1984）、《雪峰年谱》（包子衍，1985）、《光明》（光明半月刊社，1985）、《郭沫若著译书目》（萧斌如、邵华编，1989）。上海书店通过复制古旧书刊影印出版了"中国现代文学史参考资料"，包括徐訏的《鬼恋》（1988），林语堂的《大荒集》（1985），周作人的《谈虎集》（1987）、《知堂乙酉文编》（1983）、《谈龙集》（1987），赵景深的《文坛忆旧》（1983），潘汉年的《离婚》（1983），罗黑芷的《春日》（1993），孙梦雷的《英兰的一生》（1993），陈梦家的《铁马集》（1992），陈衡哲的《小雨点》（1985），田汉、宗白华、郭沫若的《三叶集》（1982），《人世间》半月刊"今人志"栏的短文集《二十今人志》（1986），郭沫若的《归国秘记》（1988），陈从周的《徐志摩年谱》（1984），叶灵凤的《灵凤小品集》（1985），许杰的《冬至集文》（1988）。这些丛书通过不同的形式对中国现代文学

11

出版机制转型与新时期文学生产

的优秀作品进行了系统化发掘。

为贯彻国家出版局的"三年"和"八年"规划精神、迎接中华人民共和国成立35周年和40周年，一些出版社纷纷出版以革命、延安、抗战、解放等为主题的图书。1984—1988年，湖南人民出版社出版了"延安文艺丛书"，包括文艺理论卷、小说卷（上下）、散文卷、诗歌卷、报告文学卷、秧歌剧卷、歌剧卷、话剧卷、戏曲卷、美术卷、文艺史料卷、民间文艺卷、音乐卷、电影·摄影卷和舞蹈、曲艺、杂技卷等16卷；1983—1985年，福建人民出版社相继出版了"上海抗战时期文学丛书"，选编了郑振铎的《蛰居散记》、巴金的《控诉集》、师陀的《无望村的馆主》、罗洪的《群像》、陈伯吹的《魔鬼吞下了炸弹——上海》、钱锺书的《人·兽·鬼》、杨绛的《喜剧二种》、钱君匋的《战地行脚》等40余册；1984—1986年，漓江出版社出版了"抗战时期桂林文化运动资料丛书"，包括《桂林文化城记事》、《桂林文化城概况》、《欧阳予倩与桂剧改革》、《旅桂作家》（上下册）、《文艺期刊索引》、《西南剧展》（上下册）、《戏剧运动》（上下册）七种；1989年，重庆出版社出版了"中国抗日战争时期大后方文学书系"，包括《文学运动》、《理论·论争》（上下）、《小说》（四册）、《报告文学》（三册）、《散文杂文》（二册）、《诗歌》（二册）、《戏剧》（三册）、《电影》、《通俗文学》、《外国人士作品》等共20卷。这些"丛书"和"书系"的出版，不仅具有"献礼"性质，更为重要的是系统梳理了特定历史时期的文学作品，具有重要的文学史和史料意义。

四　选本出版与文学自觉

20世纪80年代大型丛书的出版不仅体现了对"五四"以来文学思潮和文学发展脉络的接续，寻找新时期文学的"合法性"源流，同时也有一批丛书对20世纪七八十年代的文学创作进行了梳理，并积极捕捉80年代文学创作所表征出的重要现象，从而通过文学的"选本"出版现象，归纳总结了80年代的文学思潮，表现出一种直觉的文学意识和可贵的文学观念。

现代主义文学新潮选本的出版是新时期文学出版中类型较为丰富、总结较为全面的选本。1988—1989年，时代文艺出版社出版了"新时期流派小说精选丛书"（吴亮、章平和宗仁发编选），该套丛书对20世纪七八十年代的文学创作流派进行了较为全面的总结。这套丛书共7种8本，分别为1988年出版的《荒诞派小说》、《意识流小说》、《魔幻现实主义小说》、《现实主义小说》（上下册）、《象征主义小说》和1989年出版的《民族文化派小说》《结构主义小说》；1988年，花山文艺出版社出版了"八十年代中国文学新潮丛书"，对80年代的现代主义文学进行了全面梳理，这套丛书共6本，包括《缤纷的小说世界——新潮小说选评》（四册）（张学正、张志英选评）、《多声部的剧场——新潮戏剧选评》（田旭修选评）、《骚动的诗神——新潮诗歌选评》（李丽中选评）。其中，《缤纷的小说世界——新潮小说选评》（四册）收录了意识流与心态小说、纪实小说、抒情小说、通俗小说、象征和哲理小说、魔幻现实主义小说、文化寻根小说、荒诞与黑色幽默小说、新乡土市井小说、意象小说、性爱小说等。上海文艺出版社的"文艺探索书系"，包括《探索小说集》（程德培、吴亮选评，1986）、《探索诗集》（本社编，1986）、《探索戏剧集》（本社编，1986）、《探索电影集》（本社编，1987）、《心灵的探索》（钱理群著，1988）等。这套书的封底上写着："文艺正在发生深刻的变革。从题材内容到表现手段，从文艺观念到研究方法，出现了'全方位的跃动'。无论是创作还是理论，都呈现出前所未有的锐气和活力。作家、理论家的想象领域和思维空间迅速拓展。这是时代的改革浪潮在文艺领域中激起的回响。文艺探索书系以探索为手段，以开拓为目的，从中可窥探到作家、理论家的心路历程和精神状态，了解到作家、理论家思考的广度和深度。它是当代文艺变革的缩影。"[①] 李复威和蓝棣之主编、北京师范大学出版社出版的"80年代

[①] 上海文艺出版社编，程德培、吴亮评述：《探索小说集》，上海文艺出版社1986年版，封底。

文学新潮丛书"分别在1989年和1992年出版了两次。1989年出版的包括《带露的绿叶——纪实小说选萃》（李复威选编）、《一半是火焰一半是海水——通俗小说选萃》（刘玉山选编）、《伊甸园里的躁动——性恋小说选萃》（贺绍俊、潘凯雄选编）、《憧憬船——台港文学新潮选萃》（元明选编）、《世纪病：别无选择——"垮掉的一代"小说选萃》（陈雷选编）、《褐色鸟群——荒诞小说选萃》（吕芳选编）；1992年出版的包括《红房间 白房间 黑房间——探索戏剧选萃》（小青选编）、《灯心绒幸福的舞蹈——后朦胧诗选萃》（唐晓渡选编）、《我常常享受一种孤独——获奖诗人诗歌选萃》（蓝棣之选编）、《寻找的时代——新潮批评选萃》（李洁非、杨劼选编）、《群山之上——新潮散文选萃》（老愚选编）、《独身的女子们——社会问题报告文学选萃》（李复威、杨浬选编）等。该套丛书的序言这样写道："我们的目标是：从80年代文坛所发生的新潮流、新现象、新趋势、新走向、新热点、新试验、新经验、新成就里，挑选出那些积极的、富于成果的和有价值的作品，介绍给当世，借以总结过去，开拓未来。我们甚至还希望这套书成为全国各地高等学校和科研机构文科图书馆的必藏书，为有关的教学和研究提供第一手的客观的和活的材料。"[①] 此外，还有程永新编选、上海社会科学院出版社出版的《中国新潮小说选》（1989）。这些具有探索性的现代主义思潮文学丛书的出版，表明整个80年代文学生态的急剧变化和思潮涌动现象。

与现代主义文学思潮密切相关的，就是争鸣小说选本的出版，这也是80年代文学出版的重要现象。由陈子伶和石峰编选、山东文艺出版社出版的"当代文学资料丛书"，包括《1983年中篇小说争鸣集》（1984）、《1983—1984短篇小说争鸣集》（1984）、《1985年争鸣小说集》（1987）等；1981年，北京市文联研究部选编的《争鸣作品选编（内部资料）》（共二辑）；1989年，中国作家协会创作研究室选编、时

---

① 刘玉山选编：《一半是火焰一半是海水——通俗小说选萃》，北京师范大学出版社1989年版，第4页。

代文艺出版社出版的"新时期争鸣作品丛书",包括《五色土》《黑玫瑰》《男人的一半是女人》《公开的情书》《美神之囚》《贞女》《女俘》《白纸船》《感情危机》《小城之恋》《鲁班的子孙》《棉花垛》《晚霞消失的时候》13册。此外,还有於可训、吴济时和陈美兰主编、武汉大学出版社出版的《文学风雨四十年——中国当代文学作品争鸣述评》。这些选本的出版,在今天看来,无疑是对新时期文学思潮进行的重要总结。其中,《文学风雨四十年——中国当代文学作品争鸣述评》并非简单的争鸣作品汇编,而是以评论的方式对中华人民共和国成立后四十年间具有争议性的文学作品的一次文学审视和史学勾勒。正如有的学者所说,"本书入选的作品讨论,大类以讨论所涉及的主要问题的性质划分。各类之下所收作品讨论的次序,主要以讨论或作品发表、演出、出版的时间先后为序。目的是使读者既对每次讨论有一个总体把握,又对历次讨论共同涉及的问题有一个史的线索和比较"。该书分为"本质与真实""历史与现实""人之情与人之性""爱与道德""人与现代社会""传统与革新"6类。①

　　现实主义思潮的文学选本,涉及伤痕、反思、改革等写作潮流。1978年,广东人民出版社出版了伤痕、反思小说选本《醒来吧,弟弟》,"收入最近一个时期在全国各地报刊发表的短篇小说共十八篇。这些作品,力图通过一些具有典型意义的人物和事件,揭露林彪、'四人帮'的罪行及其恶劣影响,表现人民群众对'四人帮'的仇恨,对党的热爱,以及对社会主义美好生活的向往之情"②。1977年人民文学出版社出版的《短篇小说选1977—1978.9》也大多收录的是伤痕、反思小说。1980年以后,随着改革文学的流行,改革文学方面的选本开始出现,如王行人和刘蓓蓓编选、文化艺术出版社出版的《各领风骚——改革题材小说选》(1984)。80年代乡土文学概念被再次提及,

---

① 参见徐勇《选本出版与八十年代文学生态》,《文艺理论研究》2016年第4期。
② 广东人民出版社编辑部:《醒来吧,弟弟——短篇小说集》,广东人民出版社1978年版,版权页内容提要。

15

出版机制转型与新时期文学生产

刘绍棠编纂、人民文学出版社出版的乡土小说选本《乡土》(1984) 就是这一文学思潮的见证。不过,与现代主义文学思潮相比,反映现实生活的小说相对来说,出版的时候较少给予命名,这与当时创作偏向于现代主义,而现实主义相对较为薄弱有关。

20世纪80年代文学选本的出版,充分展现了七八十年代文学创作的转型和探索。这种现象具有集体性、群体化,而不是单一、个别的现象,展现了七八十年代文学创作的活力。这些选本对七八十年代文学的命名,既与"五四"文学思潮流派丛书、全集、选集等的出版密切相关,表现出对文学发展脉络的整体认识,也与七八十年代西方文学作品或文学思潮丛书的出版不无关系。80年代出版的文学选本对七八十年代文学作品的编选,已经不再是主管部门的"出版规划",因此,一些"争鸣""性爱""敏感人物"等文学作品也收入各种选本。这一时期文学选本的主要意义是凸显了文学的本位,并通过选本的出版对当时的文学创作思潮和现象进行系统总结,在这些选本的编选过程中,自然就体现出强烈的"专业化"色彩。这些选本的主编基本上都具有专业背景,是作家、批评家或学者。他们通过序言、编选说明、后记等形式,阐释其编选意图,更重要的是注重从文学思潮的角度去分析、总结七八十年代文学创作的特点,并在文学发展的整个脉络中梳理新时期文学现象、进行文学思潮的命名。

五 小说热与当代意识

20世纪80年代文学发展进入繁荣期。诗歌、散文、长篇小说、中短篇小说等体裁全面发展。因此,80年代文学出版不仅注重丛书、选本等的出版,不仅是对"五四文学"的史料整理和80年代文学思潮的命名,同时也更加关注当下文学的发展,具有强烈的当代意识。

新时期文学丛书出版的高潮是在诗歌领域掀起的。1977年人民文学出版社出版的《天安门诗抄》和中国青年出版社出版的《革命诗抄》掀起了一股"诗歌热"。随后,江苏人民出版社与黑龙江人民出版社分

第一章　出版体制转型与新时期文学出版制度重建

别出版了"诗人丛书";四川人民出版社的"四川诗丛"、重庆出版社的"银河诗丛"、长江文艺出版社的"长江诗丛"、广西人民出版社的"桂海诗丛"、北京十月文艺出版社的"红叶诗丛"等颇具地方特色的诗歌丛书出版;解放军文艺出版社的"战友诗丛"、湖南人民出版社的"袖珍诗丛"、四川人民出版社的"院花诗丛"等扶持青年作者的丛书出版。然而,随着小说的逐渐升温,虽然出版社也试图维持诗歌热的状况,但是80年代的文学出版还是势不可当地转向了小说。

据统计,"1977年到1980年间,共出版了长篇小说250多部,其中影响较大的有获第一届茅盾文学奖的姚雪垠的《李自成》(第一部)、魏巍的《东方》、周克芹的《许茂和他的女儿们》、莫应丰的《将军吟》。此外,还有柳青的《创业史》(第二部)、李准的《黄河东流去》、凌力的《星星草》、任光椿的《戊戌喋血记》、徐兴业的《金瓯缺》、鄢国培的《漩流》等"①。这些作品大多是反映革命年代的革命历史、革命生活或古代题材,现实主义题材相对较少。1981—1988年,长篇小说的创作和出版进入了一个重要的繁荣时期,每年出版的新书都在一百种以上。虽然其中也有相当一部分反映民主革命时期的作品,如李纳的《刺绣者的花》(人民文学出版社,1981)、杨佩瑾的《旋风》(人民文学出版社,1981)、孟千和苏茹的《决战》(解放军文艺出版社,1981)、沙鸥的《梅》(黑龙江人民出版社,1981)、俞天白的《吾也狂医生》(河北人民出版社,1981;花山文艺出版社,1983)、王莹的《宝姑》(中国青年出版社,1982)等,不过,这些作品的思想艺术性更强,更加注重特定历史环境下人物思想和情感的复杂性书写。总体来说,这些出版的文学图书中反映中华人民共和国现实生活题材的文学作品呈上升趋势,占每年出版的文学图书总量的一半左右。如古华的《芙蓉镇》、张洁的《沉重的翅膀》、李国文的《冬天里的春天》《花园街五号》、张贤亮的《男人的一半是女人》、焦祖尧的《跋涉者》、鲁彦

---

① 寇晓伟:《蓦然回首　星光灿烂——建国40年文学出版述略(二)》,《中国出版》1992年第7期。

17

周的《彩虹坪》、刘心武的《钟鼓楼》、柯岩的《寻找回来的世界》、雷锋的《男儿女儿踏着硝烟》、凌力的《少年天子》、柯云路的《新星》《夜与昼》《衰与荣》、王蒙的《活动变人形》、贾平凹的《浮躁》、张炜的《古船》和浩然的《苍生》等。这些作品反映了中华人民共和国成立后，尤其是改革开放时期社会生活的变化对人物思想和心理产生的影响，进一步拓展了文学的广度和深度。80年代中期以后，文学出版也反映出文学创作水平的提高，如矫健的《河魂》、王力雄的《天堂之门》、邓刚的《白海参》、柯云路的《夜与昼》、朱春雨的《橄榄》和《亚细亚瀑布》、张抗抗的《隐形伴侣》、贾平凹的《浮躁》、杨干华的《天堂众生录》、莫言的《天堂蒜薹之歌》、俞天白的《X地带》和《氛围》、王伯阳的《苦海》、周梅森的《黑坟》等小说有着独特的风格；张炜的《古船》、辛竹的《旧巢痕》、巴人的《莽秀才造反记》、凌力的《少年天子》、霍达的《穆斯林的葬礼》、顾汶光的《大渡魂》、魏巍的《地球的红飘带》、王蒙的《活动变人形》、黎汝清的《皖南事变》等因其深刻的内涵耐人寻味。

"中篇小说热"和"短篇小说热"是20世纪80年代文学创作的重要现象。不过，由于中篇小说和短篇小说篇幅较短，往往难以通过单行本出版，大多只能结集出版。中短篇小说结集出版最具代表性的是人民文学出版社1977—1989年出版的"中篇小说选"和"短篇小说选"（其中前四年是两年出版一次，如《1977—1978中篇小说选》《1977—1978短篇小说选》《1979—1980中篇小说选》《1979—1980短篇小说选》，1981年起每年出版一次）。这些"中篇小说选"和"短篇小说选"基本上收录了当时最具代表性的作品，如鲁彦周的《天云山传奇》、谌容的《人到中年》、刘绍棠的《蒲柳人家》、张贤亮的《龙种》《绿化树》、蒋子龙的《赤橙黄绿青蓝紫》《锅碗瓢盆交响曲》《燕赵悲歌》、李存葆的《高山下的花环》《山中，那十九座坟茔》、刘兆林的《啊，索伦河谷的枪声》、梁晓声的《今夜有暴风雪》、贾平凹的《腊月·正月》《天狗》、冯骥才的《神鞭》、李准的《瓜棚风月》、韩静霆的

《凯旋在子夜》、王安忆的《小鲍庄》、莫言的《透明的红萝卜》《红高粱》、郑义的《老井》、从维熙的《风泪眼》等。1977年起,中国作家协会主办了全国优秀中篇小说评选,1979年起又主办了全国优秀短篇小说评选。因而,将获奖作品进行结集出版是自然而然的。1977—1982年的获奖作品集《全国优秀中篇小说评选获奖作品集》和《全国优秀短篇小说评选获奖作品集》由上海文艺出版社出版;1983—1986年的获奖作品集则改由作家出版社出版。1986年以后,由于商品经济大潮和社会的浮躁功利,中短篇小说创作逐渐进入低谷,两年一届的全国优秀中篇小说评选活动也停止了。

20世纪80年代中短篇小说热使许多出版社纷纷出版中短篇小说选集,文学出版领域出现了重复出版现象。"以一九八〇年和一九八一年两年为例,有三个出版社分别出版了《全国优秀短篇小说评选获奖作品集》《短篇小说选》《短篇小说年编》,其中有二分之一到三分之二的作品雷同。在中篇小说集的出书中,此类现象更为突出。1982年,全国有五家出版社先后出版了规模不同的中篇小说集。其中所收的作品几乎全部重复。当前文坛上几位比较活跃的著名中年作家的作品,重复出版的情况更为突出,如蒋子龙的《乔厂长上任记》、冯骥才的《雕花烟斗》《啊!》等作品,从一九七九年发表以来,几乎每年都被编入各种集子出版。……谌容的《人到中年》竟有十三家出版社竞相出书。"[①]不过,从另一个角度来说,重复出版也显示出这些中短篇小说确实是读者、出版机构和批评家所认可的优秀作品。

六　两岸交流与港台文学出版

1949年中华人民共和国成立后三十余年,由于政治原因,大陆和台湾一直处于隔绝状态,两岸之间没有任何文化交流,因此,台湾省作家的文学作品也一直没有在祖国大陆出版。虽然香港地区与内地并非完

---

① 《国内中短篇小说集重复出版浪费严重》,《编创之友》1983年第3期。

出版机制转型与新时期文学生产

全隔绝,但是香港作家作品在内地的出版数量也相对较少,而且大多只是以"内部读物"的形式出版。1979年元旦,全国人民代表大会常务委员会发表了《告台湾同胞书》,郑重宣布在新的历史条件下争取祖国和平统一的大政方针,并呼吁两岸尽快实现通航通邮。同年,大陆方面正式开办对台平信、挂号信函、电报和电话业务。两岸急切希望了解对方的态度,促使两岸的文化交流逐渐恢复。

1979年,大陆(内地)报刊陆续介绍台港和海外华人作家的作品,如吴浊流、钟理和、杨拓、林海音、白先勇、杨青矗、李黎及美籍华裔女作家聂华苓、於梨华等。80年代后,台港作家和海外华人作家的文学作品纷纷出版,"各文学专业出版社几乎都出过台港作家的作品,到1990年底共达800种以上"①。如1979年底至1980年,人民文学出版社出版的《台湾小说选》(本书编辑委员会编,1979)、《台湾散文选》(人民文学出版社编,1979)、《台湾诗选》(人民文学出版社编,1980);花城出版社出版的《台湾中短篇小说选》(聂华苓主编,1984)、《海外华人作家小说选》(李黎编,1986)、《海外华人作家散文选》(木令耆编,1986);江西人民出版社出版的《少女日记》(香港,章如意,1985);中国友谊出版社出版了一批台湾作家的作品,如《女强人》(朱秀娟,1985)、《台北人》(白先勇,1985)、《孽子》(白先勇,1985)、《无怨的青春》(席慕蓉,1986);人民文学出版社的《原乡人》(台湾,钟理和,1983)、《亚细亚的孤儿》(台湾,吴浊流,1986);湖南文艺出版社出版的《当代台湾诗萃》(上下)(蓝海文选编,1988)、《台湾散文选萃》(蓝海文选编,1988);等等,都产生了很大的文学影响。台湾作家高阳的小说也在80年代大规模出版,如中国友谊出版社的《慈禧全传》(全8册,1984)和《乾隆韵事》(1985),时代文艺出版社出版的《瀛台落日》(1989)等。海峡文艺出版社的"海峡丛书",如陈浩泉的《海山遥遥》(1982)、琼瑶的

---

① 寇晓伟:《蓦然回首 星光灿烂——建国40年文学出版述略(二)》,《中国出版》1992年第7期。

20

《我是一片云》(1985)、赵淑侠的《春江》(1985)等；海峡文艺出版社的"台湾文学丛书"，如施叔青的《台湾玉》(1987)、廖辉英的《盲点》(1987)、白先勇的《孽子》(1987)、陈若曦的《远见》(1988)、萧飒的《爱情的季节》(1988)、袁琼琼的《钟爱》(1988)等；福建人民出版社的"台湾文学丛书"，包括《白先勇短篇小说选》《三毛作品选》《陈若曦中短篇小说选》《陈映真小说选》《王祯和小说选》《黄春明小说选》等；中国社会科学出版社的《台湾作家小说选集》(四册，1981—1984)；中国文联出版公司的"香港台湾与海外华文文学丛书"，如《无情世代》(蒋晓云，1986)、《孤恋花》(白先勇，1991)、《窗外》(琼瑶，1986)、《香港两姊妹》(夏易，1985)、《海天·岁月·人生》(袁鹰，1986)、《焦点》(郭良蕙，1987)、《颠倒的世界》(施叔青，1986)、《纸婚》(陈若曦，1987)、《废墟台湾》(宋泽莱，1987)、《流云》(钟肇政，1986)、《江山万里》(钟肇政，1986)、《浊流》(钟肇政，1986)、《牛肚港的故事》(王拓，1987)、《倾城之恋》(张爱玲，1987)、《西游怪记》(柏杨，1987)、《酒徒》(刘以鬯，1985)。

　　正是与台湾、香港频繁的文学交流，引发了大陆(内地)20世纪80年代台港文学作品阅读的三个热潮。一是"三毛热"。80年代中期，大陆掀起了一股"三毛热"——台湾作家三毛的作品，如《撒哈拉的故事》《雨季不再来》《稻草人手记》《梦里花落知多少》等散文作品，在大陆迅速流行。二是"琼瑶热"。琼瑶的爱情小说以其纯真、动情赢得了大陆读者的喜爱，如《窗外》《彩云飞》《在水一方》《几度夕阳红》等。"琼瑶热"还通过影视作品的改编一直延续到21世纪初年。三是武侠小说热。这主要表现在金庸、古龙、梁羽生等的作品广泛流行。如金庸的《射雕英雄传》《神雕侠侣》，古龙的《明月刀》《九龙珠》，梁羽生的《白发魔女传》《七剑下天山》等。因此，这些小说也成为出版社争相出版的图书，大多有着各种不同的版本。

第二节　民营出版与新时期文学出版场域重建

新时期以来，随着出版行业政策的逐步调整，出版体制改革不断走向深化，国有出版社的资源垄断局面开始瓦解，非国有经济逐渐向出版领域扩散和渗透，在出版体制改革过程中释放出鲜活的市场敏锐性和竞争力。20世纪八九十年代，民营出版业在体制外出现，虽然还存在各种政策适应问题和混乱状况，但不可否认的是，民营出版业对八九十年代国有出版局面形成了有效的补充。随着90年代政策的不断开放，民营出版业逐渐成长为中国图书出版业的文化生力军，占据着当下文学畅销书市场的绝对优势地位。民营出版业也渐渐摆脱了具有较多贬义的"书商""二渠道"等称谓，在21世纪以来的出版市场获得了政策层面的认可和正名，并且国有出版机构也认识到自身的不足，纷纷与民营出版机构展开多种形式的深层次合作，形成了国有与民营相互协作、共同繁荣的出版局面，有力地重构了新时期的出版场域。

一　出版体制改革与民营书商出现

1978年，在当时纸张严重匮乏的情况下，国家出版局调拨了大批原本用于印刷《毛泽东选集》和《毛泽东全集》的储备纸张，安排京沪地区出版社重印了35种中外文学名著，以满足人民群众的文化生活需求。这些中外名著包括三类：第一类是"五四"以来的现代文学名著10种，如郭沫若的《郭沫若剧作选》、茅盾的《子夜》、巴金的《家》、曹禺的《曹禺剧作选》以及《红旗谱》《苦菜花》《铁道游击队》《吕梁英雄传》《新儿女英雄传》《战斗的青春》等红色经典作品；第二类是中国古典文学名著9种，如《唐诗三百首》《唐诗选》《宋词选》《唐宋诗举要》《李贺诗选》《古文观止》《东周列国志》《儒林外史》《官场现形记》等；第三类是外国古典文学名著16种，如《悲惨世界》《高老头》《欧也妮·葛朗台》《安娜·卡列尼娜》《牛虻》《一

第一章　出版体制转型与新时期文学出版制度重建

千零一夜》《契诃夫小说选》《莫泊桑短篇小说选》《易卜生戏剧四种》等。

1979年12月，全国出版工作座谈会（又称"长沙会议"）在长沙召开，会议通过的《出版社工作暂行条例》将出版工作的服务方针调整为"为人民服务""为社会主义服务"，同时，会议还提出地方出版社的"立足本省，面向全国"的出版方针。"长沙会议"召开后，我国出版体制发生了新的变革：各省地方人民出版社分离出一批地方专业出版社，如文艺社、教育社、美术社等；中央各部委也纷纷成立新的出版社。据资料统计，"仅1979年和1980年两年间，新成立和恢复的出版社从1978年的117家发展到192家，增加了75家"①。在出版体制拨乱反正后，"一批曾被'四人帮'打入冷宫的，污蔑为毒草的优秀作品重见天日，如《红岩》《青春之歌》等；一批在文革中创作的、与极'左'路线斗争的作品也相继问世，如《第二次握手》《天安门诗抄》等"②。1979年，仅长篇小说就出版了60多部，其中1979年前创作的作品，以反映历史题材为重的，如《李自成》《东方》等优秀作品，同时出现了《破壁记》《将军吟》《第二次握手》《徐茂和他的女儿们》等洋溢着时代气息的脍炙人口的作品。③ 经过逐步调整、恢复和重建，出版业取得了较快的发展，"1979年，全国共销售图书金额12.2亿元，比上年增长35%"④。到1983年，我国出版领域的拨乱反正工作基本完成。

然而，无论是原有的还是新组建或成立的出版社，都存在出版资源不多、策划能力不足等问题。因此，20世纪80年代，我国出版体制进行了进一步改革，为民营出版机构进入出版市场提供了一系列政策制度支持。1980年12月2日，国家出版局发布了《〈建议有计划有步骤地

---

① 宋原放：《中国出版史料（现代部分）第3卷（下册）》，山东教育出版社2000年版，第309页。
② 程美华：《新时期（1978—2008）出版史概论》，学林出版社2012年版，第30—31页。
③ 参见中国出版工作者协会编《中国出版年鉴1980》，商务印书馆1980年版，第3页。
④ 程美华：《新时期（1978—2008）出版史概论》，学林出版社2012年版，第32页。

出版机制转型与新时期文学生产

发展集体所有制和个体所有制的书店、书亭、书摊和书贩〉的通知》,通知提出可以试办集体所有制或个体所有制的租书店、书摊。这个通知是我国改革开放以后关于民营图书出版业的第一份重要文件,它为民营出版业的发展提供了方向性的指引。1982年3月28日,《国家出版局党组关于图书发行体制改革问题的报告》对民营书店的非国有成分进行了确认,正式打开了非国有经济进军发行领域的大门。1982年6月12—18日,文化部在北京召开全国图书发行体制改革座谈会。会议首次提出将在全国组成一个以国营新华书店为主体、多种经济成分、多条流通渠道、多种购销形式、少流转环节的图书发行网(以下简称"三多一少")。1982年7月10日,文化部发出《关于图书发行体制改革工作的通知》,正式启动图书发行体制"三多一少"的改革。虽然这一时期的系列政策有力支持了民营出版业的发展,但是过分集中、统得过死的发行管理体制和经营形式仍然没有得到根本改变。为此,1988年5月6日,中宣部、新闻出版署发出《关于当前出版社改革的若干意见》和《关于当前图书发行体制改革的若干意见》,提出"放权承包,搞活国营书店;放开批发渠道,搞活图书市场;放开购销形式和发行折扣,搞活购销机制;大力发展横向联合;大中城市要重视发展和办好专业书店;大力加强农村和边疆地区的发行工作;加强对发行工作的领导和宏观管理"七个方面的意见。该意见中影响较大的是"放开批发渠道",这使得有条件的集体书店经省一级出版行政机构批准,可以开展二级批发业务。于是,"1988年底,全国已发展集体书店4017处,个体书店、书摊、书贩25689万处,加上国营书店、供销社售书点及其他国营商业售书点在内,全国共有图书发行网点11万处"①。"从1985年到1989年,民营书店发展到10814处,数量是国营书店的1.18倍。"② 随着图书发行领域的逐步放开,一批从事图书批发和零售

---

① 郑士德:《四十年图书发行工作的回顾(下)》,《出版工作》1989年第6期。
② 李树军:《三级跳成就市场半边天——中国民营书业30年的历史考察》,《出版发行研究》2008年第11期。

24

的个体和民营图书公司在图书产业的下游参与图书发行，形成了规模庞大的民营书商群体。

协作出版或承包责任制是20世纪80年代"书商"参与图书出版的主要形式。一方面，"书商"要出书首先必须获得书号，而书号是国营出版社的垄断性资源，民营出版业获取书号的唯一途径就是与国营出版社合作；另一方面，政策也鼓励国有出版社实行承包责任制或协作出版。1983年，中共中央、国务院《关于加强出版工作的决定》中提出："编辑部门的改革，一项重要的内容是抓责任制。"1984年在哈尔滨召开的地方出版社工作会议上提出："出版社编辑部应当建立联系奖惩的考核制度。要实行岗位责任制，要规定先进合理的定额，超额奖励；同时实行若干以提高图书质量为主要考核内容的单项奖。"1988年5月，中宣部和新闻出版署联合签发《关于当前出版社改革的若干意见》，明确提出可以通过协作出版，利用社会力量，扩大资金来源，多出好书，快出好书。正是这一系列政策催生了民营出版的第一个高潮，掀起了20世纪80年代的武侠、政治、军事、娱乐、言情等题材图书的出版热潮。

然而，由于民营出版从业人员的文化素质良莠不齐和追逐利润的急功近利心态，20世纪80年代末协作出版的问题逐渐凸显，"仅1986年初，国家出版局等政府主管部门就查获非法出版物143种"[1]。这些出版物主要包括三类：一是盗版图书，这类图书大多是港台地区和国外的畅销书；二是性爱小说；三是有严重政治错误的图书。此外还有一些宣传暴力、凶杀、封建迷信的图书，严重扰乱了图书出版秩序和社会阅读环境。

为此，出版行政管理部门对协作出版进行了多次整顿。1985年1月1日，文化部下发《关于在协作出版中需要注意的问题的通知》，规定不准卖书号、卖牌子。但是该文件没有对协作出版的对象和内容做明

---

[1] 郑士德：《中国图书发行史（增订本）》，中国时代经济出版社2009年版，第708页。

文具体的规定。同年 5 月 2 日，文化部补充规定：协作对象必须是国家教育科研、企事业单位、党政机关人民团体；内容必须是学术、科研和科普。但是协作出版不仅没有停止，反而进一步蔓延，超出了学术、科技、教育等，协作的对象也发展为个人。于是，1989 年 7 月，出版行政管理部门再次进行了整顿。1989 年，新闻出版署连续 3 次发文，对协作出版的写作对象和代印、代发做出了严格规定，严禁出版单位与集团和个人搞协作出版；代发单位必须是有总发行权的国有发行单位，严禁同集体、个体书店搞代印代发。据统计，"仅 1989 年新闻出版署就陆续撤销了中国盲文、中国民间文艺、广州文化、贵州美术、海南人民、台声、黄河文艺等出版社，同时还对 9 家出版社给予了行政处罚。1990 年，全国出版社实行重新登记注册，全国有 36 家出版社、2 家出版社分社被撤销、停办或合并"①。1993 年，在严禁"买卖书号"的背景下，新闻出版署做出了暂停协作出版的决定。

二　"二渠道"的形成与民营出版的渗透

民营出版业的迅速发展是 20 世纪 90 年代的事情。1992 年 12 月 23 日，在全国新闻出版局长会议上，新闻出版局局长宋木文在题为《贯彻十四大精神　把新闻出版事业推向一个新的发展阶段》的报告里提出，"大力培育全国统一的开放的图书市场""进一步放开图书批发渠道""进一步放开批发折扣""建立和完善图书批发市场""扩大国营书店的经营范围""充分允许社会力量发展各类图书销售点"等，为 20 世纪 90 年代图书发行工作提供了政策引导和发展方向。1996 年 3 月 23 日，全国出版局长会议制定了六个文件，其中新闻出版署《关于培育和规范图书市场的若干意见》主要论及了发行体制改革，提出了"三建一转"的改革任务，即建大型批发市场和批销中心、建立新型购赊关系、建立和完善市场规则、转变出版社自办发行的观念和机制，明确提出了

---

① 郑士德：《中国图书发行史（增订本）》，中国时代经济出版社 2009 年版，第 711 页。

"批发进场""零售归市"的发展原则。在这些文件精神的指导下，图书发行体制发生了重要的变化，图书批发市场、图书城、商场书店、大中型图书超市、连锁店和专业书店兴起。全国各地省会城市几乎都建立了民营图书批发市场，形成了相对完整的"二渠道"。1993年，"全国形成了以长沙黄泥街、武汉武胜路、西安东六路、北京金台路为核心的四大民营书刊批发市场"[1]。1994年，广州购书中心落成开业，揭开了中国书业大书城时代的序幕。随后，沈阳的北方图书城、北京的西单图书大厦、深圳的深圳书城、上海的上海书城、浙江的博库书城等相继建成，在各地的图书销售中占据了图书零售市场相当大的份额。

由于民营书商有自己的发行渠道和市场运作策略，相较于传统出版社僵化的体制和运作模式，民营出版有着更为灵活的发展战略和敏锐的市场意识。因此，20世纪90年代许多图书是通过民营书商大力推向了市场，深深地打上了民营出版的烙印。如"安徽文艺出版社的《张爱玲文集》第一版时印刷精美、价格又低，但在新华书店征订不到3000套，据说这在文艺图书中已是很高的数字了。而第二版《张爱玲文集》比第一版价格还高，但因开通了二渠道的发行网络，印数猛增到几万册"[2]。一些体制内出版社的编辑也认识到国有出版社的困境而与民营出版进行合作。从中国第一部网络小说《第一次的亲密接触》的出版我们也可以看出国有出版社的市场意识相对薄弱。根据民营书商白沙的回忆："当时这本书先是被别人买下的，放在手上压了一年，他感觉中国市场不好，不敢轻易做。当时我在大百科全书出版社工作，有一次我们见面时他说起了这本书。我说我来做吧。没想到书稿拿回来，领导不同意，说网络文学怎么能登大雅之堂啊？当时就给毙掉了。"[3] 后来，在白沙的策划下，《第一次的亲密接触》由知识出版社于1999年出版，

---

[1] 邬蕾:《出版业迎来民营时代》，http：//www.etjbooks.com.cn/show.aspx？GENERALID=7947&NodeID=7，2011年11月15日。
[2] 程美华:《新时期（1978—2008）出版史概论》，学林出版社2012年版，第81页。
[3] 朱子峡:《一个老书商的新理想》，《科学时报》2013年1月18日第13版。

出版后便风靡全国，开创了网络文学出版的先河。1994年，光明日报出版社决定出版当年诺贝尔文学奖得主大江健三郎的5卷本作品集，但大江健三郎是纯文学作家，引进其作品集又需要几十万元费用，市场风险很大，该社无力承担，只好与民营文化公司合作，结果《大江健三郎作品集》这套纯文学丛书在几个月内销售了十多万套，成为1995年国内书业神话之一。①

随着图书印刷、发行环节的依次开放，下游的市场竞争日益激烈，而上游环节由于垄断仍保持着较高的利润，民营资本向上游环节渗透成为必然。20世纪90年代民营出版改变了散兵游勇的作战方式，采取规模化运作，逐渐形成了一支庞大的民营出版力量，其主要有两种表现类型。第一类是民营出版工作室。这些工作室一般比较松散，只是由几个人合伙出资进行组合。因为是小本经营，出版量也不会大，一年十几本书就可以维持运转。第二类是民营出版公司。这类出版机构以公司的名义做过工商登记，在营业执照上，经营范围只有图书批销而没有图书出版业务。由于这类公司一般与一家或多家出版社有稳定的合作关系，有人将其称作1.5渠道。北京科文剑桥图书有限公司（以下简称科文）、北京华章图书有限公司（以下简称华章）、北京正源图书公司（以下简称正源）、北京成诚图书有限公司（以下简称成诚）等都是20世纪90年代几家比较典型也比较成功的图书公司。科文以出版教学辅导书、少儿书、科普书起家，每年平均出书300种以上，规模相当于一家大型出版社，由于实力雄厚，在网络热潮中吸引了外来投资，开办了当当网上书店，号称中国第一家盈利的网站。华章是专业出版计算机图书的公司，因为老板是美籍华人，其优势在于能够在第一时间，甚至是同步得到美国最新版本的版权，经营码洋达两亿元。正源出版的第一本书是王小波评论集《不再沉默》，出版的最敏感的书是刘军宁主编的《北大的自由主义传统》，出版的最畅销的书是《格调》。成诚是这几家中进入

---

① 参见易图强《我国民营出版的贡献、症结与改革建言》，《河南大学学报》（社会科学版）2011年第2期。

书业较早的一家，是唯一一家投资书业的上市企业，早在1993年便斥资1亿元出版售价6万元一套的《传世藏书》，1999年又斥资200万元启动每套售价6000元的西方经典100种。①

20世纪90年代民营出版所引发的重要出版现象就是思想随笔类图书的风行。90年代，民营书商贺雄飞的"草原部落创作室"推出了"黑马文丛""知识分子文存""名报名刊精品书系""休闲文丛"等系列图书，开启了思想随笔类图书的热潮。"黑马文丛"包括余杰的《火与冰》和《铁屋中的呐喊》、孔庆东的《47楼207》、摩罗的《耻辱者手记》、谢泳的《逝去的年代：中国自由知识分子的命运》、朱健国的《不与水合作》、张建伟的《深呼吸：未曾公开的新闻内幕》、毛志成的《昔日的灵魂》等；"知识分子文存"包括钱理群的《拒绝遗忘》、朱学勤的《书斋里的革命》、秦晖的《问题与主义》、徐友渔的《自由的言说》、蔡德诚的《民主中庸与0.618》、黎鸣的《二十年鸦声集》等；"名报名刊精品书系"包括《风雨敲书窗》（《博览群书》百期精选）、《边缘感觉》（《天涯》小说精品）、《边缘思想》（《天涯》随笔精品）、《边缘纪录》（《天涯》民间语文精品）、《守望灵魂》（《上海文学》随笔精品）、《思想的时代》（《黄河》忆旧文选）、《世纪论语》（《文艺争鸣》获奖作品选）、《天火》（上、下）（《书屋》佳作精选）、《历史的真相》（世纪末《百年潮》回首）、《今日思潮》（《北京文学》随笔纪实精品）等；"休闲文丛"包括贺雄飞编的《另类童话》、鲍尔吉·原野的《掌心化雪》、沙碧红的《无家可归》、刘亮程的《一个人的村庄》等。正是在"草原部落"一系列图书所产生的示范作用下，一批民营出版公司编辑出版了一大批思想随笔丛书，如"思想者文库""九十年代思想散文精品丛书""思想者文丛""曼陀罗文丛""野草文丛"等，同时也推出了一批思想随笔的作者，如史铁生、韩少功、张炜、王小波、周涛、林非、王充闾、李锐、邵燕祥、林贤治、孙绍振、雷达、

---

① 参见徐晓《当代中国民营出版的演变》，（香港）《二十一世纪》2001年第8期。

筱敏、南帆、周国平、王开林、刘烨园、钱理群、朱学勤、刘小枫、谢有顺、徐友渔、金岱、秦晖等，从而掀起了90年代的思想随笔热。

三 民营出版的正名与合作

经过20世纪90年代的发展，民营出版在21世纪的图书出版市场中的影响力不断扩大，产生了持续的影响力和品牌效应。2003年开始，新闻出版总署取消"二渠道"称谓，为民营出版商正名。2003年修订的《出版物市场管理规定》，规定具备一定资格的民营企业也可以和国有企业一样，申请出版物的国内总发行权及批发权。根据这项规定，民营资本获得了与国有资本同等的市场准入条件。2004年8月2日，《国务院关于非公有资本进入文化产业的若干决定》颁布，鼓励和支持民营资本参与一些领域的国有文化单位股份制改造，鼓励和支持非公有资本进入互联网上网服务营业场所、动漫和网络游戏、书报刊分销、音像制品分销、包装装潢印刷品印刷等领域，同时也支持和鼓励非公有资本从事文化产品和文化服务出口业务。2005年民营书业首次正式进入北京图书订货会，获得了与国营书业的平等待遇。同年，经中国书刊发行业协会非国有专业工作委员会批准，"全国民营社科文艺图书发行联合体"在北京正式挂牌，该联合体成为第一家正式挂靠中国书刊发行业协会非国有工作委员会的民营书店联合体，[①] 标志着民营书业联盟由过去的自发性向组织性发展，逐渐纳入行业协会的管理和组织结构中来。2008年新闻出版署署长柳斌杰在接受《南方周末》采访时第一次代表官方承认民营出版从业者为文化产业生产力的一部分；2009年4月6日，新闻出版署发布的《关于进一步推进新闻出版体制改革的指导意见》中明确要求，要"积极探索公有出版工作室参与出版的通道问题，开展国有民营联合运作的试点工作，逐步做到在特定的出版资源配置平

---

① 参见舒晋瑜《"民营社科文联合体"在北京正式挂牌成立》，《出版经济》2005年第2期。

台上，为非公有出版工作室在图书策划、组稿、编辑等方面提供服务；鼓励国有出版企业在确保导向正确和国有资本主导地位的前提下，与非公有出版工作室进行资本、项目等多种方式的合作"。随着政策的日渐明朗，民营出版摆脱了"工作室""文化策划公司""传播公司"等暧昧的身份光明正大地走向了图书出版领域。

当然，民营出版的正名，得益于21世纪后民营出版业的蓬勃发展局面、广泛的影响和市场占有率。"目前，许多'民营出版工作室'已从最初的买书号转向为内容提供、版权代理和图文设计制作等；从盲目跟风简单加工攒书转向为注重突出专业特色和品牌效应；从'剪刀加糨糊'的手工作坊转向为产权明晰、机制灵活、富于创新的团队。"[1]一方面，民营出版逐渐走向专业化和成熟化，不同的民营出版机构形成了不同的图书出版市场定位和产品细分。如博集天卷主要出版小说、人文和生活类图书，湛庐文化主要出版商业和文化类图书，开维文化主要出版女性文学，读图时代主要出版图文书和古典文化图书，蓝狮子主要出版财经类图书，华文天下主要出版文学艺术和财经励志类图书，万榕书业主要出版青春文学，等等。另一方面，民营出版在畅销书领域占据绝对优势。2011年有媒体报道，除教材由国有出版社专营外，其余品种民营公司占据了50%—80%的市场份额。在畅销书，尤其是大众传播度最广的畅销书领域（少儿类图书除外），民营图书和带有民营色彩的出版商起码占据了90%。[2] 近十年来市场上畅销的图书无不深深打上了民营出版的烙印，如北京磨铁策划出版的春树的《北京娃娃》、孙睿的《草样年华》、萧鼎的《诛仙》、当年明月的《明朝那些事儿》、南派三叔的《盗墓笔记》、麦家的《风声》、胡震生的《做单》、唐七公子的《岁月是朵两生花》、张悦然的《鲤》系列、陆琪的《上班奴》等；弘文馆推出的哈伯德的《致加西亚的信》、安意如的《人生若只如

---

[1] 范军：《现阶段"民营出版工作室"的功能与定位》，《出版发行研究》2012年第3期。
[2] 参见朱卫卫、吴英瑛《民营书业寻求"破冰"路径》，《赢周刊》2011年第38期。

初见》等；共和联动策划出版的艾米的《山楂树之恋》、阎连科的《风雅颂》、宋晓军的《中国不高兴》等；时代新经典策划出版的张爱玲的《小团圆》；博集天卷策划出版的李可的《杜拉拉升职记》、崔曼莉的《浮沉》；读客文化策划出版的何马的《藏地密码》、廖信忠的《我们台湾这些年》；长江文艺出版社北京图书中心策划出版的姜戎的《狼图腾》、郭敬明的《小时代1.0》和《小时代2.0》、六六的《蜗居》；等等。

民营出版机构与国有出版社的深度合作成为当时出版行业的重要现象和趋势。21世纪，民营出版商和国有出版社的合作采取了分割渠道、资本合作等多种深度合作的形式。从20世纪90年代末开始，越来越多的国有出版社借鉴民营文化公司的机制，注册成立图书中心或文化公司。如2002年上海世纪出版集团设立北京世纪文景文化传播公司；2003年长江文艺出版社聘请华艺出版社的副社长金丽红和发行部主任黎波组建长江文艺出版社北京图书中心（后经改制更名为北京长江新世纪文化传媒有限公司）；2006年初长江出版集团成功并购湖北海豚卡通有限公司；2007年北京出版集团与北京时代新经典文化公司共同投资组建十月文化传媒有限公司；2008年辽宁出版集团与知名策划人路金波组建辽宁万榕书业发展有限公司，并且收购智品书业有限公司；2009年江苏凤凰出版集团旗下的江苏人民出版社与北京共和联动图书有限公司宣布合资成立北京凤凰联动文化传媒有限公司。从当时的国有与民营出版机构的合作来看，这种合作模式已经超越了简单的资产和人员的合并，而是从治理结构、运作模式等方面的深度变革。国有与民营出版机构的深度合作，一方面有助于发挥国有出版机构的政策与资源优势，另一方面也有助于激发民营出版业的资本与市场潜能，从而更好地开拓出版业的市场空间。

民营出版机构与资本的合作也逐渐频繁。2002—2010年，我国风险投资市场共发生出版业投资案例9起，其中传统出版业占7起，数字出版业有2起。值得注意的是，2008年，民营出版业还未得到"正名"

时，北京磨铁图书得到了5000万元的风险投资；2009年，盛大文学入股华文天下图书有限公司；2010年，雄牛资本向民营出版机构山东世纪金榜书业有限公司投资1亿元。虽然图书出版业不是风险投资关注的热门领域，但随着国家政策的逐步放开和文化产业的进一步发展，民营出版业的发展为投资机构创造了较多的投资机会。2013年国际风险投资巨头红杉资本出资约1.5亿元投向中国最大的民营出版机构新经典文化有限公司（简称"新经典文化"），这是当时民营书业获得的最大单笔投资，消息一出即在出版业引起关注。外来资本尤其是风险资本对民营出版业的投资，表明民营出版业的发展前景被投资机构看好。资本的投放将有助于民营出版机构进一步扩大自身业务范围，增强自身实力，提高竞争力。通过资本投资进行渠道、版权、宣传等方面的经营，尤其是数字媒体的冲击下，民营出版机构更需要借助外来资本的合作，实现全产业链经营。不过，资本对出版业的发展能否起到预期的促进作用，是一个值得深思的问题。出版业作为知识密集型而不是资本密集型的行业，作家的创作具有不可预测性。同时，资本的逐利性本质是否会影响出版业的健康发展，也是需要严肃思考的。

民营出版还成为中国文学"走出去"的重要推手。一方面，民营出版机构纷纷试水国外市场。2008年11月，民营书商黄永军在英国伦敦注册新经典出版社（New Classic Press），这是第一家在国外注册出版社的中国民营出版公司，黄永军也被称为"中国民营书商海外成立出版社第一人"和"走向海外第一人"；2010年5月，北京新华先锋文化传媒有限公司与中国外文局旗下的香港和平出版社以及新世界出版社，共同出资在香港成立了新华先锋出版传媒公司，这是中国内地第一家由民营图书机构与国有出版社共同在香港地区组建的出版机构；2012年7月，北京时代华语图书股份有限公司在美国纽约投资成立了全资出版公司——中国时代出版公司（CN TIMES INC），并与国内17家品牌出版集团、出版社签订了100种图书的版权输出协议，助推中国图书"走出去"，成为当时中国出版历史上最大规模的单笔图书输出。2012年7

月，新闻出版总署公开发布了《关于支持民间资本参与出版经营活动的实施细则》，鼓励民资参与"走出去"出版经营，从事图书、报纸、期刊、音像制品、电子出版物等出版产品的出口业务，到境外建社建站、办报办刊、开厂开店等出版发行业务。这一细则在政策制度层面上为民营出版涉足中国图书"走出去"提供了保障。另一方面，21世纪以来，我国文学图书的境外版权几乎都是民营出版机构操作或参与完成的。如姜戎的《狼图腾》、于丹的《于丹〈论语〉心得》、张炜的《古船》、毕飞宇的《推拿》、安妮宝贝的《莲花》、严歌苓的《第九个寡妇》、阿来的《尘埃落定》、范稳的《水乳大地》、杨志军的《藏獒》、贾平凹的《带灯》、王刚的《英格力士》等。2013年，上海久久读书人成功输出了小白的长篇小说《租界》、迟子建的长篇小说《晚安玫瑰》、金宇澄的长篇小说《繁花》和陈丹燕的非虚构作品《和平饭店》等，成为民营出版"走出去"的代表，引起出版业的关注。可以想见，在政策的鼓励下，参与"走出去"的版权贸易将实现常态化，并且将成为民营出版的重要发展方向和新的增长点，为21世纪出版场域的重建提供了新的发展思路。

第三节　文艺出版社的转型与当代文学生态

文艺出版社的出现本身是出版机制改革的产物。"文化大革命"前，地方出版社一般按照地区分工的原则，每个省市和自治区设立一个综合性的地方出版社，出版的图书只是面向本省（区）。1979年12月在长沙举行的全国出版工作座谈会上，代表们提出了"立足本省，面向全国"的新方针，极大地调动了地方出版社的积极性。[①] 于是，大部分省份由一个综合出版社分化出几个专业社，大批文艺出版社由此诞生。新时期以来，文艺出版社几乎伴随着中国当代文学同步发展，并有

---

① 参见谢刚《出版体制转轨与新时期文学的转型》，《江海学刊》2004年第6期。

力地推动着中国当代文学的生态建构：20世纪80年代出版体制向市场转轨，文艺社突破地域限制，以中短篇小说为市场化试点，又引进琼瑶、古龙等港台文学图书，继承并推动了大陆通俗文学的发展；20世纪90年代，畅销书机制引发各文艺社的出版策划，出现了散文热、长篇小说热、出版规模化等现象，并出现了作家被出版社雇用写作；21世纪，文学出版与大众传媒互渗，文艺出版社不断调整出版结构和市场营销策略，文学成为市场配角，面临着自主性危机。

一 出版体制转轨与文学市场转型

从20世纪80年代开始，中国出版业机制逐渐向市场化转轨，这首先体现在图书发行上。1982年6月，文化部召开全国图书发行体制改革座谈会，改一贯包销为多种购销形式，出版社自办征订批销；1992年，党的十四大确立了社会主义市场经济体制作为改革的目标，出版社自办发行的观念和机制逐步形成。① 自办发行的观念和机制带给了文艺出版社巨大的生存压力，它们在走向市场化的进程中不得不为自身的发展主动适应市场，不断寻找出版新机，为新时期文学拓展了新的道路。

20世纪80年代，"文学热"席卷了当时整个中国，文学出版逐渐复苏。这一时期最重要的文学出版现象是"中短篇小说热"。据不完全统计，80年代初每年出版的短篇小说集、中篇小说集和中短篇小说合集，少则一二百种，多则三四百种。人民文学出版社和上海文艺出版社1980年以来，在每年小说评选的基础上，分年选编出版了1978—1984年全国优秀短篇小说、中篇小说评选作品集10种，共收录全国优秀短篇小说158篇。如上海文艺出版社的《全国获奖中篇小说集：1981—1982》《1982年全国优秀短篇小说评选获奖作品集》《1983年全国短篇小说佳作集》《1984年全国短篇小说佳作集》《小说界获奖作品集：1981—1983》等。此时，名家的中短篇小说自然成为文艺出版社争夺

---

① 参见谢刚《出版体制转轨与新时期文学的转型》，《江海学刊》2004年第6期。

的资源，在某种程度上加速了"中短篇小说热"，如上海文艺出版社出版了韩石山的《猪的喜剧》(1982)、蒋子龙的《拜年》(1984)、孔捷生的《普通女工》(1983)、陈世旭的《带海风的螺壳》(1983)、冯骥才的《高女人和她的矮丈夫》(1984)等短篇小说集和莫应丰的《美神》(1984)、王安忆的《小鲍庄》(1986)、陈村的《走通大渡河》(1986)等中篇小说集；人民文学出版社出版了王蒙的《冬雨》(1980)、高晓声的《高晓声一九八〇年小说集》(1981)等短篇小说集；长江文艺出版社出版了方方的《大篷车上》(1984)、姜天民的《小城里的年轻人》(1984)等短篇小说集。这些不过是80年代中短篇小说出版的九牛一毛。各地出版社还纷纷出版了本地中短篇小说作品选，如长江文艺出版社的《湖北短篇小说年刊：1982》、北京十月文艺出版社的《北京优秀短篇小说选：1949—1984》、浙江文艺出版社的《生日的礼物：浙江作家短篇小说新作选》等。20世纪80年代"中短篇小说热"固然与中短篇小说阅读的便利性和反映社会问题的迅捷度有着很大的关系，但另一个不可忽视的原因就是文学出版因素。当时文艺出版社不断尝试图书出版，中短篇小说因为数量多、可选择性较强、编辑方便、出版及时，就像当时的文学期刊《收获》《十月》《小说界》等改变编辑策略，纷纷以中短篇小说为主要内容一样，文艺出版社也以中短篇小说作为市场的试金石，便于出版社对市场动态及时做出判断。

改革开放后，虽然市场经济尚未步入正轨并形成较大的文化冲击，但商品化的浪潮已经形成，睁眼看世界的想法成为改革开放后的重要社会现象。在这一文化背景下，20世纪80年代一些文艺出版社纷纷引进港台地区的作家作品，并引发了新时期"港台文学热"。据不完全统计，到1987年底，内地（大陆）出版的港台文学作品达500种以上。不仅文学专业出版社几乎都出过港台文学作品，而且，全国有50多家出版社出版过港台文学读物。已出版的图书主要有5大类：纯文学（严肃文学）作品200余种，约占整个大陆出版的港台文学图书的39%；

言情小说 100 多种，约占 20%；武侠历史小说 100 多种，约占 20%；诗歌散文约 90 种，约占 18%；学术类约 20 种，约占 3%。[①]

当然，真正为人所熟知并流行起来的是港台言情小说和武侠小说，这主要归功于文艺出版社市场化的努力。根据不完全统计，仅 1986 年，就有超过 20 家出版社同时出版了琼瑶的言情小说。江苏文艺出版社引进了台湾作家琼瑶的言情小说《月朦胧鸟朦胧》（1986）、《聚散两依依》（1986）、《在水一方》（1985）、《匆匆，太匆匆》（1986）、《雁儿在林梢》（1985）等，这些作品因其耳目一新的爱情描写和缠绵悱恻的情感深受读者欢迎，平均印数达七八十万册。20 世纪 80 年代，江苏文艺出版社还推出了另一位台湾言情小说作家姬小苔的作品，如《胜利女神》（1988）、《花落莺啼春》（1988）、《爱怨交加》（1989）、《爱情游戏》（1989）、《春潮》（1991）、《云的记号》（1989）、《蝴蝶之吻》（1989）、《奔放的青春》（1989）等。1989 年，琼瑶先后授权作家出版社和花城出版社，自此琼瑶作品在祖国大陆的出版逐渐呈现常态化趋势，并由此引发了"琼瑶热"，一直持续到 20 世纪 90 年代。在琼瑶小说流行的同时，香港和台湾的武侠小说大量引入，如古龙、金庸、梁羽生等人的作品，从而引发了"武侠热"。这种现象是中国现代文学史上罕见的。琼瑶热和武侠热直接推动了大陆（内地）通俗文学的发展，极大地改变了人们的文学观念，提高了通俗文学的地位。更重要的是，大陆（内地）通俗文学初期是以琼瑶和金庸小说为楷模的，这不仅表现为题材集中于武侠和爱情，也表现为在内容的模仿和雷同上。

二 出版策划与文学畅销书生产

20 世纪 90 年代出版体制改革所出现的重要现象是畅销书机制的形成。其实，畅销书的概念在 80 年代已进入中国，但真正使畅销书的出版理念成为出版人追逐的目标，确切来说还是 90 年代的事情。经历过

[①] 参见司徒舒文《有利于港台与大陆的文化交流——港台文学图书在大陆出版情况概述》，《出版工作》1989 年第 6 期。

80年代文学的狂热，90年代文学式微是不争的事实。伴随着出版改革的深入，畅销书的地位不断提升，出版策划特征日渐明显，甚至达到主导出版行业走向的地位。

20世纪90年代，出版的重要特征就是规模化生产。文艺出版社纷纷追求大而全，以丛书为主要出版形式，动辄几十本，甚至上百本，数量上给人以强烈震撼。如花城出版社的"先锋长篇小说丛书"；春风文艺出版社的"布老虎丛书"；江苏文艺出版社的"八月丛书"和中青年作家文集；湖南文艺出版社的"长篇小说丛书"；中国青年出版社的"90年代长篇小说系列"；作家出版社的"当代小说文库""新状态小说文库""都市系列"；上海文艺出版社的"小说界文库·长篇小说系列"；长江文艺出版社的"九头鸟长篇小说文库"；山东文艺出版社的"东岳文库"；人民文学出版社的"茅盾文学奖获奖"书系和"探索者"丛书；华艺出版社的"晚生代丛书"和"宏艺文库"；等等。此外，人民文学出版社还与北京图书大厦共同策划并组织了"百年百种优秀中国文学图书"评选活动，以及与之配套的中国青年出版社、作家出版社、解放军文艺出版社等几家出版机构联合出版大型丛书"百年百种优秀中国文学图书"，堪称文学出版界的世纪大行动，标志着中国文学出版人在出版方式的创新上正在迅速成熟起来。

文学出版的规模化生产，带动了文学创作的规模化，使20世纪90年代出现了一股长篇小说热。根据《中国新闻出版年鉴》的统计，1992年出版长篇小说373部、1993年420部、1994年400多部、1995年500多部、1996年600多部、1997年720余部、2000年800余部。在这一出版潮流的引领和催生下，长篇小说成为当时作家创作的主要文学形式。关于长篇小说热，评论家朱向前有个"三级加温"的说法：90年代初，一批思想和艺术上都比较成熟的作家经过80年代创作实践的积累，"感到火候到了，应该拿出长篇来了，否则不足以证明实力，不足以征服文坛"；二级加温的表征是1993年前后的"陕军东征"和"布老虎"出山，成功的市场运作使作家名利双收；三级加温是有关部门的号召。① 因此，出版的规模化对文学创作也产生了很大的影响。然而，过于膨胀的长篇热，使作家的长篇写作成为长篇泡沫。90年代的长篇小说热衷于宏大主题叙事，多以家国为叙事线索，写作越来越浮躁。正如有学者所说："由于在生命体验、知识储备、思想境界等方面的欠缺，观念先行成为长篇创作中的一大痼疾；以一个特殊家族的兴衰沉浮来揭示民族的历史演进，更是成为众多长篇结撰情节的枢纽；在表现形式上，生硬的模仿和翻新的赶潮大行其道，许多长篇大同小异，题材和艺术手法都缺乏创新；在叙事结构上，文气不连贯，内在的断裂常常造成虎头蛇尾的草率。"②

出版策划是20世纪90年代文艺出版社最为重要的图书运作模式。这种出版策划模式也是文艺出版社走向市场的话语策略。1992年，华艺出版社首次出版了《王朔文集》，并且首次实行了版税付酬制度，这给了当时的出版界重大的启示。1992年，长江文艺出版社策划出版了"跨世纪文丛"，前后出版五辑，共70余部作品，包括苏童、池莉、刘震云、贾平凹、刘恒等著名作家。这部文丛以强烈的品牌意识将纯文学作品推入市场，尽管编者自称"从美学—历史的角度来选择"作家作品，但也意识到了个别作家的创作"带有相当强烈的表象化和欲望化的倾向"。③ 这些作品以中国当代著名作家的代表作为选题，采取兼容性的作家选择和排列方式，融合先锋、现代派、新写实等各种写作风格于一体，是纯文学作品市场化的积极尝试。1993年，春风文艺出版社推出了"布老虎丛书"，它以全新的出版模式，进行了一系列大胆的探索，并取得了前所未有的成功。一时间，它给中国文学市场注入了新鲜的力量，作为中国文学的"加温剂"，给长篇小说带来了前所未有的繁荣局面。从1993年《苦界》高调出版，到1996年"金布老虎爱情小

---

① 参见萧复兴、朱向前《短篇小说的困境和出路——关于当前短篇小说创作的对话》，《小说选刊》1997年第11期。
② 黄发有：《文学出版与90年代小说》，《文艺争鸣》2002年第4期。
③ 参见陈骏涛《为新时期的文学历史作证——关于〈跨世纪文丛〉答〈南方文坛〉记者问》，《南方文坛》1997年第6期。

说"繁盛一时,再到1999年"《上海宝贝》事件"的低谷,"布老虎丛书"成为90年代中国畅销书发展的缩影。

20世纪90年代的散文热也彰显了90年代出版策划的市场张力。有研究者调查发现,中国国家图书馆收录1990—1999年出版的散文集共计5974部,平均每年597.4部,这些还均是结集出版的作品,不包括未被国家图书馆收录的作品,以及大量发表在文学刊物、报纸副刊等纸质媒介上的作品。① 90年代散文热的标志性事件是余秋雨散文的流行。当余秋雨的《文化苦旅》引起读者关注后,引发了出版社的热捧:春风文艺出版社出版了《文明的碎片》(1994),浙江文艺出版社出版了《秋雨散文》(1994),人民文学出版社出版了《中华散文珍藏本·余秋雨卷》(1995),文汇出版社出版了《山居笔记》(1998),作家出版社出版了《霜冷长河》(1999)和《千年一叹》(2000)等。这为余秋雨散文的持续发酵提供了足够的出版支撑。在余秋雨散文热后,各出版社也不甘示弱,纷纷策划出版自身品牌的散文图书。如花城出版社策划出版的"小女人散文",江苏文艺出版社的"双叶丛书",人民文学出版社的"中华散文珍藏本",浙江文艺出版社的"学者散文"丛书、"世纪文存"丛书和当红作家散文系列等。可以说,90年代的散文热,是90年代文艺出版社市场化成熟的标志,而各大出版社的出版策划为文学图书出版提供了丰富的操作思路。

20世纪90年代出版策划走向成熟的市场化运作的另一标志是签约作家制度。1993年9月28日,中国青年出版社与"周洪"签订了中国大陆第一份签约作家的合同。合同约定,今后三年内,周洪必须按中国青年社出版整体计划创作书稿,凡出版社不同意的选题,周洪无权创作。② 这则文学事件成为当年文坛的一件大事。因为在此之前作者的创作行为一直被视为思想的自由表达,当出版社试图介入作者

---

① 参见李刚《消费文化与文化消费——20世纪90年代"散文热"再考察》,《兰州大学学报》(社会科学版)2011年第6期。

② 参见周百义、芦珊珊《畅销书出版三十年》,《出版科学》2008年第6期。

创作过程时，作者的自由创作观念就被市场所颠覆。但是，这份合同约定的内容比较简单，想法也并不成熟，所以签约后也并未出版产生较大影响的作品。

真正成熟的市场化运作的签约作家制度，则是由春风文艺出版社开创的。春风文艺出版社以严格的合约和相对较高的稿酬，给成立初期的"布老虎"以合理的约束和全新的商品运营法则，合约赋予文学作品以商品的特征，它用明晰的条款，给尚未成型的作品一一贴上了标签。第一，必须写现代城市生活；第二，必须有一个好读、耐读的故事；第三，要有一定的理想主义色彩。这看似简单的三条，其实对善于站在社会、历史角度进行宏大叙事的中国作家来说并非易事，而签约作家的限制决不仅限于此："我和每个作者签约，并不是在他小说写完之后，在他小说之前，我必须和他谈，他把故事讲给我听，我把这故事放在脑子里反复了好几遍，横向比较，纵向比较，比较完之后，我觉得你故事里面哪个地方是最重要的支点，而且这个支点里面包含着一个大的艺术境界，有可能这个艺术境界是感人的，情感冲击比较大，给人一种长久的回味……了解了这些并讨论了写法之后才签合同。"[①] 在这样的出版理念的指导下，初期签约的十位作家创作出的十部作品，为"布老虎丛书"获得了品牌创建时期最宝贵的成功，如洪峰的《苦界》、铁凝的《无雨之城》、赵玫的《朗园》、崔京生的《纸项链》、梁晓声的《泯灭》、陆涛的《造化》、王蒙的《暗杀—3322》、叶兆言的《走进夜晚》、张抗抗的《情爱画廊》、潘茂群的《猎鲨2号》和两部散文集，包括余秋雨的《文明的碎片》和铁凝的《河之女》。在春风文艺出版社的带动下，签约作家现象成为出版界的重要动向。1997年作家出版社试行作家签约制，将"九州方阵创作室"收归旗下，与创作室的洪烛、古清生、伍立扬和赵凝四位青年作家签订了出版合同；1998年春风文艺出版社也与有"大陆琼瑶"之称的严霞签约；1999年，人民文学出

[①] 《张胜友、安波舜、阿正三人谈——畅销书的内涵与运作（上）》，《出版广角》1999年第2期。

版社与青年作家刘建伟签约……

三 文学转型与主体危机

21世纪，文艺出版社因其率先走向市场化，因此比其他出版社如人民出版社、教育出版社等市场化程度高，在图书运作方面完全遵循了市场化逻辑，在文学边缘化的生态下不断调整文学图书出版结构。如果说20世纪90年代，文艺社试图将文学作品打造、策划为畅销书，那么21世纪的文艺社则离纯文学越来越远，他们大多策划出版畅销书，纯文学图书的出版则要看其是否蕴含畅销元素，而并不十分在意作品本身。

进入21世纪，文学图书市场发生了巨大的变化，除了极个别的畅销书，一般的文学图书难以发行。为此，文艺社对自己的生存和发展战略及图书结构进行了适时调整，对一般文学类选题进行了压缩，对文学类图书的出书规模进行了控制，因而在文学图书市场不再像20世纪90年代那样呈现出一派繁荣的景象。在日益市场化的进程中，文学逐渐成为文艺出版社的副业。著名文学评论家白烨对此现象如此评论："第一是有很多文学出版社转移方向了，在做少儿、生活类、财经类的图书，实用性居多。本来文学方面的图书在整个出版事业中比例就很少，如此压缩选题，开发其他与文学无关的图书，对于文艺出版社来说确有些不务正业。"另外文学出版呈现严重的通俗类型化趋势，"一些文学出版社做了玄幻的、职场的、官场的，这种类型化、通俗化的写作，或许有众多读者阅读，但从文学意义上来说，由于题材、情节重复而导致原创价值并不高"。[①] 然而，这正是今天文艺社的重要转型。据统计，2001—2008年，文学类图书选题的绝对数量呈明显上升趋势。只是2006年文学类的图书选题比2005年略有下降，2007年文学类选题的数量比2006年骤然增加了3000多个品种。虽然文学类图书选题的绝对数量逐年增

---

① 卜昌伟：《白烨：文艺类出版社不务正业》，《京华时报》2008年1月11日第41版。

加，但是其占全部图书选题品种的比例却是呈逐年下降的趋势。2000年文学类选题占全部选题的比例超过12%，至2002年，跌出两个百分点。之后历年继续下跌，至2007年已跌至8%—9%。[①]

21世纪以来，文艺出版社几乎全部转向了畅销书和通俗类型文学图书，包括少儿图书、生活类图书、网络小说、青春文学、职场小说、玄幻小说、恐怖小说、悬疑小说、官场小说等。如2010年江苏文艺出版社出版的网络小说，主要以言情小说和职场小说为主，如《白骨精养成记》《烟花易冷》《蜗婚：距离爱情1平米》等。值得一提的是，春风文艺出版社和长江文艺出版社有力地推动了青春文学的发展。春风文艺出版社2003年出版了郭敬明的《幻城》后，趁热打铁推出"布老虎青春文学"系列丛书，并提出"为青春文学树立标杆，为明日文坛打造中坚"的口号，推出周嘉宁、苏德、刘莉娜、张悦然、蒋峰等青春文学作家；后来，由于《上海宝贝》事件，策划人安波舜转到长江文艺出版社，于是，长江文艺出版社联合郭敬明，推出了笛安、七堇年、饶雪漫、落落、hansey、年年等青春文学作家。2005年，湖南文艺出版社推出全新的"青春图文馆"品牌，策划了一大批与青少年成长密切相关的读物，大有三分天下之势。总之，那些未能及时转型的文艺社，市场盈利就会出现问题，正如江苏文艺出版社社长黄小初所说："虽然因为及时转型，依靠在学生阅读和作文类图书及港台言情小说方面的收益，小日子过得还算不错，但是相比后来把文学畅销书做得风生水起的兄弟出版社，江苏文艺社在文学类图书方面的先发优势可谓消失殆尽。"[②]

当然，不能说文艺出版社全面转向畅销文学，一些文艺社仍在出版纯文学图书，但却更加注重纯文学的营销推广环节。其实，20世纪90年代，文学出版就已经需要借助各种传媒因素进行营销宣传。无论是流

[①] 参见王洪武《十年来文学类图书出版的繁荣与困惑》，《编辑之友》2010年第10期。
[②] 本刊记者：《打造"凤凰"品牌，我们责无旁贷：访江苏文艺出版社总编辑黄小初》，《出版人》2006年第9—10期。

行文学还是纯文学，要想获得畅销效果，就离不开媒体的宣传。尤其在新的文学出版生态环境下，文学图书的出版除了需要内容外，与图书内容无关的其他因素也成为出版的重要因素。江苏文艺出版社出版的毕飞宇的小说《平原》获得成功的一个重要因素就是策划、出版和宣传的互动。《平原》一书在开始向媒体告知的时候，突出了毕飞宇"三年磨一剑"的写作态度，从而引发了各大媒体对于作家的轮番采访。从在生活·读书·新知三联书店举办首发式开始，作者在杭州、广州、深圳等城市的高校举办了讲座，并参加了江苏兴化的"《平原》故乡行"主题活动，有力地提升了作品的知名度。上海文艺出版社推出的余华的《兄弟》，出版社在小说出版前期，从图书用纸、封面风格、宣传和铺货的时间差到具体营销方式的配合等都做了策划，从而保证了小说的营销效果能够顺利地反映到图书销量上。江苏文艺出版社社长黄小初说："在这个'注意力经济'时代，再好的文学作品你也必须吆喝上几嗓子，否则，谁会注意到你呢！如今出版社推出一个作家的新书，首先要进行立体式包装，媒体宣传、推介，签名售书，甚至拿作家的'私事'来炒作。一般纯文学小说，作家若没有名气，印刷5000册出版社还担心卖不出去，但假若精心包装一番，卖上5万册可能也不成问题。"[①]

最为重要的是影视对文学类图书的影响。影视媒体对日常生活的渗透，不仅改变着图书出版的审美内涵，也导致了图书出版的生态环境和文化范式的转型。早在20世纪90年代末，"影视图书"几乎成了全国各文艺出版社争相涉足的出版领域。江苏文艺出版社在全国最早做影视同期声系列图书，出版有《不要和陌生人说话》等影视小说。1999年人民文学出版社在王海鸰的长篇小说《牵手》创作完成以后，以此为基础改编的电视剧在中央电视台一套黄金时间播出，人民文学出版社周密安排计划，5天之内出书，以前所未有的低折扣发货，3天之内全国各大城市同时发书，媒体的宣传战和签名售书活动也同期打响。人民文

---

① 贾梦雨：《寂寞的文学靠什么走向大众》，《新华日报》2009年6月5日第B03版。

学出版社的这一上下动员、高速运转的作风，让作者都大为感叹，"这不是人文社的风格"①。21世纪以来，以电视符号为代表的视觉文化正改变着图书出版图景。而出版和影视的联姻，自然就成为21世纪文艺出版社图书出版的鲜明特色，比如影视小说类图书《大宅门》《天下粮仓》《刘老根》《大长今》《亮剑》等。如今，出版社大多以投资人或投资合伙人的身份进入影视剧的生产环节。2001年，江苏文艺出版社作为国内第一个"吃螃蟹者"，进行了《月色撩人》的改编和制作；2006年，长江文艺出版社以影视投资人的身份投资制作了电视连续剧《张居正》和《幸福不拒绝眼泪》等。

  需要注意的是，大众传媒对文学的影响、影视对文学的改写和文学营销手段的多样化，使文学的自主性日益面临着危机，就像王晓明曾感叹的："我过去认为，文学在我们生活中占有非常重要的地位，现在明白了，这是个错觉。即使在文学最有'轰动效应'的那些时候，公众真正关注的也并非文学，而是裹在文学外衣里面的那些非文学的东西。"② 更何况在今天这样一个市场化时代，文学也难免受到市场的影响，成为消费文化的一部分。

---

① 参见尚晓岚《跟着市场走 牵住读者手》，《北京青年报》1999年5月8日。转引自秦艳华、路英勇《"影视同期书"出版热的文化反思》，《中国出版》2006年第12期。
② 王晓明等：《旷野上的废墟——文学和人文精神的危机》，《上海文学》1993年第6期。

第二章　畅销书机制与新时期文学出版

一般认为，畅销书概念来源于1897年美国的文艺月刊《书人》杂志。该杂志发表过一篇对全美热销图书的调查统计方面的报告，报告将"热销图书"称作"Best Selling Book"。进入20世纪，"热销图书"被称为"Best Seller"，并逐渐为各国出版界所接受，成了流行于世界出版界的标准用语之一。这一英文表达被翻译为"畅销书"。① 畅销书的核心无疑是通过市场手段进行销售。80年代后期，随着西方畅销书概念和运作理念的传入，以及我国出版体制的市场化进程，畅销书机制为新时期的文学出版注入了新的活力，激活了文学图书出版市场，也激发了出版机构的市场意识。

第一节　新时期文学畅销书的市场化生产

20世纪80年代以来，我国图书出版尤其是文学图书出版在消费趣味的影响下不断走向商业化。传统的文学出版秩序逐渐解体，出版机构开始以主动的姿态开发和制造市场的消费需求，文学消费成为出版的主导性话语。文学出版在商业话语的扩张下寻找着自身的出路，呈现出各种新的出版现象，尤其是畅销书机制的广泛使用，各出版机构充分发挥

---

① 参见郭庆华《畅销书起源论》，《江苏图书馆学报》2002年第5期。

市场的理念，通过市场调研对图书的生产进行主动介入，实行出版策划，发挥自身出版优势，强化品牌影响力，追求丛书的规模效应等。文学出版业所呈现的新型产业形态和出版现象，改变了我国文学出版行业的整体状态。

一　市场意识的觉醒

从中华人民共和国成立到20世纪80年代初，我国文学图书的出版遵循的是计划经济体制下的计划调控。在文学出版的计划体制之下，文学图书的出版首先需要遵循的是意识形态方针，并根据国家出版计划出版相关题材图书，很少有自由出版的空间，读者也是出版社出版什么，就读什么。新时期出版体制的改革则是推动出版体制逐渐走向市场化，在市场化改革过程中，文学出版逐渐淡化了宣传意识形态功能，转而追求社会效益和市场效益之间的平衡，并尽可能追求最大的市场效益，图书出版遵循的是市场体制，文学出版的直接目的是适应读者的文学消费。

20世纪80年代，我国出版机构正面临着市场体制改革，出版机构的产业属性进一步加强，图书出版的经济意识逐渐凸显，尤其是畅销书机制的引入，在我国出版领域产生了巨大的市场反响，各出版机构纷纷将追求经济利益作为发展的主攻目标。但是，90年代前的畅销书运作基本处于灰色状态。[①] 所谓灰色状态主要表现为以下几点。一是20世纪80年代的畅销书市场基本上被港台通俗小说和外国小说垄断。如以琼瑶、三毛、亦舒、岑凯伦、席慕蓉等为代表的言情小说；以金庸、古龙、梁羽生、卧龙生为代表的武侠小说；以格林、勒卡雷、克里斯蒂等为代表的外国畅销小说。二是出版商对畅销书的理解过于狭隘，一方面认为畅销书是难登大雅之堂的，即使赚钱也是上不了台面的；另一方面一些出版商为了挣钱，出版了一批迎合市场低级趣味，甚至包含色情内

[①] 参见黄发有《媒体制造》，山东文艺出版社2006年版，第172页。

容的地摊畅销书。三是这一时期虽然也出现了一些本土化的畅销书，但是对于畅销书的理解不够深入，运作缺乏长远眼光，仅仅追求眼前利益。许多畅销书仍然处于模仿港台图书和外国畅销小说的状态。其中较为典型的就是"（香港）雪米莉"现象。1988—1991年，以四川的田雁宁、谭力为主创的作者化名"（香港）雪米莉"，出版了一批假借港台或西方社会背景的"男系列"和"女系列"图书，引发了出版市场的销售热潮。"（香港）雪米莉"现象就其本质来说仍然是对港台和海外作家符号的消费，他们所兜售的仍然是内地（大陆）读者对港台和海外作家作品的想象。

然而，无论是港台武侠、言情图书的出版热，还是外国小说的出版热，无论是地摊畅销书还是假借港台和海外作家之名的畅销书，都让出版社认识到畅销书的市场需求空间和发展前景。于是，一些出版社主动试探畅销书的生产，为此积累了一定的经验。其中最为重要的是一些出版社设置了"策划编辑"职位。中国建筑工业出版社、中国少儿出版社、中国青年出版社、上海人民出版社、上海少儿出版社也都较早推出了"策划编辑"制度。这些所谓的"策划编辑"，主要工作是发布"畅销书排行榜"，引导读者的阅读取向。90年代，一些出版机构尝试改变传统的编辑部、出版部和发行部这样的部门布局，开始设置市场部、营销部、策划部等专注于市场的业务拓展部门。[①] 出版社内部也专门成立了运作畅销书的部门、项目组和工作室。人民文学出版社就专门成立了"哈利·波特工作室"，专门负责"哈利·波特"系列图书的设计、出版和开发。21世纪，当畅销书成为一种普遍的出版模式后，一些出版机构开始在异地设立分支机构，或成立下属公司，希望能借此争取更多的出版资源，打造出版社经济效益新的增长点，特别是借助一些知名策划人、选题资源和作者资源充分开发市场。如2001年接力出版社在北京设立第二出版中心、2002年上海世纪出版集团在

---

① 参见方卿等《出版产业链研究》，高等教育出版社2011年版，第49页。

北京设立世纪文景文化传播有限公司、2003年长江文艺出版社在北京设立了北京图书中心等。

　　20世纪80年代的文学图书出版在启蒙思潮和纯文学热的影响下大多是高高在上的，它们很少去关注读者的需求，而是强调文学作品的启蒙和对读者的引导作用。畅销书机制对于传统精英主义的文学出版方式的重要改写，就是对读者的重视。因此，畅销书机制实际上是一种读者导向的出版机制。出版商在推出某一作品之前，总是要先给自己的作品进行市场定位，拟定目标读者，关心读者的阅读需求、个人喜好、生活阅历、文化教育水平等。只有这样，出版商才能确保自己的产品推出后可能的市场反响，或根据读者的喜好等因素及时推出符合读者阅读趣味的作品。真正将文学畅销书实现本土化落地、赋予其完善的畅销书运作理念并积极贴近市场的，无疑是春风文艺出版社推出的"布老虎丛书"。也许"布老虎丛书"最初的目的只是想"杀出一条血路，为文学留一点香火"[1]，但是，"布老虎丛书"确实是较早注重市场反应的畅销书策划。策划人安波舜说，创立"布老虎丛书"来源于他对北京中关村和深圳特区的读者市场调查，调查结果发现，这里受过高等教育的白领中产阶层对文学依然怀有饱满的热情。于是，春风文艺出版社积极瞄准这部分读者——城市的"白领"阶层，从选题策划到广告宣传都极力迎合这部分读者，迎合他们的消费趣味——满足读者阅读快感，打出了"良知，诚实、正直、善良与爱"的丛书主题，树立起"创造永恒、书写崇高，还大众一个梦想"[2]的招牌。在此基础上，出版了洪峰的《苦界》、赵玫的《朗园》、梁晓声的《泯灭》、王蒙的《暗杀—3322》、张抗抗的《情爱画廊》、铁凝的《无雨之城》和《大浴女》、皮皮的《所谓爱情》和《比如女人》等，成功迎合了读者的阅读心理。对此，安波舜总结说："此后的实践证明，我的发现是正确的，凡是价值观念

---

[1] 邵燕君：《倾斜的文学场》，江苏人民出版社2003年版，第134页。
[2] 安波舜：《"布老虎"的创作理念与追求——关于后新时期的小说实践与思考》，《南方文坛》1997年第4期。

稳定，有理想主义或童话色彩的作品，就能构成畅销因素。而近年风靡欧美的畅销小说也大抵是这种情景，更不用说好莱坞的造梦工厂了。"①"布老虎丛书"将90年代成长中的中产阶级——城市白领——作为文学消费对象，并为满足这类群体的阅读趣味而量身定做相关文学图书，应该说是很成功的。20世纪90年代经济的高速增长，确实出现了一批"三高"群体——收入水平较高、受教育水平较高、文化品位较高。他们在文学不断走向边缘的90年代后期，正好填补了现代化进程中文学消费群体的空缺。

21世纪，畅销书理念深入人心。市场定位成为畅销书实现成功运作的先导。在市场的影响下，一部作品出版后能否取得应有的市场效果，往往离不开对目标读者的判断。精确的目标群体定位和营销策略是畅销书取得成功的重要基础。青春文学作家曾炜的《一光年的距离有多远》一书的营销便是其中一例。该书出版后，出版社考虑到曾炜出版过畅销书《我为歌狂》《心的二分之一》，于是便将营销的着力点聚焦在"《我为歌狂》《心的二分之一》的作者又出新作"上，虽然经过这样的宣传，销售效果还算不错，但远未达到预期目标。于是，经过市场调研，策划编辑发现该书的目标读者是中学生，原来的宣传重点目标不够明确。随后，他们调整了宣传重点，集中力量宣传这是一部"青春校园小说"，在中学生类报刊上进行宣传，并且还安排作者曾炜去中学校园举办讲座。通过这一营销宣传，《一光年的距离有多远》一书的销售量迅速上升，甚至在一个月内就达到十几万册。②姜戎的《狼图腾》在出版前策划者也进行了精心的市场定位，确定了五类目标读者："下过乡或者有知青情结的人""热爱动物的人""喜欢读励志方面图书的人""企业营销人""有很强的社会责任感，向往大草原的人"。为

---

① 安波舜：《"布老虎"的创作理念与追求——关于后新时期的小说实践与思考》，《南方文坛》1997年第4期。

② 参见杨葵《我理解的图书策划与营销》，《中国图书商报》2003年12月19日第A12版。

此，该书的策划者还分别寻找到各个目标读者群体中具有代表性的人物出来推荐，比如下过乡的知青代表、著名作家张抗抗，中央电视台《人与自然》节目的主持人赵忠祥，内蒙古籍著名节目主持人白岩松，著名蒙古族草原歌手、"苍狼乐队"的主唱腾格尔，提倡"与狼共舞必先为狼"的海尔集团总裁张瑞敏和以末位淘汰管理著称的潘石屹。[①] 从市场效果来看，《狼图腾》的市场策划取得了巨大的成功，连续六年（2004—2010）高居畅销书榜前十名。

二 文本的符号力量

将图书中蕴含的一切吸引人的信息提取出来，充分挖掘图书文本的符号特征，并将这些符号转化为视觉化或故事化的形式，从而吸引读者的阅读兴趣和激发读者的购买欲望，这是当前图书营销宣传的重要策略。

对于文本符号的使用，最基本的操作就是将图书所描写的内容或亮点用一句话进行高度概括。这一概括不仅要把作品的内容说清楚，还要形成强大的冲击力，成为文学作品可广泛传播的一个标签。正所谓"三流的出版人做图书，二流的出版人做作者，一流的出版人做概念"。何马的小说《藏地密码》，本来取名为《最后的神庙》，但出版社认为这个名字较为晦涩，难以让人通过书名迅速把握书的内容和题材。由于这本书的题材与西藏相关，并且西藏题材在图书市场有着重要的市场份额，于是，出版社将其改名为《藏地密码》，让读者一看书名就知道是写西藏的，并且用"一部关于西藏的百科全书式小说"这一标语式宣传口号，激发读者的阅读兴趣和购买欲望。事实证明，这一命名和宣传策略获得了市场的认可。[②] 贾平凹的《秦腔》一书的招贴广告用了简单的一句话——"乡村文化的一曲挽歌"，既将该书的文本符号放大，给

[①] 参见孙月沐、伍旭升《30 年中国畅销书史》，中国对外翻译出版公司、江西教育出版社 2009 年版，第 107 页。

[②] 参见姜蓉《读客图书 火在品牌寄生》，《中国经营报》2009 年 9 月 26 日第 C16 版。

受众强烈的视觉冲击，留下深刻的印象，又将作品的主题准确、精当地概括了出来，收到了很好的宣传效果。相反，如果不能对所出版的图书进行准确的定位和精准的概括提炼，往往很难取得市场的成功。余秋雨的《文化苦旅》所经历的出版曲折和最后的成功可以作为一个例证。余秋雨的《文化苦旅》最初是以单篇散文的形式在《收获》杂志专栏连载，而后结集出版。但是在出版过程中，出版社将其定位为"旅游点兜售的小册子"，并对其中的内容进行了"大肆删改"。[①] 于是，作者追回了文稿，并交给上海知识出版社（1996年更名为东方出版中心）。在《文化苦旅》出版的过程中，适逢大陆的通俗文学和痞子文学大行其道，是读者争相抢阅的文学类型。在散文创作领域，流行以细致描写平凡生活中的小事件、小情趣、小思想为主要内容的"小散文"风格。余秋雨的散文在当时可谓独树一帜。他的这些散文将历史、人文、山水等相融合，有着强烈的历史感、深度感和文学性，行文气势恢宏，语言华丽典雅，一改"小散文"之风。为此，编辑提炼出了"文化大散文"概念，并在后来推出了"文化大散文系列"丛书，掀起了20世纪90年代文化大散文的热潮。"外省的小出版社"在《文化苦旅》出版市场的失败，正是因为没有很好地利用《文化苦旅》的文化符号资本，没有认识到其中所蕴藏的艺术价值和市场潜力。

随着畅销书运作的手段成熟，以概括式语言突出图书的卖点，仅仅是图书操作的第一步。一些精明的出版商总是从文本的写作角度对作者的创作进行引导，使其更符合市场的需求。由于文学与市场的对接，作家的创作不再是作家本人的事情，而是整个文学出版中的一个环节。作家必须依附于出版商、市场和读者。而整个出版的上游环节就是出版商，于是出版商会积极主动地进行市场调研，并在此基础上对作家的创作进行引导、策划、干预，甚至命题作文。"布老虎丛书"对最初加盟的十位作家的合约要求是："第一，故事以90年代的城市生活为背景，

---

① 参见余秋雨《文化苦旅·后记》，知识出版社（沪版）1992年版，第378页。

故事情节要逼近现实；第二，要写一个好读的故事；第三，要有理想主义、浪漫主义精神，有超越性。"① 后来这些要求的条款又进一步细化，成为"金布老虎爱情小说"的审美标准："一、小说将充分体现中国古典浪漫主义艺术精神，具有'梁祝'化蝶式的超越生命、超越痛苦的艺术境界，给人以饱满充盈的激情、希望、快乐和浪漫的审美享受。二、小说的故事背景应是九十年代的城市生活。故事情节要逼近现实，但内在的意蕴走向要超越现实。能够在小说开辟的虚构境界上完美地表达作家的审美意图和生命理想，并对人类普遍面临的爱情处境做出自己的回答。三、小说的表现形式以经典小说的表现技巧、方法为范本，读者对象定位在城市知识分子阶层。因而要求构思精巧独到，细节真实可信，语言生动口语化。情节动力和悬念制造淡入浓出而又不露痕迹，切勿用落魄文人的变态心理作冲突依据。"② 李可的《杜拉拉升职记》在文本的打造上则注重与读者的心理认同。《杜拉拉升职记》最初只是一个发表在网络上的两千来字的小故事，但因为点击量很高，反响很大，于是受到了出版商的关注，督促作者将其写成小说，编辑还对小说中人物形象的塑造给予了建议。于是，李可把小说中的"杜拉拉"塑造成一个"姿色中上，受过良好的教育，没有任何背景，靠个人的奋斗取得成功"的都市白领形象。小说还突出表现了"杜拉拉"从民营企业到外企、从销售助理到 HR 经理的华丽成长过程及其职场生存智慧，使大量现实中的"杜拉拉"产生了共鸣。③ 这也正是这本书畅销的重要原因。

艾米的《山楂树之恋》能够在全国各类读者中产生较大反响的重要原因也是得益于出版商对该小说文本价值的准确定位。当时，如何进行读者定位、瞄准目标读者成为这本书出版时最为纠结的问题。这部小

---

① 邵燕君：《倾斜的文学场》，江苏人民出版社 2003 年版，第 144 页。
② 安波舜：《"金布老虎"征稿启事》，《中华读书报》1997 年 11 月 12 日第 4 版。
③ 参见姜蓉《博集天卷把"杜拉拉"做成现象》，《中国经营报》2009 年 11 月 9 日第 C15 版。

说描写的是知青一代的爱情故事。从读者群体来说,"50后""60后"应该比较容易接受、容易产生共鸣,而对于"70后",尤其是"80后""90后"来说,由于故事的时代背景离他们较为遥远,甚至因为价值观的分化,他们可能无法接受。从市场的角度来说,后者才是消费的主要人群。最终,出版商转变了思路,将"从小说文本中挖掘价值"转变为"从'70后''80后'目标读者群中挖掘小说的价值"。于是,出版商从当下物欲横流、金钱至上的爱情观出发,聚焦于《山楂树之恋》中主人公之间充满纯真、执着和信念的爱情,以此对浮躁的爱情观进行批判,凸显小说中爱情故事的"纯",定位于"史上最干净的爱情故事"。这一定位,既让中年读者对自己无悔的青春充满深切的怀旧,也暗合了当下年轻人追求纯爱的社会心理,从而为这本书找到了读者、市场和卖点的统一。于是,印有"史上最干净的爱情故事"的海报一发布,立时激起了社会的广泛关注。这部小说在发行之前,便引发了各地书商排队订购的现象,并且很多影视公司竞相洽谈影视改编权,最终被张艺谋购得。[1]

三 打造图书品牌

畅销书机制的可持续发展,必然需要一个能够被市场广泛认可的品牌,让读者能够准确地进行选择。21世纪以来,在畅销书机制的引领下,我国出版业进入了一个品牌经营的时代,"出版竞争已从单一的选题竞争转向以选题为基础,以创品牌为中心的多元竞争"[2]。成功的出版社总是通过独特的出版理念和文化定位塑造自己的品牌,进而推出一系列有自身品牌烙印的品质过硬的图书,在社会上产生广泛的影响,在广大读者心目中形成良好的信誉度和出色的品质保证。

"布老虎丛书"应该说是中国大陆畅销书运作过程中打造的第一个

---

[1] 参见梁春芳《试读引爆市场 荐书震撼人心——〈山楂树之恋〉畅销传奇给出版人的启示》,《中国出版》2013年第17期。

[2] 贾丽进:《品牌竞争与出版创新》,《企业经济》2002年第11期。

文学图书品牌。春风文艺出版社的"布老虎丛书"包括一系列品牌产品："布老虎长篇小说""布老虎散文""小布老虎""布老虎随笔""布老虎中篇小说"等"布老虎"系列。在"布老虎丛书"取得巨大的市场反响后，春风文艺出版社还趁势打造了"春风小说·绝对爱情系列""春风反腐系列"等"春风"系列和"激情部落"校园小说、"校园年选系列"等"校园"系列。此后，春风文艺出版社还推出了"红月亮"系列丛书。被收入"布老虎丛书"的作品，字数一般为20万—30万字，"红月亮丛书"则只有十几万字。"红月亮"小长篇这一定位无疑抓住了当下作家的创作情况和读者的阅读特征，"我们的作家没有更多耐心花几十年时间去打造一部几十万字的小说，而我们的读者也没有时间去看大部头的书。因此，从接受者和创作者的角度看，小长篇的市场越来越大"[1]。"布老虎丛书"和"红月亮丛书"的区别不仅仅是篇幅，更重要的是目标读者定位不同。它们虽然都主打爱情题材，但是，两者的读者定位不同："布老虎"的读者定位是"受过大学教育，在公司、事务所等'主流社会'工作，月收入在1500元以上，年龄在25岁至45岁的女性"，而"红月亮"则将"爱情市场"做了进一步的细分，它的读者主要定位于20—30岁的"时尚一族"；从风格上来看，"布老虎"偏重古典，"红月亮"则倾向于现代、时尚和品位；从作家群来看，"布老虎"走的是名家路线，"红月亮"则全部是"处于上升期"，但实力、资本还不足以凭"个人风格"确立文坛地位的年轻作家，如朱文颖、红柯、范小青、凌寒、子衿等[2]。"布老虎"和"红月亮"的差异化定位，敏锐地把握住了读者阅读的分层情况，强化了出版社在长篇小说出版方面的图书品牌。

在"布老虎"和"红月亮丛书"品牌策略的影响下，各出版社也纷纷打造自己的品牌，其中最重要的途径就是出版系列丛书，这使文学出版呈现一种规模化的出版现象，因而20世纪90年代的出版社出现了

---

[1] 徐林正：《"布老虎"重出江湖》，《文化月刊》2002年第5期。
[2] 参见邵燕君《倾斜的文学场》，江苏人民出版社2003年版，第153页。

一股出版"文丛""书系""文库""全集""大系"的现象，规模化、系列化出版成为90年代文学出版的主导话语。如人民文学出版社的"中国现代名剧丛书"、"中国当代作家选集丛书"、"探索者"丛书、家庭/婚姻长篇文学丛书、"茅盾文学奖获奖书系"等；作家出版社的"文学新星丛书""猫头鹰丛书""作家参考丛书""作家漫画丛书""新状态小说文库""中国青少年作家绿荫丛书""花雨丛书""都市系列""社会问题纪实丛书"等；中国青年出版社的"作家逸趣丛书""中国青年诗人丛书""中国青年作家丛书""中青年方阵丛书""九十年代长篇小说丛书""青年文学丛书""金锚文学丛书"等；花城出版社的"八方丛书""岭南文学百家丛书""先锋长篇小说丛书""世纪末丛书""散文与人丛书""佛教与人生丛书""风华文学丛书""粤味长篇小说丛书"等；长江文艺出版社的"中国报告文学丛书精选""先锋长篇小说丛书""散文处女地丛书""跨世纪文丛""追求散文诗丛书""九头鸟长篇小说文库""当代作家丛书"等；江苏文艺出版社的"八月丛书""九月丛书""名人自传丛书""青春微型文学丛书""边缘文丛""作家文集"系列、"水晶链丛书""纪实文学丛书"等；上海文艺出版社的"大上海小说丛书""窄本散文丛书""小说界丛书""海上杂文家自选丛书""散文丛书"等；浙江文艺出版社的"浙江作家长篇小说丛书""上海滩丛书""收获丛书""世纪文存丛书""海派文学丛书""书斋丛书"等；华艺出版社的"华艺廊丛书·当代名家精品""晚生代丛书""四季丛书""城市斑马丛书""宏艺文库""太阳鸟文学丛书""当代中国热点写真丛书"等；云南人民出版社的"云南作家丛书""中国诗歌丛书""她们文学丛书""红高原文学丛书"等；河北教育出版社的"三味丛书""七色花丛书""红罂粟丛书""金蜘蛛丛书"等；长春出版社的"漂泊笔记丛书""小白桦丛书""新生代长篇小说文库""作家伉俪丛书"等；山东文艺出版社的"山东作家丛书""山东青年作家丛书""东岳文库""东方诗卷丛书""工人文艺创作丛书"等。这些丛书的出版，确实形成了规模化的品牌效应，拉动了文学图书的销售。如长江文艺出版社的"九头鸟"长篇小说系列推出后，市场反响很好，图书发行量很大。比如该社出版过一部长篇小说《张居正·木兰歌》，出版后市场效果很不理想。后来，出版社认为这部小说的艺术水平不错，于是对此进行重新包装，列入"九头鸟"长篇小说系列丛书进行出版，结果出版后该书的发行量猛增。上海文艺出版社的江曾培也谈过类似的经验。该社20世纪80年代末建立"小说界文库"，遴选高质量的作品入库。经过几十年的努力，该文库逐渐造成影响，形成了品牌。目前，质量差不多的一部小说，入库和未入库的，首次订数要相差两三千册。[①] 不得不说，与80年代文学丛书出版的主要目的是文学史料整理不同，21世纪以来出现的丛书路线确实是出版走向市场化的一种策划行为。这种丛书出版策略是大众文化工业时代"物以全套或整套的形式组成"（鲍德里亚语）的典型特征，是大众文化工业生产的奇观化产物。

　　类型化出版也是文学图书出版过程中品牌建设的重要策略。类型化出版就是集中出版一些类型相同的文学作品，如青春文学、玄幻文学、军事文学等。通过类型化的出版，既发挥了文学图书的"丛书"效应，也提高了文学图书和出版社的品牌辨识度。类型化出版较早的应该是春风文艺出版社和长江文艺出版社推出的青春文学图书。随着民营出版企业进入图书市场，一批民营出版机构纷纷通过类型化出版强化自身的品牌建设。如"悦读纪"专注于女性读者这一细分出版领域，出版了《致我们终将逝去的青春》《钱多多嫁人记》《门第》《微微一笑很倾城》《步步惊心》《宫锁心玉》等，成为国内首个且影响力最大的女性阅读专业出版品牌。在出版界很不起眼的北京智工场文化发展有限公司（以下简称智工场）在军事文学和影视文学圈的名声却很响亮。智工场出版的军事文学《狼牙》，上市后一个月内总销量就达8万册，到2005年底，销量突破20万册，并成功签约影视公司。随后出版的《冰是睡

----
① 参见范军等《出版文化与产业专题研究》，华中师范大学出版社2012年版，第51—52页。

着的水》《最后一颗子弹留给我》等的成功,奠定了智工场的军事文学出版地位。①

四　文学营销的媒介动力

随着媒介技术的发展,当前社会越来越进入到一个媒介技术社会。媒介技术社会的一个重要特征就是媒介形式的不断更新和融合。传统的文学出版主要是纸质文字,然而在网络、影视、手机、移动终端等为表征的媒介技术时代,改变了传统的出版样态。文学出版也成为一种网络、影视、手机、纸媒、移动终端等多种媒体互渗的状态。

因此,畅销书运作中的媒介动力机制是不可忽视的。借助大众传媒的传播力,实行立体化、阶段化、多样化和持续性的宣传成为畅销书产生市场反响的重要力量。书评、新书出版消息、报刊连载、作者访谈、座谈会、签名售书、广告、征订单、实物推广、改编电影电视剧等,都可以对图书的销量产生影响。20世纪90年代梁凤仪在大陆的流行就是出版商利用大众传媒进行宣传的一个范例。1992年,人民文学出版社推出了梁凤仪的财经系列小说《豪门惊梦》《花魁劫》《九重恩怨》《醉红尘》等。人民文学出版社还在北京、上海、广州等地为梁凤仪举办了各类作品研讨和推广活动,如作品研讨会、新闻发布会、签名售书、个人书展等;著名文学评论刊物《文学评论》杂志还在封二、封三和封底介绍梁凤仪:"梁凤仪的小说多以香港风云变幻的商界为背景,以自立奋斗的女强人为主人公,以缠绵悱恻的爱情故事为中心情节,并将财金(原文如此,笔者注)知识、经营手段融于悲欢离合之中,创造出与以往言情小说风格迥异的'财经小说'系列"②;中国社会科学院文学研究所还举行了梁凤仪作品学术研讨会;全国各地的报刊、电视台、广播电台等进行了连续报道。通过出版社、学术期刊、学术研究机构和新闻媒体的大肆宣传,梁凤仪迅速成为大众熟知的作家,

---

① 参见姜蓉《智工场　做小与跨界》,《中国经营报》2009年10月26日第C16版。
② 靳欣:《梁凤仪及其旋风效应》,《文学评论》1993年第1期封二。

从而制造了90年代最为重要的文学现象——"梁凤仪旋风","在上海南京东路新华书店的签名售书活动中,有几千名读者排起长队;在北京王府井新华书店一天就售出了两千余册她的作品;其作品在三个月内被认购一空;各省市二十几家出版社及几十个书商,争相与梁凤仪联系出版事宜,以高达每种书包销20万册为条件争取她的版权"。[①] 梁凤仪也成为当时最受大陆读者欢迎的三大香港畅销书作家之一。虽然"梁凤仪旋风"的出现被不少批评家所批评,但它充分证明了大众传媒的制造、包装和宣传的力量。尤其是20世纪90年代中后期大众传媒迅速崛起后,出版社都非常注重与大众传媒的合作,实现出版社、作者、媒体的互动宣传。

21世纪,我们进入了一个信息爆炸和信息过剩的时代,读者集中于某一信息上的能力和时间有限,注意力就成了有限资源,当它被市场消费机制所发掘时,便形成了一种"注意力经济"。过去那种依靠评论、新闻、研讨会、广告等形式的传媒营销已经很难抓住读者的注意力,因此,为了发挥大众传媒的舆论功能,引发社会热点,吸引读者集中关注,其中出版机构所采取的策略之一就是借助大众传媒制造话题,实行话题营销。《狼图腾》的成功便是话题营销的效果体现。在《狼图腾》的话题营销过程中,主要的营销模式和步骤如下。首先,利用名人或作者制造话题。《狼图腾》出版后,长江文艺出版社举办了新书首发式暨作品研讨会,一方面,邀请了赵忠祥、白岩松、张抗抗、潘石屹等作为图书代言人,从而成功博取了读者的眼球;另一方面,发布会暨研讨会不邀请作者参加,从而激发了读者一探庐山真面目的欲望。一个月后作者才接受媒体的专访,掀起了第二轮宣传高潮。其次,凸显《狼图腾》反映的民族话题。出版社邀请知名作家、专家学者就《狼图腾》反映的民族性进行讨论,发表了诸如《狼图腾与科学发展观》《狼是人类社会进步的发动机》等正面文章,也发表了《〈狼图腾〉:传达

---

① 参见张苏《话说"梁凤仪现象"》,《博览群书》1995年第1期;李公明《批评的沉沦——兼谈"梁凤仪热"》,《读书》1993年第5期。

了伪草原文化?》《理直气壮地无耻》等反对声音,制造了"我们民族是不是有狼性"等话题。最后,制造话题。制造话题是文学图书出版中惯用的手段。《狼图腾》的制造话题技巧则更胜一筹。它巧妙地连通了读者、名人、事件和话题之间的相关性。如2004年5月,作家张抗抗在北京大学用《狼图腾》中狼的形象批评大学生缺乏独立生活能力,随后媒体跟进做了"北大学子质疑张抗抗"的新闻;2004年7月,媒体报道《狼图腾》正在与好莱坞洽谈电影改编事宜;2004年8月,姚明在中国男篮打进奥运会前八时借用《狼图腾》中狼的"整体作战和血性"比喻中国男篮。通过一系列的话题制造,《狼图腾》敏感地把握了阶段性舆论,实现了良好的宣传效果,最终在暑期大火了一把。

文学图书的话题营销还表现在出版机构与大众传媒共同制造的"媒介文学事件"或"媒介文学现象"。媒介事件是经过一些组织机构或个人进行的有组织、有计划的策划,通过大众传媒的包装、炒作和宣传,成为社会普遍关注的事件。媒介文学事件无疑是与文学相关的媒介事件。媒介文学事件在20世纪90年代逐渐出现,并由于其产生的广泛市场影响而越来越受到关注。如"王朔年""美女作家""美男作家""青春美少女组合""金庸与中央电视台的一元版权事件""断裂事件""《马桥词典》事件",余秋雨的"封笔事件"、卫慧的《上海宝贝》事件、棉棉与卫慧的"对骂事件"、王朔的"吸毒事件"等。这些文学事件大多是由出版机构或作者事先策划,大众媒体再跟进报道,其核心议题已经超出了文学本身,"有关作家本人的报道,作者的行踪、言行,作者的年龄、性别、生活方式,等等,是媒体叙述最多的,它显示出,事件的主角其实不是文学及作品,而是写作者"[1]。媒介文学事件的出现表明,在新的文学出版生态中,市场的关注点已经从作品转向了作家,从写作转向了"娱乐事件""花边新闻"等与图书内容无关的因素。

---

[1] 钟琛:《消费文化语境下的"媒介文学事件"》,《文艺评论》2007年第1期。

与以往作家大多居于市场的幕后有所不同，畅销书生产机制也进一步开发作家的身份资源，媒介文学事件的出现就是其中最为重要的表征。另外一种较为常用的方式就是作家不得不积极配合出版商的市场策略，走向台前为自己或他人的作品进行宣传代言。余华的《兄弟》（上）出版后，上海文艺出版社通过名人效应，邀请余华参加各种出版宣传活动，"余华本人频频举办个人讲座，作者全程参与了诸多书店举办的首发式并现场签名售书，关于余华的个人访谈瞬间出现在媒体的大小版块，甚至连以前从未接受媒体采访的余华妻子陈虹也破例为《兄弟》和余华感言"[①]。毕飞宇的小说《平原》出版后，媒体不仅突出了作者"三年磨一剑"的写作态度，毕飞宇本人也在杭州等城市的高校举办了讲座，并参加了江苏兴化的名为"《平原》故乡行"的主题活动，并在广州、深圳、武汉的大学展开宣传活动。

网络的兴起为图书营销提供了新的平台。21 世纪以来，出版社与网站的合作逐渐紧密。新浪、网易、搜狐等一些门户网站都开设有专门的读书频道，天涯网、榕树下、牛博网等一些论坛也都开设有读书板块，此外还有博客、QQ、电子邮箱等。这都为图书的营销提供了新的宣传推广渠道。畅销书《明朝那些事儿》的策划方与新浪博客合作，在新浪博客专栏连做了三个有关《明朝那些事儿》的专题，使得"当年明月"成为新浪博客的红人，博客的点击量高达 2 亿多人次。随后，出版方迅速进行宣传，如发布出版信息，撰写书评，开设专栏，在报纸连载和选载，作家在线聊天，制作 Flash 宣传视频、手机屏保、电脑壁纸等，形成了全方位的宣传格局。J. K. 罗琳的"哈利·波特"系列和郭敬明的系列作品都是通过网络进行营销的，有些作品甚至在出版前的预订数已经达到了数十万册。随着互联网技术的进一步发展，当下图书出版不断借助新媒体平台进行宣传营销，如微博、微信、社交媒体等，同时借助数据挖掘、大数据技术等，实现图书营销的精准化。如 2009

[①] 张文红等：《〈兄弟〉畅销多棱镜》，《出版参考》2005 年 12 月上旬刊。

年北京读客推出的《我们台湾这些年》就充分运用了微博营销策略，被认为开启了国内微博营销的新时代。这部图书借助新浪微博平台，通过数据挖掘技术监测图书营销过程中的各种变化。正是《我们台湾这些年》取得的成功，使得各出版商纷纷开通官方微博，如悦读纪、华文天下、聚石文华、蝴蝶季等。①《触及巅峰》的畅销是通过大数据营销的范例。亚马逊书店通过对用户的大数据分析，瞄准读者的兴趣爱好，把一本老书《触及巅峰》展示在《走进空气稀薄地带》的旁边，销量一路上涨。② 可以预测，网络营销将成为未来图书营销的主流模式。

第二节 转型时期文学畅销书的生产机制与消费趣味

新时期文学畅销书的发展进程中，王朔和海岩可谓最为重要的两位作家，并且代表着20世纪80年代末到90年代之间文学畅销书的过渡与转型。20世纪80年代末到90年代初期，王朔以戏谑调侃的风格进入文坛，然后又凭借精明的商业意识跻身影视领域，开创了我国影视的娱乐化和类型化风格，完成了我国影视的本土化转型；海岩承继王朔之后，凭借言情与案情相结合的叙事模式风行20余年，实现了文学的产业化和类型化，迎合了商业社会文学跨媒体生产的市场法则。可以说，两位作家的作品共同见证了我国社会和文化发展的两个重要阶段，也反映了我国文学畅销书与影视互动变迁的发展轨迹，由此也能管窥八九十年代我国文学畅销书的生产机制和趣味变迁。

---

① 参见江筱湖《"微博大战"出版业占先机》，《出版参考》（业内资讯版）2010年第6期。

② 参见孙月沐、伍旭升《30年中国畅销书史》，中国对外翻译出版公司、江西教育出版社2009年版，第62页。

一　社会语境：从文化转型到文化工业

20世纪80年代末到90年代初，王朔以一种反叛者和颠覆者的姿态进入读者的视野。王朔的出现，引发了当时最为重要的大众文化现象。这一时期，王朔的《空中小姐》《过把瘾就死》《永失我爱》《无人喝彩》《动物凶猛》《顽主》《我是你爸爸》《一半是火焰一半是海水》《浮出海面》等小说相继被改编为电影，甚至1988年因为同时有4部作品被搬上银幕，被称为"王朔年"。1989年，王朔开始涉足电视剧领域。由他参与策划或编剧的《渴望》《编辑部的故事》《海马歌舞厅》等都成为当时极具影响力的电视剧作品。此外，王朔不仅亲自参与到影视的编剧活动，而且还成立了影视公司。1992年，王朔成立了海马影视中心，自任理事长，海岩担任副理事长。1993年，王朔、冯小刚、彭晓林创办"好梦影视策划公司"，王朔担任艺术总监一职。此外，王朔还与深圳先科文化公司合作开办了"时事文化咨询公司"，"主要搞一些纪实性的纪录片"[①]。文学作品的畅销、影视的改编和电视剧的创作共同奠定了王朔在我国大众文学和影视领域的重要地位。因此，80年代末90年代初出现了影响广泛、颇多争议的"王朔现象"。

说到"王朔现象"的出现，自然无法回避20世纪80年代末到90年代初期我国社会的重要语境和作家的角色选择。王朔80年代辞职下海经商后又转向文学创作，成为名副其实的"文坛个体户"。虽然社会的分化和商品意识的觉醒成为人们生活领域的重要征兆，但是社会的整体文化仍然停留在原有体制性话语的框架之中，商品意识在当时的社会中仍然处于欲语还羞的状况，"个体户"这一称谓在当时的社会语境中还饱含着面对无路可走的境况所进行的无奈选择。因此，一些个体户、下海经商者面临着前所未有的心理压力和社会压力，更不要说像王朔这样辞职下海、进行个体户式写作的文人/知识分子，他们下海后所进行

[①] 白烨、王朔、吴滨、杨争光：《选择的自由与文化态势》，《上海文学》1994年第4期。

的大众化写作也因此备受争议。作为文坛"个体户",王朔的写作动机与下海经商一样,基本上是为了吸引读者,以挣钱糊口。成名后的王朔这样描述自己当时的生活和写作动机:"那时我真是一天只吃一顿饭,每天猫在家里写稿子,希望全寄托在这儿了。"① 由此可见,进行文学创作并借此闯出一条路来成为王朔唯一的选择。因此,王朔初期的写作基本上是逐步摸索、不断变化以适应市场需求的创作实践。"我的小说有些是冲着某类读者去的。《空中小姐》《浮出海面》,还没做到有意识地这样,它们吸引的是纯情的少男少女。《顽主》这一类就冲跟我趣味一样的城市青年去了,男的为主。后来又写了《永失我爱》《过把瘾就死》,这就是奔着大一大二女生去的。《玩的就是心跳》是给文学修养高的人看的。《我是你爸爸》是给对国家忧心忡忡的中年知识分子写的。《动物凶猛》是给同龄人写的,跟这帮人打个招呼。"② 王朔的小说之所以在当时非常流行,其中最重要的一点就是,他以商人般敏锐的眼光捕捉到了当时社会文化转型期的躁动心理。于是,我们看到的王朔的这些小说及其改编的电视剧,题材比较多元,面对的读者也正如王朔本人所说的那样是多种多样的,覆盖各个阶层。随着王朔的成功及"王朔现象"的出现,"商业化、大众化、个体化"这些原本隐蔽的文化形态以一种高调的形式呈现于我们的视野之中。正如有论者所说:"围绕王朔所产生的'王朔现象',是中国当代文坛不能忽视的人文景观之一。20世纪八九十年代的许多文学、文化争论,如大众化问题、市民社会问题、人文精神问题、自由写作与个人写作问题、作家'触电'(作家涉足影视)等的论争都与他直接或间接有关,有些争论甚至持续至今。"③ 进一步说,王朔现象不仅是90年代前后文化生产机制转型的重要文化现象,也是90年代前后市场经济转型的重要经济现象。它反映了90年代前后市场经济的出现对文化生产和作家固有身份的冲击。

---

① 王朔:《我是王朔》,国际文化出版公司1992年版,第24—25页。
② 王朔:《我是王朔》,国际文化出版公司1992年版,第55页。
③ 葛红兵、朱立冬主编:《王朔研究资料·后记》,天津人民出版社2005年版,第580页。

如果说王朔以一种文学先行者和探路者的姿态开拓了一条文人生存的大众化道路，那么海岩的出现则进一步强化了文学大众化、商业化的色彩，形成了一种文学与影视互动的市场模式。海岩虽然在1985年便以《便衣警察》成名，但是他真正走向巅峰却是在90年代后，尤其是21世纪以后。如海岩的重要作品《一场风花雪月的事》（1994）、《永不瞑目》（1998）、《你的生命如此多情》（1999）、《玉观音》（2000）、《拿什么拯救你，我的爱人》（2001）、《平淡生活》（2004）、《深牢大狱》（2003）、《河流如血》（2004）、《五星大饭店》（2006）、《舞者·火卷》（2007）、《舞者·冰卷》（2007）等。正是这一段时间根据其小说改编的电视剧爆红奠定了海岩在大众文化领域的品牌地位。20世纪90年代大众文化相对比较成熟，商业意识对文学的渗透也已形成，整个社会完成了从文化转型到文化工业的过渡。海岩对这个时代文学的式微了然于胸，"因为谁都知道，现在已经不是阅读的时代。电脑、电影、电视，早已成为世界上最大的文化传媒，特别是在中国。中国现今的作家，很不幸生在一个电视霸权主义的时代"[①]。因此，海岩就明白无误地将其写作定位于一种商品行为，"如果说我的作品是'商业小说'我也没有意见，因为我是从商的。商品这个词儿，在我心目中是非常崇高完美的，最优质的东西才能称得上'商品'"[②]。因此，海岩的作品有着明确的商业气息，其创作自觉迎合市场趣味，并进一步实现了小说与影视之间的互动。这主要表现在两个方面。一是海岩的创作进入了类型化时代。文学批评界对海岩小说的叙事模式进行过许多研究，大体认为海岩小说的书写模式基本是"案情+言情"。为了突破小说叙事的模式，海岩的小说也不断融入新的商业元素，如对缉毒、走私等的书写，以及《五星大饭店》里对青春偶像元素的运用。二是海岩的创作进入了产业化时代。海岩的作品在内容选择、出版、发行、改编等各方面都有一套完整的产业链（这两点下文将详细论述）。

[①] 海岩：《我笔下的七宗罪》，文化艺术出版社2002年版，第206页。
[②] 海岩：《我笔下的七宗罪》，文化艺术出版社2002年版，第310页。

王朔所处的时代仍然是市场化转型和社会分化的时代，文学的崇高依然存在，文化的消费因素也初露端倪，所以王朔的写作便陷入了精英与大众的文化困境，从而引发了文化界对王朔、知识分子、人文精神等的大讨论，成为一个特殊时期的特殊事件。"王朔现象"所引发的争议表明一些精英或持精英立场的知识分子对文学话语权力的争夺，他们对"王朔们"的驱逐和不满，表明他们试图从王朔手中夺回文学所失去的精英立场，并重建文学的神圣性。然而当海岩出现时，大众文化或者说商业文化已经逐步完成了转型和社会改造，海岩的写作自然被划分为"商业写作"，虽然文学界或其他领域对海岩的写作持有一些异议，但是海岩的成功却是有目共睹的，甚至很多观众成为"海岩剧"热情的支持者。

二 生产机制：集体生产与工业写作

王朔与海岩的文学创作折射出两个发展阶段里大众文化的生成语境和生产机制。从他们的文学与影视互动的生产变迁中，我们就可以观察出两个阶段大众文化的生产机制。

1990年，由王朔参与策划、北京电视台和北京电视艺术中心联合录制的50集电视连续剧《渴望》产生了万人空巷的收视效果。《渴望》的播出也获得了众多的"首次"："首部长篇巨制室内剧；首次采用同期声拍摄；首次把触角伸向北京的平民生活……"[①] 但是需要指出的是，该剧最重要的意义在于：电视剧《渴望》将西方的肥皂剧进行了本土化的改造，形成了我国的肥皂剧，完成了我国电视剧的本土化、娱乐化和市场化转型，形成了我国电视荧屏的第一次娱乐化浪潮。王朔这样回顾这部电视剧的出现背景："室内电视剧这个概念则是得当当时正在中国电视台热播的巴西电视剧《女奴》和《卞卡》。可以说，郑晓龙意识到作为一个电视剧生产组织要维持运转，指望作家深思熟虑之后拿

---

① 刘萍、李灵编著：《中国电视剧》，湖北美术出版社2005年版，第70页。

出心血之作是来不及的,那等于靠天吃饭,要形成规模,讲究效益,必须走到工业化组织和工业化生产这一条路上来。"① 王朔所说的"工业化组织和工业化生产",反映在编剧模式上就是剧本的集体创作。而且当时他们的电视剧编剧也基本上遵循着这个模式:找一群志同道合的作家朋友,坐在一起共同讨论电视剧的情节,用王朔的话说就是"侃剧本","侃"完后再整理加工。《渴望》《编辑部的故事》《我爱我家》等就是这样创作出来的。如《渴望》是王朔和李小明共同编剧的,《爱你没商量》是王朔和王海鸰共同编剧的。与王朔式的集体创作编剧模式不同,海岩剧则是完全以海岩为中心的编剧模式。在海岩小说改编为电视剧的过程中,"原则上情节、细节、台词、人物一般不做变动,要变一般会跟编剧商量,比如一个场景找不到,要换一个场景就会有商量,不会不商量就随便找一个场景替代"②。海岩剧的编剧模式与海岩、赵宝刚和海润公司三方的合作模式密切相关。从《永不瞑目》起,海岩和海润公司的合作实行投资方、导演和编剧共同决策的"三票制"原则。2000年,海岩与海润公司正式签约,海岩也因此有了一个新的身份——海润公司的股东。海岩的文学创作变成投资电视剧制作的一部分,他的小说以及剧本成为电视剧生产的资本,这在很大程度上保证了他的作品在电视剧改编过程中更多保留了自身的风格。不可否认,王朔开创了我国电视剧本土化和类型化的多种探索,而海岩则继续发展了王朔所开创的"都市言情剧"类型,并且形成了稳固的操作模式和工业化流程,从而使"海岩剧"成为一个带着鲜明的个人符号色彩的电视剧品牌,并且在新的文化阶段形成了新的文化工业生产机制。

正是由于王朔在当时的巨大影响,1995年,华艺出版社出版了《王朔文集》。这套文集包括《过把瘾就死》《顽主》《玩的就是心跳》《橡皮人》《随笔集》《我是你爸爸》《千万别把我当人》《看上去很美》

---

① 王朔:《我看大众文化》,《天涯》2000年第2期。
② 《海岩:我不是文化商人》,《中华工商时报》2006年10月8日。

《篇外篇》等。《王朔文集》的出版引发了社会的热烈讨论，因为在当时的文学出版语境中，"文集"只有一些成就突出的老作家，如老舍、郭沫若、曹禺，才有资格出版。当时的王朔不仅年轻（37岁），而且在当时的文坛还是一位颇有争议的作家，他的文学作品被认为是通俗文学，很难被主流文学所认可。与《王朔文集》引起社会巨大争议不同，海岩的作品形成了一个相对完整的标准化的产业链，毕竟我国的文化已经进入了产业化阶段，海岩的写作也基本上是工业化的命题作文。"我现在写作基本是有人相约，许以重酬。命题作文比较多，人家说你给我写一个禁毒的，比如《永不瞑目》，全国禁毒委约的，我就写了；人家说你来一个走私的，我琢磨琢磨也写了。谈好价钱，约定好交稿时间，就是这样。电视剧也是，人家让我写，我问问多长的，20集、21集？放三周？好。10集的？不要，挂不上广告，不好卖……""其实我缺乏生活，都是瞎编。"[①] 此外，海岩还出版了《海岩经典长篇全集》（文化艺术出版社，2003）、《海岩中篇小说》（文化艺术出版社，2004）、《海岩散文》（文化艺术出版社，2004）、《海岩小说经典插图本》（作家出版社，2005）、《海岩青春小说·漫画本子》（群众出版社，2005）等。所以，海岩的作品在创作、出版、改编、拍摄等方面形成了一种完整的生产机制。

如果说王朔文学作品的出版反映了市场意识的觉醒，开始意识到了读者或观众的存在，开始为读者、为市场写作，并为此进行了各种尝试，诸如改编、攒剧本、成立影视公司等，那么海岩文学作品的出版则完全进入了市场工业体系之中，有了一个比较完整的生产体系，诸如小说的模式化操作、出版、改编、演员的选择、媒体的宣传等，更深入地反映了当前文化工业的生产法则。

三 消费趣味：从生活写真到情感消费

王朔和海岩文学作品的出版所引发的"王朔热"和"海岩热"，也

---

① 海岩：《我笔下的七宗罪》，文化艺术出版社2002年版，第171页。

反映出20世纪90年代大众消费趣味的某种变迁。总体来说，王朔的文学以一种调侃戏谑的话语风格消解了崇高，"他的语言特色甚至比他的类型化的人物形象更吸引着读者。这些调侃以带痞气的反叛，把政治的、哲理的、道德的严肃课题与俚语、土语混合在一起达到反讽的效果，最易在青年与市民阶层中引起共鸣"[①]。王朔的这种文风"最易在青年与市民阶层中引起共鸣"，说明王朔文学作品的主要读者还是市民阶层。这与当时市民阶层的逐渐浮现密切相关。海岩的小说则开始从市民阶层转向了都市白领阶层。

20世纪90年代的王朔和海岩其实有着某种共通性。当我们说海岩的作品遵循的是"案情+言情"的写作模式时，其实，有研究者发现，王朔小说的主题也基本可以定位为"案情+言情"。《空中小姐》《浮出海面》《一半是火焰一半是海水》《永失我爱》《无人喝彩》《过把瘾就死》《渴望》《海马歌舞厅》等是写爱情的，而《橡皮人》《枉然不供》《无情的雨夜》《毒手》《玩的就是心跳》等写的是"爱情+侦探"的故事。[②]毫无疑问，爱情和侦探是商业社会最具有诱惑力的叙事。因此，可以说王朔小说和影视的两大主题为海岩的创作提供了可以参照的范本。

不过，王朔和海岩对于都市情感题材的创作也呈现出不同的风格。王朔擅长将自己或朋友熟悉的生活化入小说中，具有现实生活基础是王朔创作的重要特点，这也成为当时王朔编剧的电视剧广受欢迎的重要原因。以《渴望》《过把瘾》《海马歌舞厅》为代表的都市情感剧，对都市生活和情感的书写，摆脱了过去脸谱化、政治化的弊病，他让人物重新回到生活。如曲折的故事情节加上独特的北京气息使《渴望》成为最为地道的北京家长里短生活的展现；《过把瘾》中的饭店、酒吧、文化馆和《海马歌舞厅》中的歌舞厅也让人感觉就在自己身边。

然而，王朔的缺点是不擅长书写自己未曾经历的生活，所以《看上去很美》对童年生活的回忆让人感觉"看上去很不美"，王朔缺乏的正

---

① 毛崇杰：《逃避崇高，也躲闪卑污》，《文论报》1994年4月15日第4版。
② 参见萧元《丑陋的北京人？王朔再批判》，湖南出版社1993年版，第49—51页。

是虚构能力。这种过分依赖生活经验的创作方法，一方面必然会导致创作素材的匮乏，因而无法进行持久的创作；另一方面也导致了创作视野的狭窄。海岩的创作则弥补了以上两种缺陷。海岩说："在创作方法上，我采用了一些好莱坞的模式，即大情节上看上去简直胡编乱造，但人物的语言、感觉、场面的细节等小地方却非常真实。"[①] 王朔和海岩创作风格的差异，也投射在两人对创作主题的处理上。正如上文所述，王朔展现的都市情感生活主要停留在自身的生活经验层面，海岩的写作则完全是以好莱坞的市场模式进行的商业倾销，所以海岩这样说："原来认为这个时代是物质化、金钱化、官能化的，人们对真情实感的东西淡泊了。其实越是这样的时代，人们对情感的向往反而更强烈。只不过这种情感被压抑了，不可能成为人际交往的普遍方式。这时为他们提供一本写纯爱情的小说，他掉泪了，撩拨了内心的情感，使他缺失的情感得到补偿。如果任何一样东西都是商品的话，把精神产品引入消费领域去升华寄托人的情感，我写的小说就是'情感消费'。"[②] 海岩小说的内核仍然是对那些无法得到的情感的"兜售"。随着操作的商业化程度加深，这一方面固定为"俊男靓女"模式，另一方面又不断根据需要注入一些青春、时尚、都市化的元素。

很大程度上可以说，王朔和海岩小说的畅销，实际上见证了20世纪80年代末到90年代中期文学图书消费领域中大众文化的某种变化：从小人物为代表的市民阶层生活的戏谑、自嘲和反叛，到以都市男女为代表的白领阶层对都市情感的消费。

第三节　畅销书排行榜与新时期
文学畅销书出版

20世纪90年代，我国畅销书排行榜的出现，是新时期文学出版市

[①] 海岩：《海岩散文》，文化艺术出版社2004年版，第193页。
[②] 海岩：《我笔下的七宗罪》，文化艺术出版社2002年版，第199页。

场化转型的产物，成为新时期的阅读潮流和流行风向标。通过分析历年上榜图书的变化，畅销书排行榜也成为出版机构进行文学出版的参照坐标，影响着我国文学图书出版的市场生态。随着畅销书排行榜的示范效应和社会影响力的逐渐深入，专业机构、大众媒体、互联网等都开始发布各类图书榜单。有些排行榜的运作体现出权力、资本和阶层的多重操作力量，甚至出版商业异化现象。因此，当前的畅销书排行榜也亟待正名，重建其权威性和可信度。

一　榜单溯源与本土运作

畅销书排行榜最早出现在美国。1895 年 2 月《书商》（*The Bookman*）杂志刊发了"按需求数量排序"的图书目录，公布了 19 个城市主要书店销售量最大的 6 本小说，被认为是畅销书排行榜的起源。1897 年，该杂志第一次推出了"全国畅销书"。1911 年，《出版商周刊》（*Publishers Weekly*）每年出版一期专号，根据独立书店和连锁书店的数据分析当年在销量上领先的小说。1912 年，《出版商周刊》又将范围扩大到非小说类。《出版商周刊》的畅销书排行榜是根据独立书店和连锁书店的数据整理而成的。1942 年 4 月 9 日，《纽约时报》也推出了畅销书排行榜。《纽约时报》的排行榜根据大约 4000 个书店和批发商（他们为其他 6 万个零售商服务）的销量排列顺序，以一月一榜（商业图书）或一周一榜（小说和非小说）的形式进行发布。[①]

苏特兰在他的专著《畅销书》中认为，这种过分注重销量的畅销书制度一开始并没能得到全球范围的推广，包括英国、德国等欧洲国家。英国直到 20 世纪 70 年代，才由《星期天泰晤士报》在争议中开始公布类似排行榜的每周综览；德国的畅销书排行榜到 1961 年才出现。[②] 至今，畅销书排行榜已遍地开花，老牌报刊如《今日美国》《商

---

① 参见张文红《"畅销书排行榜"研究方法分析》，《北京印刷学院学报》2006 年第 4 期；邓咏秋《畅销书与畅销书排行榜》，《编辑学刊》2003 年第 1 期。

② 参见［英］约翰·苏特兰《畅销书》，何文安译，上海文化出版社 1988 年版，第 2 页。

业周刊》《华尔街日报》等，以及一些主要的图书批发商如贝克·泰勒、英格兰姆和主要的连锁书店巴恩斯·诺伯和沃尔登图书公司、皇冠图书公司，也纷纷推出了自己的畅销书排行榜。不过，《纽约时报》的畅销书排行榜被认为是美国最权威的畅销书排行榜，是美国图书出版行业的风向标。

中国内地最早刊登排行榜的是《中国图书评论》杂志。1994年第4期《中国图书评论》刊登了"新华书店畅销书情况一览表"，一直持续到1996年第12期。由于它是我国第一个畅销书排行榜，该榜的统计周期长达四个月，数据的覆盖范围也较少，只包括六家新华书店的数据；品种分类也比较模糊，共分为"社会科学""文学作品""科技读物"和"青年读物"四种；上榜图书数量较少，每个书店列出以上四种"畅销书"销量居于前四名的图书，内容包括书名、出版单位、定价三项。然而，该榜却能反映出20世纪90年代我国大陆畅销书销售和阅读的情况，从而为我们研究我国图书出版的变迁和这一时期的社会文化提供重要的资料存照。如当时位列榜单的文学类图书有《张爱玲文集》《英儿》《平凡的世界》《人啊人!》《尤利西斯》《茶花女》《纪实与虚构》《鲁迅全集》《杨绛作品集》《白鹿原》《穆斯林的葬礼》《金庸全集》《汪曾祺文集》《文明的碎片》《曾国藩》《康熙大帝》《王朔文集》以及部分古典文学名著。这些古今中外的文学畅销书，充分反映了90年代读者阅读的时代特征。

20世纪90年代后期最具影响力的图书排行榜是1998年设立的开卷图书排行榜。该排行榜"根据全国1100家较大的图书卖场的POS系统的实际销售数据统计，建立全国图书市场零售数据库分析系统，并基于此数据推出畅销书分类排行榜"[①]，每月在《中国图书商报》上刊登"开卷全国畅销书排行榜"。这一排行榜包括"文学类""非文学类""少儿类"全国销量排前15名图书的"排名""书名""版别"

[①] 路艳霞：《畅销书排行榜五花八门　读者到底该信哪个》，《西安晚报》2008年4月27日第12版。

"作者""定价"五项内容。同时在每月月末版,《中国图书商报》会在"开卷·市场月报"栏目发布上一月度三大类畅销书排行榜及其分析。每类图书分析大致由"本期要点""畅销榜单综述""热点分析"等板块组成,并穿插较为直观的各种"附表",附表数量和内容根据需要每期有所变化。2004年,开卷图书与《当代(长篇小说选刊)》进行合作,发布"市场销售排行榜"。该排行榜的数据来自"各省店、市店、大书城和部分民营书店等共160家书店"①。2007年,这一榜单由开卷图书、《当代(长篇小说选刊)》、《中国新闻出版报》、《出版参考》联合发布。如今,开卷图书已经成为一家从事中文图书市场零售数据连续跟踪服务的专业公司。除了每月发布排行榜外,开卷还开展图书市场研究,发布每月的"全国图书零售市场成长性分析"、年度"图书零售市场报告"、类型图书的分析和为书店类的事业合作伙伴提供包括全国图书零售市场数据、数据整合与分析、市场分析、数据查询、书业信息整合、经验交流等服务和其他个性化的定制服务。可以看出,开卷已经不再是进行简单的图书销售排行,而是以图书销售数据为基础的,集市场研究、数据加工、出版产业服务等为一体的具有完整产业链的图书专业数据公司。

1998—2004年,《中国图书商报》的图书排行榜主要是发布开卷图书的排行榜,缺乏自身的独立开发能力。2006年,《中国图书商报》开始推出自己的图书排行榜——商报大书城排行榜。这个排行榜以全国大型书店为数据统计来源,分为文学、社科、文教、经管、科技、生活和少儿七大类分别排列榜单,每次榜单评判出该类在榜前20名。同时,《中国图书商报》每期还会发布几个较有影响的大书城一个月的图书销售排行榜。2007年12月21日起,《中国图书商报》与上海东方出版交易中心合作,自2008年起至今,以月为单位定期发布"商报·东方数据"畅销总榜和文学类、社科类、科技类、少儿类、艺术类、生活类和教育类

---

① 《市场销售排行榜》,《当代(长篇小说选刊)》2004年第1期。

分榜单。①每类榜单显示排在前30名的畅销书,信息涵盖排名、书号、图书书名、定价、版别、监测销量和覆盖率。此外,《中国图书商报》还增设了每月新书销量榜、出版社细分市场份额TOP50以及民营书店月销榜等。《中国图书商报》逐渐形成了一套自己的畅销书评价体系,在新书排行榜、民营书店月销榜、网销榜等排行榜之外,还有细分市场点评、出版社市场份额分析等。②从早期与开卷图书的合作到商报大书城排行榜,到今天的"商报·东方数据",《中国图书商报》的畅销书排行榜不断完善和成熟,立足自身的媒体优势,奠定了自身的品牌地位。

21世纪以来,畅销书排行榜的数量不断增多。2003年11月,新创刊的《新京报》在其《书评周刊》栏目开设了"畅销书排行榜"。该排行榜的数据由卓越网上书店、北京图书大厦、王府井书店、三联韬奋图书中心、中关村图书大厦、风入松书店、万圣书园、思考乐书局、涵芬楼书店、旌旗网上书店、当当网上书店、99网上书城提供。较之《中国图书商报》的排行榜,《新京报》在"畅销书销售资讯"提供周期上大大缩短,它以"一周"作为"畅销书资讯和研究"周期,用两个版面专设"新京报图书排行榜",每期排行榜分为"国内排行榜"和"国外综合榜"两部分,"国内排行榜"包括"总榜""小说""非小说""学术""生活""儿童""经管励志"七大排行榜,每榜包含10本上榜图书。在"总榜"和"小说""非小说"等排行榜后边会附上专家关于本榜的"榜说"。"国外综合榜"部分包括"华语图书综合榜",不定期的"英语图书综合榜""日语图书综合榜""德语图书综合榜""法语图书综合榜"等。同时在榜单之后附有"榜说"类分析文字。③2008年,《新京报》改版,"新京报图书排行榜"由原来的两版变为一版,并取消了"国外综合榜"。2004年,《南方都市报》创办了自己的

---

① 参见《"商报·东方数据"高调亮相》,《中国图书商报》2008年1月11日第7版。
② 参见沈颖《〈中国图书商报〉畅销书排行榜研究(2002—2011)》,硕士学位论文,安徽大学,2013年。
③ 参见张文红《"畅销书排行榜"研究方法分析》,《北京印刷学院学报》2006年第4期。

畅销书排行榜,以月为周期,数据来源主要由学而优书店、壹创书城、南方书城、精彩网上书城、唐宁书店、必得书店、红枫叶书社等联合提供。从数据来源看,《南方都市报》的排行榜具有很强的地方色彩,是"南方市场感"颇强的地方性畅销书排行榜。[①] 2007 年 5 月 25 日,《中国新闻出版报》推出了"全国优秀畅销书排行榜"。这个排行榜比以前各种市场机构和书业媒体推出的排行榜要严谨、有序。除了依据北京开卷公司的数据,更聘请专家、学者、媒体人士组成评选团鉴别评审。而它制定的四条评价标准"质量居先,数据说话,公正承诺,本土原创为首选",体现了组织者的责任感、道义感,也显示了组织者打造权威评价活动的前瞻眼光。[②] 随着网络的发展,购书渠道从传统书店转向网络,一些具有代表性的网络书店也开始发布畅销书排行榜,如当当网、亚马逊、豆瓣网等;主要门户网站也开辟读书频道,发布自己的图书排行榜,如新浪读书频道、搜狐读书频道、人民网、中华读书网等;一些有品位有实力的实体店会根据销售额制作一套图书榜单,比如"北京万圣书园销售榜""北京新华书店销售榜""广州购书中心销售榜""上海书城销售榜"等。

二 排行榜与出版生态

"排行榜这个词,从字源上来说属于宗教语汇。它被用于艺术语境,正好发生在艺术从宗教社会向世俗社会转化的进程中。排行榜,源自拉丁语 canon,或'准绳',原是指教会的一套法律规则和判断标准,其基础通常是依据宗教经典的书籍,例如基督教的经文。这些规定了教规和准则的手册都可见于《圣经》。所谓世俗的排行榜经典标准,艺术的排行榜经典标准,这些都是直到 18 世纪启蒙运动被浪漫主义运动取

[①] 参见孙月沐、伍旭升《30 年中国畅销书史》,中国对外翻译出版公司、江西教育出版社 2009 年版,第 176 页。
[②] 参见李人凡《"全国优秀畅销书排行榜"之我见》,《中国新闻出版报》2007 年 6 月 4 日第 5 版。

代时才开始出现的。"① 因此，从排行榜的滥觞和变迁来看，排行榜其实质不过是整个社会的世俗化、社会化以及商业化转型过程中的一种文化策略选择。畅销书排行榜正是基于社会世俗化和商业化所产生的一种商业运作范式。20世纪90年代以来，当我们这个社会越来越进入一个以商业为表征的时代后，文学出版就越明显地表现出消费语境里的文化特征。畅销书排行榜正成为这一商业文化在图书出版领域的集中体现，通过它可以窥见我们这个社会的出版文化生态。

畅销书排行榜作为普遍的文化和商业现象，已经成为读者阅读与购买、研究者获取资讯、出版社衡量业绩的重要参考指数。客观科学的排行榜是对社会大众趣味的某种确认和彰显，它在一定程度上有助于人们分辨信息，做出快速准确的决策，尤其是在今天这个出版物泛滥的时代，如何准确、及时地选择，排行榜无疑起到了较强的引导作用。畅销书排行榜通过大众的心理认同机制，在大众中产生共鸣，从而引导了大众的图书消费。因此，畅销书排行榜成为商业社会的一种消费符号，成为图书意义增值和传播的加速器。出版机构为了满足大众的心理和市场需求，必然会借助畅销书排行榜作为图书生产的重要参考，努力开发与排行榜相适应的畅销书，从而影响出版机构的图书生产。有研究者认为这种影响主要包括四个方面："其一，影响选题，作为选题来源的重要信息，出版社在做选题策划时会把各类畅销书排行榜作为重点对象做深入分析，以确定选题或者作为调整选题结构的重要参考依据；其二，影响国外图书的版权引进，提供版权信息来源，研究者发现，国内出版社在引进国外图书时，一个重要的参考依据就是畅销书排行榜；其三，影响出版社对于作者的判断和选择，出版社在对排行榜做分析时会特别关注重要作者，那些频繁出现在排行榜中的作者有可能被打造成'品牌作家'加以强力推广；其四，影响未来图书市场的走向，出版社在探索市场未来发展趋势时会以排行榜的分析作为基础，以获知读者趣味的

---

① [美] 保罗·施拉德：《排行榜经典标准的来源》，李二仕译，《世界电影》2008年第1期。

特征以及图书流行的趋向。畅销书排行榜就是以这样复杂的方式影响着整个出版业的运作。"① 确实，畅销书排行榜对于出版市场的影响是全方位的，由此也产生了各种不同的畅销书出版现象。

畅销书排行榜对文学类图书出版产生的直接影响就是对作者资源的持续开发和对上榜图书的系列化生产。一方面，如果某一作者的作品登上了畅销书排行榜，出版机构便会处心积虑地让该作者源源不断地生产出新的产品，作者的创作也就成为一种市场利益下的压榨式写作。如余秋雨的《文化苦旅》畅销后，他的《文明的碎片》《山居笔记》《霜冷长河》《千年一叹》《千禧之旅》《行者无疆》《借我一生》等作品不断被推向市场；当蔡智恒的网络小说《第一次亲密接触》畅销后，他的《雨衣》《爱尔兰咖啡》《榭寄生》《夜玫瑰》等也成为随后市场主打的作品；当青春文学成为主流后，韩寒、郭敬明、郭妮等作家就成了出版市场青睐的对象，郭妮更是在一年内出版了14本小说。这些图书有些是作者主动创作，有些则是大众媒体和出版机构的促成，但核心的推动力还是后者。毕竟，当一个作者通过畅销书排行榜被塑造成为大众市场的消费符号时，最大限度地开掘作者资源是商业资本的追求。传媒和出版机构都需要借助这一符号获取更多的利益。另一方面，只要某一本书能够登上畅销书排行榜，那么围绕这本书的后续运作就更加密集，典型的就是大量畅销书的"续集"现象。如何马的《藏地密码》在2008年成为出版市场争相抢购的畅销书后，出版社连续推出了10本同名系列作品；阿来的《空山》连续推出了3部系列；李可的《杜拉拉升职记》《杜拉拉2华年似水》《杜拉拉3我在这战斗的一年里》《杜拉拉大结局：与理想有关》也先后登场；郭敬明的《小时代》系列出版有"折纸时代""虚铜时代""刺金时代"3部；杨志军的《藏獒》系列出版了3本；王晓方的《驻京办主任》系列出版了3本，并且还有类似的作品《市长秘书》等。有些畅销书甚至通过重新包装进行出版，如郭敬

---

① 祁建：《排行榜"掺水"折射书业监管之困》，《中国商报》2010年2月26日第13版。

明的《爵迹》《夏至未至》《小时代1.0折纸时代》等就推出过珍藏本、限量本或修订本；辛夷坞的《致我们终将逝去的青春》原由百花洲文艺出版社出版，后经过重新包装和修订，在朝华出版社再次推出等。商品的系列化正是商业社会文化工业生产的普遍原则，正如鲍德里亚所说的，"物以全套或整套的形式组成"。这些系列化的商品"强加着一种一致的集体观念，好似一条链子、一个几乎无法分离的整体，它们不再是一串简单的商品，而是一串意义，因为他们相互暗示着更复杂的高档商品，并使消费者产生一系列更为复杂的动机"[①]。

从20世纪90年代畅销书排行榜产生至今，畅销书排行榜榜单图书的变迁折射出我国文学类畅销书的品种越来越走向单一和文学图书出版运作的市场化意识不断强化。90年代的畅销书排行榜出现过《曾国藩》《康熙大帝》《平凡的世界》《张爱玲文集》《文化苦旅》《金庸作品集》《故乡面和花朵》《高老庄》《山居笔记》《还珠格格》《尘埃落定》《活着》等类型多样的文学图书，商业色彩的文学图书和纯文学图书也都各自占据着一席之地。然而，21世纪初期，文学畅销书则几乎全被商业气息所笼罩，市场的运作取代了文学的内容审美，文学出版无不烙上了深深的商业痕迹。这些图书有些是因为影视的流行而蹿红，如张平的《抉择》，王海鸰的《牵手》，池莉的《小姐你早》《来来往往》和《口红》，海岩的《玉观音》和《血玲珑》，郑重和王要的《大明宫词》，张宏森的《大法官》等；有些是由于精心的市场策划而流行，如"布老虎丛书"等。21世纪的晚近几年，文学畅销书排行榜几乎被青春文学和网络文学所牢牢霸占。如韩寒的《光荣日（第一季）》《他的国》《1988：我想和这个世界谈谈》《光明与磊落》《青春》；郭敬明的《悲伤逆流成河》《小时代》系列、《夏至未至》《幻城》；笛安的《西决》《东霓》《南音》等青春文学；天下霸唱的《鬼吹灯》、南派三叔的《盗墓笔记》、李可的《杜拉拉升职记》、崔曼莉的《浮沉》、艾米

[①] ［法］让·鲍德里亚：《消费社会》，刘成富、全志钢译，南京大学出版社2006年版，第2—3页。

78

的《山楂树之恋》、何马的《藏地密码》、六六的《蜗居》、当年明月的《明朝那些事儿》、江南的《龙族》、九把刀的《那些年，我们一起追的女孩》、辛夷坞的《致我们终将逝去的青春》等网络文学。虽然也有贾平凹的《古炉》、莫言的《蛙》和《丰乳肥臀》、余华的《活着》和《第七天》、余秋雨的《文化苦旅》等传统作家的作品，但是与庞大的青春文学和网络文学相比，显得势单力薄。

由于畅销书排行榜对出版市场的引导和示范作用，当一本书卖得好，上了畅销书榜后，出版社就会进一步分析哪些图书较为畅销，哪些作家的作品广受欢迎，于是如法炮制出类似的图书。2010年长江文艺出版社的金丽红说，"仅2009年一年，与郭敬明、柯艾团队的合作就给长江文艺出版社带来了超过一亿元的销售码洋，在开卷排行榜虚构类图书的前30名中，有6部来自于这个团队，在青春文学类排行榜的前20部作品中，有15部被他们占据，有绝对的优势，'所以，今年光青春文学这一个领域，我们就安排有80多部作品，形式包括漫画、长篇小说、随笔等，他们的销量非常稳定，我们非常看好这个市场'"①。这实际上代表着大多数出版社的一种市场导向。这种基于前期市场的运作成效和经验，注重从作家资源和作品资源方面进行深度挖掘，已经成为出版社成熟的市场模式。因此，从2002—2016年近十五年的畅销书排行榜来看，畅销书的出版越来越集中于部分出版社（商）或部分作者。从出版社来看，长江文艺出版社以青春文学和《狼图腾》等占据了畅销书排行榜的绝对优势地位，每年都有三四部作品位列排行榜前30名，2010年、2011年、2012年分别有12本、12本、11本畅销书登上排行榜前30名，足见其畅销书的实力；作家出版社以传统作家余华、莫言、贾平凹等人的作品和官场小说《市长秘书》《驻京办主任》等在畅销书排行榜中具有很强实力；安徽文艺出版社也因为90年代的《张爱玲文集》和21世纪的《鬼吹灯》系列稳居畅销书排行榜前列；春风文艺出

---

① 宋平：《大众阅读市场：排行榜"续集"化，读者"长尾化"？》，《中华读书报》2010年3月10日第6版。

版社在 2000 年前后凭借青春文学的出版实力在排行榜中占据重要地位，但是随着青春文学作家向长江文艺出版社的阵地转移，春风文艺出版社在排行榜中的地位也渐渐滑落。从上榜作者来看，通过对这十五年的畅销书排行榜分析，上榜次数最多的畅销书作者有郭敬明、韩寒、易中天、安妮宝贝、余秋雨、李可、姜戎、杨志军、天下霸唱、南派三叔、当年明月等，他们成为畅销书排行榜的最大赢家。虽然上榜的作品和作家并不能表明质量最优，但是，至少代表了这些作品和作家的市场号召力，代表了出版商运作的市场导向。于是，出版市场逐渐转向资源集中型、内容集聚化发展，整个出版领域形成了激烈竞争的格局，从而影响了整个图书出版市场。

三　文化批评与权力博弈

近年来，畅销书排行榜受到许多学者、从业者和读者的强烈批评。畅销书甚至被认为是看过就扔的"快消品"和毫无文化价值的"垃圾书"。其实，畅销书和名著、经典并非完全对立的两个概念。有些畅销书在经过时间的沉淀后逐渐成为经典，如《平凡的世界》《白鹿原》《尘埃落定》等，出版社曾多次再版或重新出版。然而，目前畅销书排行榜上的大多数图书，远远谈不上经典，并且确实只是一段时间的文化消费品。它们很难具有长久的生命力，大多是流行一两年便销声匿迹，有些甚至只有几个月。畅销书排行榜的短视导致了出版商并不着眼于某一本书的长期效应，而是追求即时性的利润。由于出版商的急功近利，作家的创作也缺乏真诚、深入和创新。西方虽然也将畅销书作为一种文化消费品，但是无论是出版商还是作家，都更注重深思熟虑的创作，他们的畅销书在主题的广度、内容的深度和思想的创新等方面都比我国的畅销书更具前瞻性眼光。即使作为畅销书，在追求最大利润的过程中，我们也应该去思考如何能够让畅销书为文学创作提供新的写作经验，为出版市场提供更加成熟稳健的运作模式，能够为我们的文化多样性贡献更多的精神产品。然而，这些一定程度上被我们的出版商和作家忽略了。当所有的文学作品都向畅销书排行榜看齐时，无疑损坏了文学的差异性、多样性和丰富性，抑制了作家的想象力和思想力，也抑制了图书出版生态的繁荣。强烈的商业气息和即时的盈利需求，可能正在毁坏我们已经培养起来的畅销书读者市场，毁坏我们好不容易成长起来的畅销书作家。杀鸡取卵式的写作和片面追求利润的出版，最终毁坏的将是畅销书未来持续发展的空间。

　　畅销书排行榜其实并不能反映全社会的图书阅读需求状况。它所代表的只是部分销售较好的图书，而即便这些销售较好的图书也仍被商业资本的权力所左右。首先，它所反映的是某一些经济较为发达地区、消费能力较强、读者队伍较为年轻的读者群体。从我国畅销书排行榜的产生看，它来自各个零售卖场对图书的销售统计。这些统计数据最初主要集中在大中型城市，如北京、上海、广州、深圳、杭州、南京等，虽然后来陆续扩大到其他城市和书店，并逐步扩展到西部城市，但是基本仍以经济文化较为发达的城市为主，反映的基本上是城市居民的阅读趣味，它暗藏了地域文化和资本权力的运作。其次，畅销书排行榜的上榜作品大多是青春文学和网络文学，其消费群体基本上是以初中生、高中生为代表的青少年和广大年轻的网民。这一年龄的区隔，缩小了图书消费的覆盖面。它无法反映中年、老年等群体的阅读趣味。再次，畅销书排行榜是以市场销售数据作为主要的统计依据，它反映的是那些在市场上销量较好的图书现状。然而，畅销书只不过是所有图书中的一种形式，它不可能涵盖整个图书市场，更何况许多图书的销售量与其营销宣传策略有关，甚至存在不真实状况。因此，畅销书排行榜以"畅销"的商业资本外表掩盖了那些不畅销，但具有长久生命力和文化意义的图书。正如苏珊·埃勒里所说："这些畅销书是一种有用的工具，我们能够透过它们，看到任何特定时间人们普遍关心的事情和某段时间内人们的思想变化。"① 但是，如果不能正确认识畅销书排行榜所存在的权力

---

① ［美］苏珊·埃勒里：《畅销书》，见［美］托马斯·英奇编《美国通俗文化简史》，董乐山译，漓江出版社1988年版，第10页。

运作和阶层区隔，畅销书排行榜很容易被误解为反映的是整个社会具有普遍性的阅读状况，进而被认为反映了整个社会的文化面貌。

表面上看，畅销书排行榜是图书销售的一种策略，但是，因为"消费是一个系统，它维护着符号秩序和组织完整：因此它既是一种道德（一种理想价值体系），也是一种沟通体系，一种交换结构"[①]。在上榜图书和广大的未上榜图书之间构成了一种鲍德里亚所谓的模范/系列，上榜图书是模范，它代表了当前最受认可的、先进的理念，不论这种先进的理念开始是如何传播开的，有可能是作者或书名本身的符号传达，也有可能是广告的结果，但是，一旦它成为上榜图书，就更确定了其模范的地位，并因此得到进一步的巩固。正是人们的从众心理，赋予了排行榜一种广告色彩，于是产生媒介控制的作用，"加强和维护主要的价值取向和阶层划分"。同样，因为某种图书受到排行榜的肯定，与其主题类似或形式接近的图书就会相继而出或受到相应关注，变成系列，而且由于上榜这一结果本身就表明了该类图书的观点受到社会大多数的认可，这更会促使这一系列图书的模范效应越来越大，进一步引发社会的舆论关注，结果就是此类图书符号得到社会的传播最大化，人们就更愿意通过这个符号消费从而达到与社会大潮流同步。这将在很大程度上扭曲图书出版的多元秩序而陷入单一化类型化的出版旋涡，以畅销书排行榜的形式引导、暗示、映射出社会文化的统一性，进而使得我们的文化变得更加扁平化、同质化。

畅销书排行榜的确立和传播具有一种特殊而隐蔽的权力运作过程。排行榜的推出必须具有强大的话语权、阶级权力和文化资本作为后盾。谁掌握了话语权、文化资本，谁就在排行榜中占据优势地位，最终确立其在整个社会的艺术文化生产的尺度和范式。如今，各类媒体纷纷推出自身的排行榜，以及各种协会等机构推出的经典排行榜，构成了排行榜领域权力和资本的相互博弈、争夺话语权的场域。在畅销书排行榜的确

---

① ［法］让·鲍德里亚：《消费社会》，刘成富、全志钢译，南京大学出版社2006年版，第69页。

立和传播过程中,大众传媒业起到了重要的推动作用。越来越多的排行榜隐藏着出版商和媒体共谋的商业动机和逐利趋向。畅销书排行榜和大众媒体的合谋,可能会导致大众传媒对排行榜的传播,分散了受众的注意力,使受众的文化选择趋向单一。现在的畅销书排行榜的背后存在各利益方力量的角逐。出版方和销售方利用受众对排行榜的信任,以及他们的"从众"心理对所谓的畅销书进行炒作和营销,甚至在资本和权力的争夺下产生异化。畅销书排行榜实质内在隐含着文化生产和流通的不平等结构,这种不平等甚至扩大、加强成一种辐射式的支配性力量。

四 商业扭曲与威信重建

就世界范围来看,随着商业资本对排行榜的渗透甚至绑架,排行榜已经成为一种产业形式,为资本和权力的寻租提供了较大的空间。他们通过金钱、出版环节的权力、国家意识、阶级权力等操作或影响着排行榜,从而导致了排行榜的异化现象。

金钱对排行榜的左右是当前最为重要的影响因素。出版社(商)、作者、书店总是希望能够将自己所生产的图书尽最大力量进行推广,以获取最大的利益回报。他们共同组成了资本合作的场域,共同为某一部或几部图书能够登上排行榜而发挥合力。于是,"买榜"和"打榜"成为畅销书排行榜的潜规则。所谓"买榜"和"打榜",就是出版社或书商在给实体书店或网络书店大量发货的同时,指派专人匿名大量回购某本书,制造此书畅销的假象,把它推上"月度畅销""年度最受欢迎"之类的榜单,引发读者跟风购买。[①]"打榜"的对象分为"网络店"和"实体店"。网络店主要是当当、卓越等网站;实体店则是一线城市的实体书店。更有甚者,通过支付排行榜的制作方一笔费用,直接将某图书推上排行榜。有媒体披露,曾经火爆的《×××官场笔记》就是典

[①] 参见陈小庚、赵双双《畅销书排行榜:还是阅读的风向标吗?》,《南方日报》2011年10月23日第12版。

型的用打榜的手段制造出来的畅销书。《×××官场笔记》系列2011年7月出版,当月便跃居畅销书排行榜第5名,8月滑落到第24名,9月滑落到第40名。[①] 因此,当畅销书排行榜被打榜、买榜等商业因素左右时,畅销书排行榜由原来较为真实地反映畅销书出版情况的榜单,沦为一种营销手段。

"买榜"和"打榜"在畅销书机制比较成熟的西方国家被看作非常严重的事件。英国出版商皮特·凯瑞表示,赤裸裸的买榜行径是被绝对禁止的,买榜在一些出版制度成熟的国家属于丑闻,一旦事发,书商和书店的信用度将会遭到质疑,绝大多数只能转行了事。[②] 但是,目前我国出版界对"买榜"和"打榜"却听之任之,甚至把"买榜"和"打榜"的行为看作一种广告营销手段,有意回避了其对商业道德、社会责任和企业诚信的损害,这种行为进而损害了大众的文化和精神权利。更为重要的是,"买榜"和"打榜"的行为,一方面破坏了出版业正常的市场经营秩序,助长了恶性竞争之风,增加了整个图书行业的图书营销成本,其结果必然是导致这部分成本被转嫁到读者身上,逐渐地,读者将会选择放弃这一消费产品;另一方面破坏了畅销书排行榜的可信度,瓦解了畅销书排行榜的权威性,其结果则是畅销书排行榜失去了反映读者阅读、引导读者消费和指导图书出版的功能。原本出版商可以通过畅销书排行榜了解读者的阅读动向,从而有针对性地进行图书生产。然而,当畅销书排行榜失去可信度后,出版商的市场判断依据就处于缺位。因此,从长远来看,商业对于畅销书排行榜的侵蚀,将会破坏我国图书出版的生态和秩序。

近年来,随着畅销书排行榜被商业绑架后的信任度不断下降,一些媒体也开始重建排行榜的权威性,摒弃畅销书排行榜以销售量作为排名的标准,纷纷推出各种"好书榜",如新浪网的年度十大好书、凤凰好书榜、腾讯《大家》好书榜、《南方周末》的年度图书等,甚至2014

---

① 参见于敏《谁动了我们的排行榜》,《出版广角》2005年第12期。
② 参见常晓武《图书排行榜也要打假》,《人民日报》2012年6月5日第20版。

年4月23日世界读书日当天,中央电视台推出了首届中国好书榜"2013中国好书"。畅销书排行榜或好书排行榜获取信任的关键或者说形成权威品牌的关键,其实就是独立性和客观性。权威、科学、可信的排行榜不仅仅是邀请了专家、读者等进行评判或打分,销售数据的收集、专家评委的选择、活动资金的来源、统计方式的科学性、评选的公开透明程度、举办机构的独立性、读者的评价等,都是应该着重考虑的内容,而这些内容的实施则并非易事。《纽约时报》采用抽样统计法,有若干名雇员每周与发行渠道联系,包括独立书店、连锁书店、批发商、礼品店、报摊、超市、价格批发俱乐部,收集数字以后,使用"秘密"统计衡量和评估销售,确定畅销书排行榜。《出版商周刊》定期联系连锁书店、独立书店和向杂货店及其他零售点批发的经销商,询问销售情况,确定大众市场纸皮书排行榜。在确定每周精装书畅销排行榜时,他们不找专门商店、价格俱乐部、图书俱乐部,也采用一种"衡量法"评估销售总量。《今日美国报》的畅销书榜最受书商的欢迎,他们引用连锁书店和独立书店的数据,不考虑价格俱乐部、图书俱乐部和专门书店,他们也结合"衡量法"来计算畅销书榜。这些报刊的排行榜制作,采用"保护性的报道和方法",以保证其可靠性,同时,对书店的名字保密,定期增减参与排行榜"投票"的机构,监督批量销售。[1] 也许国外的畅销书排行榜能够为我们提供一些启示,但我们在探索自己的畅销书排行榜方面还要进行更多的尝试。

---

[1] 参见安华《美国畅销书排行榜的影响和运作》,《出版经济》2004年第3期。

第三章　出版机制转型与新时期文学出版的文化表征

新时期出版机制的转型，文学出版对于市场的趋附，文学出版在很大程度上借助各种话语形态和文化策略实现自身的经济效益，如身体的符号消费、社会话题的建构、民族主义话语的张扬、政治空间的想象等，都是新时期文学出版所表现和依赖的文化策略。它彰显了新时期以来文学出版领域文化元素与市场逻辑的合谋。而茅盾文学奖作为我国最高长篇小说奖，也不断寻求市场的突破，努力实现主流话语、大众话语和精英话语的平衡。

第一节　出版机制转型与女性作家群的文化消费

20世纪90年代，女性作家成为文坛的一支生力军，为日益走向市场化的文学出版注入了新的活力。女性作家在90年代中期备受关注，她们从作家群体里独立出来，与这一时期的政治环境、市场氛围和女性作家自身的发展密切相关。她们从"献礼图书"的市场敏感里突围，在"七〇年代作家"的称号里集结成群，并在市场空间里从"七〇年代作家"的阵营里分化出来，进而被打造成"美女作家"，受到出版市场的热捧，掀起了新一轮的文学浪潮，也引发了各种争议和质疑。在90年代女性文学热的浪潮中，河北教育出版社出版的"红罂粟丛书"

不仅揭开了 90 年代女性文学热的序幕，催生了女性作家群的出现，而且为此时文学出版的市场化转型提供了重要的市场启蒙，从中可以管窥 90 年代女性作家群的生产机制。

一 集体的亮相

1995 年 9 月 4 日至 15 日，联合国第四次世界妇女大会在北京召开。文学界为了向世界妇女大会"献礼"，文学期刊、报纸、出版社等纷纷推出女性文学作品丛书和学术研究著作，召开各种女性文学会议。于是，1995 年成为中国女性作家极为风光的一年。各种各样的文学会议、文学笔会、报刊出版社约稿、签名售书活动和电视、广播的专题节目等，让她们应接不暇。林白曾这样描述说："这一年所有女作家的运气都格外好，每个人都出了七八本书，她们不断地拿到自己的新书，又不断地领到自己的稿费，她们兴高采烈地聚集在一起……这个活动刚刚分手，那个活动转眼又碰到了，她们像风一样在天上飞来飞去，她们美丽或朴素的衣裙在许多城市里像花一样开放。"[①] 徐坤说："这一年仿佛已经进入女性主义的牛市了。我们的性别成了一种应时的股票。"[②] 世界妇女大会的召开，使得 90 年代的女性文学蓬勃发展，并具有了一种庆典式意义，这正是女性作家和女性文学在 90 年代中后期崛起的直接推动力。

1995 年前后的几套大型文学丛书的出版，更是将女性作家推向了市场的顶峰。如华艺出版社的"风头正健才女书"（陈晓明主编，1995 年 1 月）和"女性独白最新系列随笔精华"（1998 年 5 月）、时代文艺出版社的"当代女作家情爱小说精品大系"（乔淑丽主编，1995 年 1 月）和"海外中国女作家丛书"（金钟鸣主编，1995 年 8 月）、河北教育出版社的"红罂粟丛书"（王蒙主编，1995 年 4 月）、四川文艺出版社的"红辣椒女性文丛"（陈骏涛主编，1995 年 6 月）、云南人民出版

---

① 林白：《语言中的方方》，《作家》1996 年第 1 期。
② 徐坤：《从此越来越明亮》，《北京文学》1995 年第 11 期。

社的"她们文学丛书"（程志方主编，1995年8月、1996年3月、1998年4月）、文汇出版社的"海派女作家文丛"（1996年10月）等。其中河北教育出版社的"红罂粟丛书"和云南人民出版社的"她们文学丛书"是最具代表性的两种。前者囊括了文坛22位女作家，被称为"我国出版史上规模和影响最大的女性作家丛书"，后者规模更甚，分别在1995年、1996年、1998年和2000年出版了四辑，共51本作品，但"她们文学丛书"的总体影响力不如"红罂粟丛书"。第四届世界妇女大会的召开，是这些丛书出版的重要契机，其中蕴含着重要的象征意义。"红罂粟丛书"出版于1995年4月，"出版社以此作为向今秋在北京召开的世界妇女大会的献礼"。"1994年初夏，王亚民和他年轻的同事又开始了'红罂粟丛书'的策划。职业的敏感使他们明悉1995年是出版这套丛书的最好时机。"①

20世纪90年代女性文学的繁荣，自然离不开女性作家的创作实力。黄发有曾论述道："以'文革'后女性文学创作与研究的卓越实绩为依托，在经历了80年代突破种种话语禁忌以建构独立的女性自我的艺术探索之后，女性作家群体的崛起成为无法忽略的文学存在。她们把反思与挣脱父权传统的束缚作为寻找长期失落的自我的历史起点，进而审视潜藏于自我生命深处的文化阴影与幽暗记忆，深切关注并积极参与本土女性追求独立自强的社会与文化实践，吸纳西方女性主义理论的精神滋养，发掘本体体验，建构自主意识，采取绚丽多姿的艺术手法，支撑起一片飞霞漫天的文学天空。"②"红罂粟丛书"的出版，是女性作家能够作为一支独立的群体力量被关注，并且能够进行大规模生产的具体体现。王蒙在"红罂粟丛书"的序言中说："进入新的历史时期以来，张洁、谌容、叶文玲、陈祖芬、张抗抗、王安忆、铁凝、残雪、方方、池莉、赵玫、黄蓓佳、范小青、陈染、毕淑敏、陆星儿、王小鹰、王晓玉、胡辛、边玲玲、迟子建、徐坤、徐小斌、蒋子丹、张欣、林白，包

---

① 铁凝：《珍贵的良心——写在"红罂粟丛书"出版之际》，《出版广角》1995年第5期。
② 黄发有：《北京世妇会遗产与女性文学的责任》，《天津社会科学》2012年第4期。

括昙花一现的徐乃建、刘树华等；一大批不同年龄与风格的女作家脱颖而出，崭露头角，吸引了大量读者的兴趣与海内外学人的注目。"① 女性作家独特的女性经验，成为文学出版市场商业化的主要着眼点。正如王蒙在"红罂粟丛书"的序言中委婉表露的："更多的女作家在选材上艺术处理上淋漓尽致地发挥了女性的优势与特色。她们明确地承认自己是女人，宣告自己是女人，有自己的特殊的问题与感受。她们有许多话要说。她们描绘了色彩斑斓的女性世界，她们传达了微妙灵动的女性心理，她们激荡着热烈执著的女性爱怨情仇。她们常常比男作家更加大胆地坦露胸臆，揭露伪善。表达苦闷，呼唤知音；她们也以常常比男作家更尖锐泼辣的调子抨击男权中心的文化与秩序的对于妇女的极端不公正。读她们的作品你会感到她们有时坦率得近乎愚傻，热烈得近乎爆炸，忧郁得近乎自戕，勇敢得近乎以身试陈法陋习。她们当中的某些人甚至以一种神经质的乃至歇斯底里的感受与路径来宣泄她们的忿懑与痛苦。她们在艺术上相对更加重视感觉直觉，不拘一格。她们会受到各色的误解乃至新一代的'四铭先生'、'高老夫子'们的污辱诽谤。然而，她们对新时期的文学空间的开拓的贡献是无法比拟的。"② 女性经验在文学书写中具有另一种价值和发展的可能。这种价值和可能被市场灵敏的嗅觉所发现。

女性文学热的出现自然离不开出版商的市场操作。20世纪90年代文学市场普遍不景气，纯文学的出版成为市场的难题。一些出版商以敏锐的嗅觉将文学的触角伸向女性个体独有的生命体验与身体感受，拓展着不同于以往的文学出版空间。因此，"'女性文学热'形成的另一至为关键的因素，是文化市场的运作和大众传媒的影响。在某种程度上可以说，世界妇女大会前后在中国形成的对女性和女性文学的普遍关注，

---

① 王蒙：《"红罂粟丛书"序》，赵玫：《太阳峡谷》，河北教育出版社1995年版，第2页。
② 王蒙：《"红罂粟丛书"序》，赵玫：《太阳峡谷》，河北教育出版社1995年版，第3—4页。

是一种'媒体热',是女作家及其文学在多种形式的媒体上反复出现而呈现出的社会中心化趋势。这种热潮主要并不是对'女性意识'或女性立场的深入讨论和广泛的社会宣传,而是媒体运作产生的社会化效果"①。"红罂粟丛书"的出版,彰显着90年代出版社市场转型的发展方向。在出版机制转型过程中,河北教育出版社扩大"教育"的话语空间,立足做"大教育",突破教材教辅类图书的出版,曾出版了十卷本的《中华文明史》、"世界文豪书系"、"中国现代小品经典"、豪华精装本的"中国漫画书系"等,从而在市场效益和社会效益之间找到了平衡。在这一成功思路的启发下,河北教育出版社抓住出版时机,策划出版了"红罂粟丛书"。社长兼总编辑王亚民在谈及这套丛书出版时说:"作为一个出版者,要有战略眼光。在竞争日趋激烈的今天,出版者要有阵地意识,说白了,叫'跑马圈地'。只有圈了地盘,才能形成气候。"②因此,"红罂粟丛书"的出版,是出版机构和民营书商洞察到了"世界妇女大会"背后的市场潜力,也是出版机构市场化转型的一次探索。

二 命名的无奈

河北教育出版社的"红罂粟丛书"是20世纪90年代女性文学热和女性文学丛书出版过程中最具代表性的。它在作家队伍、作家数量、作品题材、市场趣味、丛书命名等方面,都成为1995年前后女性文学丛书出版的范例。"红罂粟丛书"以自选集的形式推出了活跃在中国当代文坛22位女作家的新作和力作,入选的有范小青的《还俗》、黄蓓佳的《玫瑰房间》、王小鹰的《意外死亡》、陆星儿的《女人的规则》、胡辛的《四个四十岁的女人》、毕淑敏的《生生不已》、叶文玲的《此

---

① 贺桂梅:《1990年代的"女性文学"与女作家出版物》,《现代中国》(第三辑)2003年5月号。
② 牛素琴:《红罂粟 蓝袜子 金蜘蛛——河北教育出版社三套大型女性文学丛书》,《出版广角》1995年第5期。

间风水》、林白的《子弹穿过苹果》、王晓玉的《正宫娘娘》、迟子建的《向着白夜旅行》、方方的《何处是我家园》、赵玫的《太阳峡谷》、陈染的《潜性逸事》、蒋子丹的《桑烟为谁升起》、陈祖芬的《让我糊涂一回》、徐小斌的《如影随形》、张欣的《真纯依旧》、池莉的《绿水长流》、张抗抗的《永不忏悔》、徐坤的《女娲》、铁凝的《对面》、残雪的《辉煌的日子》。这种大规模、系统性地出版女性作家丛书在中国当代文学史上应该是第一次。评论家何西来说："把中国当代一批女作家选来出这样一套大型丛书大概在共和国的出版史上是有开创性的，如果再往上追溯的话，'五四'以来专门出这样一套具有如此规模的丛书在现代文学史上大概也要算空前。"① 虽然有评论家认为，"从研究角度上看，这套书也有其遗憾之处，新时期对女性文学起了关键性作用的人物张洁、谌容、王安忆没有收入"②，但是，这套丛书的前瞻意识、学术价值和市场号召力是不容忽视的。更为重要的是，这套丛书的出版为20世纪90年代女性文学的繁荣揭开了序幕。

这套丛书取名为"红罂粟"，"丛书的封面上飘浮着大朵大朵的朱红、纯紫、洁白的罂粟，美丽妖娆充满个性，和它身后的故事一样，飘荡着成熟，浪漫的女性魅力"③。其实，出版社在策划出版这套丛书时，事先并未想好名字，而是在河北教育出版社主办的北戴河女作家笔会（也就是丛书入选作家笔会）时，让女作家们为这套丛书取名。"于是，一群女作家把自己关在一间房子里，让自己的愿望梦想和想象自由飞翔，红罂粟这个名字横空出世，它一出现，大家不约而同都静了下来，说：就是它！"④ 因此，可以说，这套丛书的命名，得到了入选女作家——至少是大部分女作家的认可，表明了女性作家对自我身份的命名

---

① 赵中伟：《检阅女性文学　开扩出版空间——作家专家评"红罂粟丛书"》，《出版广角》1996年第2期。
② 赵中伟：《检阅女性文学　开扩出版空间——作家专家评"红罂粟丛书"》，《出版广角》1996年第2期。
③ 语嫣：《这套丛书为何叫"红罂粟"》，《图书馆》1995年第5期。
④ 池莉：《愿做罂粟》，《华北电力大学学报》（社会科学版）1996年第1期。

与定位。池莉这样解释"红罂粟"的含义:"由于偏见,使我们讳言这美丽非凡而又生命力强健而又充满个性的罂粟花。你是小草,他是松柏……而我,倒真情愿是罂粟。罂粟集美丽的花朵治病的良药和诱人的危险于一体,我以为这就是它的魅力所在。"① 迟子建说:"我相信这套丛书将像红罂粟一样,美丽、高贵、充满争议而又卓尔不群。它善良而邪恶,丰满而脆弱。唯其如此,它的香气才能深入人心。"② 入选作家叶文玲也说:"红罂粟的'另一面',是怒放于盛夏,热烈又红火,纯洁而丰富。纯洁的是愿望,丰富的是内涵;热烈的是我们澎湃的心情,红火的是大家一支支生花妙笔下绽放的五彩文章。这才是红罂粟的真正价值。"③ 从入选女性作家对这个书名的解读,概括来说实际上是强调了红罂粟"美丽、有毒"的独特个性,这应该也是女性作家对自身和写作的自我定位。

虽然"红罂粟丛书"的命名是女性作家自身的集体创作,并得到女性作家的认同,女性作家纷纷撰文表达她们对"红罂粟"的理解,然而,这恰恰反映的是女性作家对自我身份和写作风格是否能被接受的不确定性。作为一套由男性作家主编的女性作家丛书,"红罂粟丛书"与后来的女性作家丛书的命名是共通的,如四川文艺出版社的"红辣椒丛书"和云南人民出版社的"她们文学丛书"等。四川文艺出版社的"红辣椒丛书"以"红辣椒"命名,似乎在告诉读者女作家是一些"美丽"而"泼辣"的女子。云南人民出版社的"她们文学丛书"的题记写道:"她们是她们。我们是我们。我们永远不是她们。"这套由男性主编的丛书,以题记的方式明确地将女作家置身于男性的客体,成为一个让"我们"审视的"他者"对象。作家徐坤在面对丛书名"她们"时,便发出了自己的感慨:

---

① 池莉:《愿做罂粟》,《华北电力大学学报》(社会科学版)1996年第1期。
② 迟子建:《香气》,《华北电力大学学报》(社会科学版)1996年第1期。
③ 叶文玲:《写在前面的话》,载叶文玲《叶文玲影记》,河北教育出版社1998年版,第2页。

是啊,"她们",为什么不叫"我们"呢?我们自己的一套自选集子,为什么我们就不能够响亮的以"我们"自居?为什么我们就这样心甘情愿地把自己置身于"他们"的目光注视抚慰之下?

我们于不知不觉当中就向他们靠拢,我们于无知无觉当中就向他们投降了。也许我们从来就没有和他们截然分开过。我们都太渴望成功,凭借我们个人的力量简直无法达到与男权文化的抗衡。所以我们不得不卷入这种大集体的操作方式,轰轰隆隆大张旗鼓地自卖自身。他们卖我们比我们自卖自身价码更高,也销路更好。

但是,假如我们不这样做,那么,我们便连做秀的机会都没有了,更无从去争取自己的话语权利了。

我为"我们"而悲哀,为我们共同陷入的困境而深深的疑惑。

我担心这种争取话语权利的努力终将陷入权利话语的圈套。我们先是一个一个地,继而是一批一批地成群结队地被套牢。①

徐坤所感慨的问题也许是20世纪90年代女性文学繁荣背后所隐藏的女性作家的生存状况和写作困境。由女作家自己提出丛书命名的"红罂粟丛书",更能说明女性作家在这一轮女性文学热潮中自己的身份和命名的尴尬,但是又不得不面对的现实:"这一方面是在重复大众文化想象中的女性定型化形象,另一方面却由此透露出在对性别符码的'陈词滥调'的挪用中隐含了一种颠覆的意味,即自认为是富于媚惑力的、有毒的,因而将自己置于传统道德符码中不洁净的一方,以造成一种不安的氛围,从而对秩序本身形成一定的威胁。"② 至于那些女性作家并未直接参与命名的丛书,或者由男性主编予以命名的丛书,其客体的存在感应该更为强烈,更显示出女性作家的无奈。

---

① 徐坤:《从此越来越明亮》,《北京文学》1995年第11期。
② 贺桂梅:《1990年代的"女性文学"与女作家出版物》,《现代中国》2003年第3辑。

三 被消费的女性

以"红罂粟丛书"为代表的女性文学丛书,被出版机构和民营书商所看重的,其实是女性性别身份和女性文学能够被市场所消费的因素。"红罂粟丛书"所入选的女作家作品,都是从各个方面叙述女性的生活体验、生命体验和内心世界。正如张抗抗所说:"商品大潮和市场经济的洪流,轻而易举便推倒了围堵'女性文学'的那截高墙,冲垮了女性天地的种种禁区。一大批以描写女性生活和女性心理为主体的文学作品,已经披荆斩棘初露锋芒,跨越雷池覆盖图书市场。许多以揭示女性深层内心世界、描写女性自我意识、反映女性与社会的矛盾见长的年轻女作家,已在文坛脱颖而出,让读者怦然心动。"[①] "红罂粟丛书"所入选的作品,无论题材和叙事模式如何,都是从各个方面叙述女性的生活体验、生命体验和内心世界。"红罂粟丛书"主要有四类主题:第一类是从女性故事的家族叙事出发,如胡辛的《我的奶娘》以一个知识分子(女性)为叙事者,叙述了"奶娘"这位劳动妇女的大半生;王晓玉的《正宫娘娘》是 90 年代初又一"妻妾成群"的故事;第二类是以乡村为背景写女性的乡村传奇,如迟子建选集里的《秧歌》《香坊》《旧时代的磨房》等写的是东北乡村民俗风情里的女性命运,铁凝的《棉花垛》以乡村男女野合风流切入抗战背景下的男女之情;第三类是直接对女性个体生活经验进行书写,如林白的《回廊之椅》充满神秘的恐惧感和对女性形体美的想象方式,徐坤的《女娲》以鲜明的女性自审意识审视女性作为受虐者向施虐者的转变;第四类是以女性生育作为书写对象,如迟子建选集里的《旧时代的磨房》、铁凝选集里的《麦秸垛》、陆星儿选集里的《女人的规则》等作品都写到了一个共同的现象:女性希望以生育来证明自己的能力和生命价值,或者将生育作为对不成功或可望而不可即的爱情的一种补偿。

[①] 张抗抗:《永不忏悔》,河北教育出版社 1995 年版,第 349—350 页。

"红罂粟丛书"所出版的女性作品选集中的作品，比较一致的写作倾向是，通过女性的故事写这一性别作为某一阶层的群体命运，把女性问题作为一个有较多普遍性的社会问题来看待。铁凝在谈到她自己的创作经验时说："我设想这大约归结于我本人在面对女性题材时，一直力求摆脱纯粹女性的目光。我渴望获得一种双向视角或者叫做'第三性'视角，这样的视角有助于我更准确地把握女性真实的生存景况。……当你落笔女性，只有跳出性别赋予的天然的自赏心态，女性的本相和光彩才会更加可靠。进而你也才有可能对人性、人的欲望和人的本质展开深层的挖掘。"[1] 张抗抗也表达过同样的意思："她首先是一个作家，然后才是女作家。""女性的解放首先取决于'人'的解放；取决于社会结构和意识形态的整体变革和进步。""所以在她看来，也许唯有'人'的问题是男人和女人'性沟'间永远的渡船和桥梁。"[2] 胡辛说："这本书中，我笔下的地域和笔下的女性，都老老实实囿于江西。我生于瑞金，童年在赣州，学生时代在南昌，大学毕业后工作于景德镇，八年后又回到南昌，一句话，走千里行万里，还在江西的怀抱里。红土地的贫瘠与苍凉，制瓷的白色土的神秘和同样的苍凉，苍凉土地上的女人们的苍凉的故事，常让我慨叹这方水土这方女人的痴、辣、憨、犟，虽然她们不乏灵慧颇具魅力，但往往逃脱不了悲剧的命运。"[3] 黄蓓佳说："如果有读者肯费心通读我的全部作品，从中该看到一个女性灵魂蜿蜒前行的漫长印痕。……从《冬之旅》开始，到《忧伤的五月》，到《逃遁》，到《玫瑰花园》，说的都是一个字：逃。女人不像男人，她们常常到死也不知道自己到底想要什么。她们的脆弱、惶恐、茫然、无助，总是容易被这个世界忽视。……她们在无力左右自己命运的情况下，往往顺理成章地选择逃遁，逃往婚姻，逃往爱情。婚姻和爱情是坚固的城

---

[1] 铁凝：《写在卷首》，载《玫瑰门》，河北教育出版社1995年版，第374页。
[2] 张抗抗：《"红罂粟"题解（代跋）》，载《永不忏悔》，河北教育出版社1995年版，第350—351页。
[3] 胡辛：《好一片"罂粟红"》，《华北电力大学学报》（社会科学版）1996年第1期。

堡,足以为花儿般娇嫩的生命提供庇护吗?也许这城堡又是坟墓,无声地张开口,再无声地把她们吞没了呢。"①

"红罂粟丛书"对女性的消费还体现在对女性作家外在形象的视觉消费。"红罂粟丛书"入选的每部作品集前都附有女作家从婴儿到为人妻为人母的照片。也许入选的作家都有着迟子建相同的内心感受:"与其说我在编辑作品,不如说我在编辑往昔的岁月。旧照片和已发的作品,它们同样真实地记录了我曾有的过去——生活的和艺术的,虽然不是很完美,但它们与我无法分割。"②"红罂粟丛书"配发女作家的照片,应该是受到了海男的启发。1994年,海男曾把自己的照片设计到了其长篇小说《我的情人们》的封面上。这一出版策略,一方面试图通过这些照片让读者更多地了解作者,另一方面也是借此让读者产生阅读的欲望。正是这一思路的延续,"红罂粟丛书"第二辑推出了《女作家影记》,入选的女作家分别是宗璞、叶文玲、张抗抗、铁凝、方方、池莉、迟子建、陈染。《女作家影记》每册包括作家精心挑选出的100余幅照片,以及由照片引发出的文字。"影记"中所选照片"侧重的是与作家的生活、阅历、写作、亲情、友谊相关的那些直观而真切的图版。这样的照片,因为平凡而质朴,也许更能引人怦然心动,读者会从中看到作为一个'人'的她,而不仅仅是作为一个'作家'的她"③。"影记"中的这些文字,或者解释照片拍摄的背景,或讲述与照片相关的故事,形成了文字和照片的互文性,着眼于对女性作家的个体生活的消费。

四 美女作家的出场

"红罂粟丛书"以其强大的影响力引发了市场的关注。文学期刊与出版机构纷纷意识到女性作家的市场号召力。"红罂粟丛书"并没有对

---

① 黄蓓佳:《玫瑰房间》,河北教育出版社1995年版,第348—349页。
② 迟子建:《向着白夜旅行》,河北教育出版社1995年版,第343页。
③ 铁凝:《伸向过去的欲望》,载《女作家影记》总序,河北教育出版社1995年版。

这些作家进行身份、概念和写作的定位，只是将各类松散的不同写作风格的女性作家集中在一起。而20世纪90年代的文学期刊则试图对女性作家群体进行身份定位，策划女性作家群体的写作，逐渐偏离了女性文本本身。

《小说界》1996年第3期起推出了"七十年代以后"栏目，刊发了卫慧、棉棉、魏微、赵波、李凡、董懿娜、朱文颖、陈家桥等22位"七十年代出生作家"的作品。《芙蓉》1997年第1期推出"70年代人"，《山花》杂志1998年第1期推出了"七十年代出生作家专栏"，《人民文学》1998年第1期推出部分"70年代出生"作家的作品。《钟山》《花城》《上海文学》《大家》等刊物虽然没有专门开辟"七〇后作家"栏目，但是也纷纷刊载这些作家的作品。"七十年代以后"栏目的首创者《小说界》的策划编辑魏心宏说：首先，推出这个栏目的初衷非常单纯，就是为90年代以来"无主潮""缺少亮点""缺少大突破"的当代文坛推出新人。其次，"七十年代以后"只是一个时间的概念，以此界定一个创作群体，是"不合理"的权宜之计，只是借此与以前作家作区分。再次，年龄是这个作家群最大的特点，他们是真正在"文化大革命"后成长起来的一代人。因此，"他们的观念、个性、阅读、语言都与上几代人有所不同"。[1] 从魏心宏对《小说界》"七十年代以后"栏目的阐释可以看出，"七〇后作家"这个称号注重的是年龄的代际划分、文本的与众不同方面，还没有过分强调女作家的性别和外貌，只是将同时代出生的女作家群体进行集体推出。

真正产生大规模影响并引发美女作家热的，是《作家》杂志1998年第7期的"七十年代出生作家的女作家小说专号"，以明确的性别意识推出了卫慧、周洁茹、棉棉、朱文颖、金仁顺、戴来、魏微七位女作

---

[1] 参见魏心宏《为什么叫他们"七十年代以后"（代后记）》，《"七十年代以后"小说选（上）·纸戒指》，上海文艺出版社2001年版；《〈小说界〉：文学——时代的号角和精神抚慰剂》，"新浪文化独家专访"《纯文学走向何方——来自20省市知名文学期刊主编的声音》，新浪网，http：//www.sina.com.cn/s/2001-09-07/3534.html，2001年9月7日。

家。在编辑手段上,除了每位作家一篇小说、一篇创作谈和评论家的评论外,给每位作家配发了3张照片(朱文颖配发了10张照片)和文字说明,让读者在"女作家的故事"和"女作家所写的故事"之间产生丰富的联想。"在这些小说里,女作家似乎就是我,所有的口吻是一致的,目的也很明显,就是要以自己的故事吸引读者,希望以自我形象出场,小说、自传加上朦胧照,一起给人视觉上的冲击,让好奇的文学读者得以记住自己化妆后的脸和不俗名字。"① 这期专号还特意转载了一篇报道说:"这些年轻的女作家与上一辈的作家不同,她们的外貌或清秀或靓丽,衣着举止处处流露出都市中现代派女性的前卫和时髦。但是她们的作品却不像她们的姿态般容易被人划类区分。她们的写作题材较广,亦古亦今,亦雅亦俗,文风多数极端个性化、私人化。……这些年轻的女作家能以极其勇敢而自由的笔锋,热烈而无所顾忌地进行文学创作,并以各自不同的风格色彩为我国文坛增添了一些新风景。"② 而被置于头条地位的卫慧在自己的照片下方写道:"穿上蓝印花布旗袍,我以为就能从另类作家摇身一变为主流美女。"③ "美女作家"的称谓也因此在文坛不胫而走,策划者李敬泽等也被媒体冠以"美女作家"的制造者。

从"七十年代出生作家"到"美女作家",从一个代群的整体创作转向挖掘部分"美女"作家,引发了评论家的批评。"以一些女作家为主的'时尚女性文学'严重遮蔽了'七十年代以后'创造真实、艺术和美的文学的创作。""'时尚女性文学'之所以与一些杂志一拍即合,正暴露出这些杂志的文学鉴赏力的衰竭、昏聩和慵懒,也暴露了他们在发掘文学新人时所持的不良心态。在这些杂志编辑的脑海里,热点效应永远大于文学本身的价值……"④ "美女作家"引发了市场的强大反响,

---

① 赵波:《做女人容易,做女作家更容易》,《海上文坛》1999年第6期。
② 邢晓芳:《一批年轻女作家崭露头角》,《作家》1998年第7期封底。
③ 参见卫慧照片文字说明,《作家》1998年第7期。
④ 邢晓芳:《一批年轻女作家崭露头角》,《作家》1998年第7期封底。

迅速成为文学市场有利可图的商业符号。为了重塑"70年代"作家的整体形象，1999年，《芙蓉》杂志开设了"重塑70后"栏目，发表了12位作家的作品，男女的比例是1∶1。然而，《芙蓉》杂志的重塑意图并未实现目的。"美女文学"或"美女作家"已经成为1999年以后图书出版市场争抢的焦点。

五 商业的陷溺

文学期刊对"七十年代出生作家"和女作家的策划，虽然不能说没有任何商业色彩，但是，图书出版的市场空间覆盖远远超过了文学期刊的覆盖面，其产生的影响自然比文学期刊更广泛，利益的获取更为庞大。因此，当21世纪文学已经成为边缘化产品，图书市场对作家、作品的销售很大程度上来自媒体的炒作和策划。当90年代热销的作家王朔、金庸、梁凤仪、琼瑶等为代表的痞子文学、武侠文学、财经小说、言情小说的出版发行进入瓶颈期后，市场急需一种新的能够刺激读者消费的文化符号。"美女作家"的出现为文学出版市场及时地提供了商业动力。1999年，北京一书商推出了四位美女作家组成的"文学靓女组合"，由中国电影出版社出版了洛艺嘉的《同居的男人要离开》、严虹的《说吧我是你的情人》、王天翔的《亲爱的，你呀》、陶思璇的《很想做个单亲妈妈》，并命名为"粉领一族情感系列"丛书。1999年，珠海出版社出版了"文学新人类丛书"；2000年，花山文艺出版社推出了"突围丛书"；2000年，中国对外翻译出版公司出版了"新新人类另类小说文库"；2000年，中国戏剧出版社出版了"新新人类另类情感文库"；2000年，天津人民出版社出版了"非常女孩丛书"；2001年，河北人民出版社出版了"烟雨杏花·别致浪漫主义系列"；2002年，花山文艺出版社推出了"今生今世爱情小说丛书"；2003年，新疆青少年出版社推出了"中国后先锋美女作家方阵丛书"。这些丛书推出的基本上是卫慧、周洁茹、金仁顺、朱文颖、棉棉、赵波、魏微、张欣、赵凝、黄蓓佳等女性作家。书商的加入，美女作家组成一种阵势，成为当时文

99

坛的耀眼事件。

　　文学出版市场如此"自发"而热情地介入"女性文学热"中，显然并不意味着女性主义文化政治的广泛影响，实则是对女性身份、外貌和书写内容的市场消费。它"崛起"的成功依赖于一种商业化运作程序，它的生产、包装、上市与普通商品很相像，超越了文学本身，成为一种文化经济现象。从这些丛书的命名就可以窥见主编者或市场的意图，如"新新人类""另类情感""非常女孩"等，饱含了对女性作家作品内容的暗示。谢有顺在"文学新人类丛书"的长篇序文中说："她们对当下另类生活的敏感、参与、表达，有力地呈现了新一代人的心灵图景和精神线条，文学界由此开始关注这一代人眼中的世界，开始注意更年轻的'我'说话的声音。""她们的出现，使当代文学在繁复之中又多了一个维度。她们把小说从写历史中的人这一普遍的状况中解放出来，转而关注具体环境中的个人，并赢得了人们对这种心灵和文本最低限度的尊重。"①戴锦华等针对此现象指出："商业包装和男性为满足自己性心理、文化心理所做出的对女性写作的规范与界定，便成为一种有效的暗示，乃至明示，传递给女作家。如果没有充分的警惕和清醒的认识，女作家就可能在不自觉中将这种需求内在化。女性写作的繁荣，女性个人化写作的繁荣，就可能反而成为女性重新失陷于男权文化的陷阱。"②

　　"这种现象是书商和媒体的合谋，是'好卖原则'的制导，文学的艺术标准被利润的追求和猎奇的欲望所掩埋，癫狂状态遮蔽了正常的自然生长状态。"③美女作家这一身份资源的商业性开发，在很大程度上遮蔽了正常的文学创作和出版生态，甚至由于出版市场过度的利润追逐，对女性文学或女性作家资源采取竭泽而渔的市场开发模式，女性文学的热潮也逐渐走向了尽头。其典型代表就是卫慧和棉棉在出版市场中

---

① 谢有顺：《像卫慧那样疯狂·序》，珠海出版社1999年版。
② 戴锦华、王干：《女性文学与个人化写作》，《大家》1996年第1期。
③ 宗仁发、施战军、李敬泽：《被遮蔽的"70年代人"》，《南方文坛》2000年第4期。

的际遇。卫慧的《上海宝贝》首印销售逾 10 万册，网上点击逾 14 万次。在图书营销过程中，卫慧以积极主动的姿态介入宣传炒作。她将封面设计为大幅裸身照片，在胸前写上作者和书名，还亲自设计了三句封面广告："一部自传体小说""一本女性写给女性的身心体验小说""一部发生在上海秘密花园里的另类情爱小说"。在图书签售过程中，卫慧更是屡出狂语，如在成都售书时她说"让他们看看上海宝贝的乳房"[①]。棉棉则是一个有着异端性的叛逆者，她的吸毒、酗酒、车祸、自杀等生活经历将其塑造成了"都市边缘人群"的代言人，她甚至宣称"用身体检阅男人，用皮肤思考"。2000 年 4 月，棉棉指责卫慧根本没有小说《上海宝贝》里所写的那些生活经历，这些是抄袭了自己的小说《啦啦啦》。棉棉和卫慧的争吵在后来变得真假难辨，但她们的小说却在争吵中越来越畅销。性、隐私和狂放的言语，是卫慧和棉棉的小说在出版市场不断被大众传媒炒作的焦点，并成为图书出版市场的主要卖点。2000 年，出版管理部门认为《上海宝贝》涉描写女性手淫、同性恋和吸毒等内容，被认定为"腐朽堕落和受西方文化毒害"的作品而被禁止出版和销售；棉棉的《糖》也因其内容的灰暗和性描写而被要求停止发行。一场由"红罂粟丛书"为发端的女性文学热潮也就此画上了句号。此后，棉棉的《社交舞》（新世纪出版社，2002）、《熊猫》（群言出版社，2004）、《白色在白色之上》（群言出版社，2005）和卫慧的《我的禅》（上海文艺出版社，2004）等新作，也没有产生预期中"卫慧棉棉重出江湖"的反响。因为，21 世纪，出版市场的关注点已经发生了转移：一个新的、庞大的青春文学市场正成为出版商竞相争夺的阵地。

第二节　新时期文学出版的社会话语生产

随着出版机制的转型，文学图书，尤其是文学畅销书，虽然仍然

[①] 参见王晖《她俩把"问题"都解决了——卫慧和棉棉的吵架》，《三联生活周刊》2000 年第 24 期。

承载着精神的价值属性、文化品格和文化内核，但毋庸讳言，文学图书本质上只是一种商品，是大众文化工业的重要组成部分。因此，文学畅销书在大众文化产业体系中出售的并非文字本身，而是依附于文字折射出的某种文化意义。这种文化意义包括产品所凸显的身份、地位、话语方式、心理需求等。从畅销书消费的角度看，畅销书的确是在以一种想象的方式满足人们在现实中无法实现的渴望。为此，出版机构也试图迎合读者的这种心理，通过各种策略激发读者的消费欲望。文学出版的社会话语生产便是其中的一种策略，他们通过社会公共性话语的生产满足大众的话语欲望，从而带动文学图书的销售。

一 社会话题的建构

对社会现实的书写是文学作品一贯的叙事姿态。无论是 20 世纪 80 年代的文学狂热时期，还是当下文学不断边缘化的现实，文学与社会的互动关系依然存在。很多文学作品通过对社会现实和社会热点的书写，反映了某一时期社会文化状况和读者的心理需求。也有很多文学作品的传播接受引发了读者的强烈议论，形成了大范围的社会公共话题。随着市场化进程的加快和消费主义的盛行，社会公共话题的迎合和制造被出版商进行商业开发，文学对现实关怀的精神追求被市场机制所取代，消费文化的弥漫消解了文学的精神引导地位，而成为市场语境中一个可供市场进行解构的文化类型。

20 世纪 80 年代末，出国热成为中国社会的话语形态之一。这一时期随着改革开放的国门再度打开产生的对外部空间的想象和期待，人们在经过反思、寻根、启蒙等思潮后，有了更多的机会走出国门，飞往大洋彼岸，他们或者抱着精神的探求，或者抱着师夷长技的报国梦想，或者是怀揣着淘金梦寻找新的生活环境，他们的国外生活反过来又激起了国内群众的强烈兴趣。因此，1990—1993 年，"出国文学"掀起了新时期文学出版的"出国热"现象。如《极乐门》（蒋濮，百花文艺出版社，1990）、《北京人在纽约》（曹桂林，中国文联出版公司，1991）、

第三章 出版机制转型与新时期文学出版的文化表征

《到美国去，到美国去》（查建英，作家出版社，1991）、《我的财富在澳洲》（刘观德，上海文艺出版社，1991）、《曼哈顿的中国女人》（周励，北京出版社，1992）、《上海人在东京》（樊祥达，作家出版社，1992）等20余部。特别是《北京人在纽约》发行量超过百万册，刷新了当时畅销书的纪录；《曼哈顿的中国女人》也登上了1992年中国十大畅销书榜首。这些文学作品以纪实性的风格讲述着自身在美国、日本、澳大利亚等国家所面临的文化适应和价值冲突，展现他们精神和肉体的痛苦、迷茫和挣扎。正如《北京人在纽约》的序言里所说的："虽然我在美国有不少财产，和不小的生意，可我在精神上只是个零。"但是，这些文学作品更多展现的还是自身在海外成功梦想的实现，张扬的自我寻找及雄心勃勃的奋斗精神。而后者才是真正引起读者感兴趣的重要原因，也是他们成为畅销书的文化根源。他们以身说法验证着出国梦的发生，并以文学的手法抵达大众出国想象的心理，成为出国浪潮上遍地黄金梦幻的生产线。

20世纪90年代的畅销书生产，往往还与某一具体的社会事件或个人事件有关。其中最为典型的就是顾城的小说《英儿》的畅销。1993年，诗人顾城在新西兰的一个小岛上杀妻并自杀。与此前诗人海子的卧轨自杀所不同，一方面顾城生前就已经是非常出名的诗人，另一方面顾城杀妻、自杀留下了想象空间，流行着各种各样的传说，如顾城与妻子、顾城与情人英儿、顾城妻子与英儿的纠葛及顾城杀妻的原因等。于是，顾城杀妻后自杀成为90年代重要的文坛事件。顾城自杀后留下了一部与妻子合作完成的、讲述两人爱情故事的长篇小说《英儿》。《英儿》是"一本自传式纪实小说"，"基本上是真实的"，"主要想反映一些又能解释又无法解释的事情"。[①] 顾城曾将这部书稿寄到了"93深圳（中国）首次优秀文稿公开竞价"活动，是第一部寄自国外的作家文稿。这部书稿尚未面世，其版权（5年之内）已被人买走。就在被买走

---

① 白烨：《真爱成梦幻的自白　自遣与自省——〈英儿〉随感录》，《文艺争鸣》1994年第1期。

103

的第二天，文稿竞价组委会得知顾城的死讯。① 因此，《英儿》的出版很快成为人们关注的话题。虽然这部作品在文学性方面较为平庸，但当顾城杀妻并自杀事件成为一个轰动性的新闻时，顾城的情感生活就成为读者关注的焦点。《英儿》则由顾城自己讲述他与英儿的情感纠葛，切中了当时的社会热点话题。读者购买这部书的原因其实很简单，就是想进一步寻找诗人杀妻并自杀的深层次原因，和窥探诗人的内心世界。

  图书、市场、社会和公民的话题互动与建构，真正开始于21世纪。21世纪，社会转型进入深层次阶段，各类问题层出不穷，如教育、医疗、食品卫生、职场、就业、拆迁、环保等。这些话题或隐或显地存在于我们的日常生活。整体来说，21世纪以来的文学畅销书与这些公共话题存在两种互动关系。

  一是畅销书所描写的内容反映了某一社会问题，激发了读者的关注，于是形成了公共话题，即先有图书，后有话题。如2000年韩寒的《三重门》出版，随后引发了一系列教育制度、高考体制等体制变革的思考和讨论。韩寒因在1998年的"新概念"作文大赛中获一等奖，从此迅速成名并作为"80后"作家的代表登上文坛。韩寒的《三重门》也在各类有关教育制度的批评中销量不断上升。毕淑敏的《女心理师》反映的是生存压力大、社会矛盾相对较多的社会语境下人们的心理问题，从而使心理健康问题成为社会关注的焦点。毕飞宇的《推拿》因为反映了一群曾被人们所忽略的盲人群体，2008年在《人民文学》发表时便引起了媒体的关注，随后该小说选择在国际盲人日推向市场，产生了很好的社会反响。这部小说2011年获得茅盾文学奖，2013年改编为电视剧在中央电视台播出后又改编为话剧上演，掀起了一次次的"推拿热"，盲人话题也成为一个公共话题。

  二是出版商或作者通过对社会热点问题的准确把握，发现某一时期某一话题具有普遍性，于是创作与该话题有关的文学作品，即先有话

---

① 参见顾工《顾城之父顾工撰文〈英儿〉在深圳竟然如此交易》，《时代潮》1994年第4期。

第三章　出版机制转型与新时期文学出版的文化表征

题，后有小说。近年来，以职场为题材的小说成为图书市场的热门，因为近年来就业压力、职场生存等问题成为新的社会语境下年轻人所要面对的重要问题。于是，以职场为题材的小说成为图书市场的热门，如《圈子圈套》《输赢》《杜拉拉升职记》《浮沉》等。这些图书的畅销，既得益于作品情节贴近现实生活，也是作家面向读者和市场自觉选择主题进行创作的结果。《杜拉拉升职记》最初只是一个发表在网络上的两千来字的小故事，但因为点击量很高，反响很大，受到了出版商的关注。在出版商的建议下，作者李可重新塑造了杜拉拉的形象，并将这则小故事改写为近二十万字的小说。六六的写作一直以社会热点为题材，被称为"社会话题女王"。她的《蜗居》反映了当前高房价压力下年青一代的"买房难"，《心术》则转向了医患事件不断的"医患矛盾"。李承鹏的《李可乐抗拆记》正是以"强拆"的社会热点为题材的应景之作。当然，根据社会热点进行创作，体现了文学对社会现实问题的有效介入。但是，由于这些写作的现实性、时效性和新闻性，作家在创作过程中很难静下心来精心构思，推敲文本结构与语言，往往成为社会现实和新闻事件的简单记录，作品的文学性大打折扣。如六六的《心术》就是将自己在医院体验生活时所碰见的各种案例记录在案，以致在《心术》完稿后，六六认为，"我想什么就记录下来。我曾经一度怀疑，它是否可以称之为书"[①]。

二　民族主义话语的彰显

20世纪80年代，由于西方文化的引入，思想启蒙成为社会的主要文化思潮。90年代，整个社会文化思潮开始转型，一股民族主义思潮迅速在中国大地蔓延开来。尤其是在当时的年青一代之中，民族主义思潮更为兴盛，国家和民族意识强势兴起。1995年5月，《中国青年报》进行了一场以中国青少年为对象的关于政治观、国际观的大型媒体调查

---

① 王晟：《六六：感谢〈心术〉让我度过中年危机》，《青年时报》2010年8月14日第A15版。

活动。这次名为"中国青年看世界"的调查,成为中华人民共和国历史上第一次,也是最为全面、影响最为深远的一次调查。这次大型调查的结论显示:美国是"对中国影响最大的国家",也是"对中国最不友好"和"最不受中国青年欢迎"的国家。通过这次调查,总体表明中国年青一代对美国的复杂心理和反美情绪。[1] 正是基于这一调查所表明的青年一代民族意识新的觉醒,一些出版社紧紧抓住了民族主义思潮的现象,相继出版了《中国可以说不》(宋强等,中华工商联合出版社,1996)、《妖魔化中国的背后》(李希光,中国社会科学出版社,1996)、《全球化阴影下的中国之路》(房宁等,中国社会科学出版社,1999)等畅销书。《中国可以说不》反映了民族意识的觉醒,试图摆脱西方社会的控制;《妖魔化中国的背后》则揭示了中国国家形象在国际上被误读,尤其是美国对中国的故意歪曲和妖魔化现象,并对中美关系进行了反思;《全球化阴影下的中国之路》则首次从全球化的角度思考了全球化时代中国的未来发展和民族复兴的道路。这三本畅销书的出现,标志着政治、民族、历史的想象向民间转移的典型,它以畅销书的形式打通了民族主义思潮的民间话语通道。于是,市场上形成一个"说不"热潮,《中国还是能说不》《中国仍然可以说不》《中国为什么说不》等相继出版。

时隔十三年的2009年,一部名叫《中国不高兴:大时代、大目标及我们的内忧外患》(以下简称《中国不高兴》)的图书抛向市场,引起了境内外媒体的关注。美国的《时代周刊》、英国的《每日电讯报》和《经济学家》等都对《中国不高兴》这本书进行了各自的解读。旋即中国境内外媒体形成了"高兴派""不高兴派"和"担忧派"。《中国不高兴》的观点颇为前卫,如崛起的中国应该"持剑经商"、应该与西方"有条件地决裂"等观点,该书还批评了龙永图、厉以宁、林毅夫、朱学勤、王蒙、王朔、王小波、李银河等知识分子。有意思的是,

---

[1] 参见刘智宏、毕晓春《中国青年向世界表达心声——"中国青年看世界"大型调查综述》,《高校理论战线》1995年第12期。

《中国不高兴》一书的其中两位作者正是《中国可以说不》的作者，所以《中国不高兴》被认为是《中国可以说不》的升级版。参与了这两本书写作的宋强说："说'不'要表达的是'中国只想领导自己'，而'不高兴'想表达的是'中国有能力领导世界'。"①《中国不高兴》的出现，有着特定的时代和社会背景。21世纪以来，中国经济取得了飞速的发展，中国在国际上的话语地位越来越强大，如北京奥运会的成功举办，汶川地震所彰显的民族凝聚力等。《中国不高兴》的出现，无疑迎合了中国经济的飞速发展和国际地位的显著提升的大国崛起心理，是一次成功地借用民族主义名义的商业营销。据统计，"《中国不高兴》一书的开机数达10万册，到现在为止，此书已经加印了8次，总印数已经达到47万册"②。

2004年长江文艺出版社出版的姜戎的小说《狼图腾》也是对民族性的批判。《狼图腾》的作者认为，草原游牧民族之所以能够建立庞大的帝国，重要的原因是他们具有狼一样的强悍性格，而我们的儒家文化则在农耕文明的束缚下变得像羊一样温顺。《狼图腾》出版后，迅速成为企事业单位和广大读者的推荐书目，进而引发了"狼是人类社会进步的发动机""我们是否需要狼性""《狼图腾》是法西斯主义"等争论。《狼图腾》的畅销，一方面是因为《狼图腾》的文化向度和当前社会竞争日趋激烈、工作压力不断加大的现实需求之间构成了关联。另一方面是《狼图腾》的"狼性"的价值取向并不符合社会深层的道德伦理建构原则，尤其不适合中国传统文化的规约，因此，有关《狼图腾》的争议其实是在两个不同的范畴内探讨两个不同的问题，但是《狼图腾》的争议进一步提升了它的销量和知名度。

民族主义似乎成了畅销书屡试不爽的招牌，是容易激起读者兴趣的话题。《中国可以说不》《狼图腾》《中国不高兴》等图书对民族主义话语的张扬，一方面是图书出版市场的一种策划行为，另一方面也与社

---

① 陈晓萍：《中国不高兴：一笔民族主义的生意》，《中国新闻周刊》2009年第13期。
② 陈晓萍：《中国不高兴：一笔民族主义的生意》，《中国新闻周刊》2009年第13期。

会转型发展过程中整个社会群体的心理有关。《中国可以说不》出现的背景是美国的全球霸权，《狼图腾》对应的是"伟大民族复兴"的进程，《中国不高兴》则反映了中国作为一个大国崛起于世界舞台。但是，民族主义不是简单的商业元素，出版商在进行市场征用时应该谨慎。

三 政治空间的想象

改革开放以前，图书出版业是一种带有强烈意识形态色彩的领域。20世纪80年代，这一现象逐步缓解，并被民族主义所取代。进入90年代，市场化体制改革和市场经济的发展，经济一跃成为社会的主要矛盾。文学自然与市场形成互动，政治色彩更加淡化。但有意思的是，一方面，文学作品不断远离意识形态，政治对文学作品出版发行的干预也越来越少，但另一方面，读者对于政治、权力的想象空间却进一步加强。因此，一些图书通过内容、制造主题或其他形式，总是试图让读者产生某种政治的想象，从而带动图书的销售。政治想象也就成为重要的文化特征之一。

改革开放初期，由于人民群众经历了"文化大革命"，在内心集聚起了一股共同的批判"文化大革命"的社会情绪。因此，批判"文化大革命"成为改革开放初期图书出版领域的重要现象。1979年1月20日，《中国青年报》在头版位置发表了湖北青年工人李谦的读者来信《手抄本〈第二次握手〉是本好书》。同时，编辑在编发这封读者来信时还配发了"编者按"："本报复刊后，接连收到读者来信及书评，为在'四人帮'实行文化专制主义时期被打成'反动小说'的《第二次握手》（原名《归来》，又名《归国》）鸣不平，要求调查这本书的情况，为它平反。读者指出：这本书曾在许多地方青年中传抄，后被清查、搜缴，一些同志因这本书而无辜受害。这是落实党的政策应当解决的一个问题。"[①] 这

[①] 编者按：《中国青年报》1979年1月20日第1版。

封读者来信和"编者按"发表后,舆论迅速扩大,甚至引起了中央部门的重视。1979年7月,中国青年出版社正式出版了《第二次握手》。该书出版后,"7月22日,北京王府井新华书店大门前,排起争购该书的长队。这本与其作者一道从死亡线上被抢救回来的小说,一下子轰动了全中国。出版社一版再版,陆续发行了430万册,为全国当代文学短时期内单本小说的发行量之冠"①。

20世纪90年代,许多畅销书的流行,表面上看似乎是一种新型文化在图书出版上的延伸,或者是一种思想文化和观点的差异,但是,细细思考后就会发现其背后隐含的政治想象功能。20世纪90年代山东画报出版社的《老照片》丛书因其刊发了大量未公开发表的历史照片和开创的"图文书"模式而风行一时,随后出现了相同模式的《黑镜头》《红镜头》等仿制之作。但是,深层次地说,《老照片》的流行,并非仅仅因为历史照片本身或"图文书"的样式,而是这些历史照片所指向的历史事件,读者通过这些未曾披露的照片索引式地获知了历史事件的某些片段或细节的隐秘认识,而这些历史事件无一不指向特定的政治诉求。《老照片》的连续出版流行,其实暗合了读者探寻历史真相的"政治理想",如"你没见过的历史照片""抗日名将张灵甫"等。这些片段的历史引发了人们无限的兴趣点。

21世纪以来所谓官场小说、反腐小说、主旋律小说的出现,其实就是政治想象的产物。它们的流行,也正是满足了大众的政治想象。随着改革开放的不断深入,一些社会问题逐渐暴露出来,尤其是公众和政府最为关注的腐败问题。陆天明的《苍天在上》和《省委书记》,张平的《抉择》《天网》《国家干部》,周梅森的《人间正道》《中国制造》《至高利益》《绝对权力》,王跃文的《国画》,阎真的《沧浪之水》,等等,形成了一股反腐小说、官场小说的写作高潮,并成为当时畅销书市场上重要的文学类型。反腐小说、官场小说的出现,究其实质,不过

---

① 戴煌文:《与死神第×次握手的张扬》,《当代法学》1996年第1期。

是以 20 世纪 80 年代蒋子龙的《乔厂长上任记》、张洁的《沉重的翅膀》、柯云路的《新星》为代表的"改革文学"与 20 世纪 90 年代中期以刘醒龙的《分享艰难》、谈歌的《大厂》、关仁山的《九月还乡》为代表的"现实主义冲击波"两种文学思潮的一种延续。"反腐小说"则进一步将改革文学推向深入，迎合了当时国有企业改革和政治体制改革的国家行动，是对国家改革路线和意识形态的印证式写作。

21 世纪以来，公民立场和公共知识分子等营造了一种新的政治话语模式。一些畅销书准确把握住了这一话语形态的重要市场价值，推出一批公共知识分子情怀的作品。如梁文道的《常识》、陈丹青的《退步集》、刘瑜的《民主的细节》、秦晖的《问题与主义》、张鸣的《历史的底稿》、李昌平的《我向总理说实话》、熊培云的《一个村庄里的中国》等。其中，青春文学作家韩寒的身份转型正是这一话语空间延伸的典型。韩寒 1999 年出道，从一个作家到赛车手到公共知识分子，其身份发生了多次转变。研究者认为，韩寒的身份转变出现在 2008 年前后。2008 年，韩寒发表于博客上的文字突破了文学和日常生活的内容，而开始关注社会事件，如与"爱国青年"就抵制家乐福和抗议莎朗斯通进行论辩，参与牛博网的抗震救灾活动。[1] 2009 年以后，韩寒成为《南方周末》《新世纪周刊》《亚洲周刊》《南都周刊》等的年度人物，被各类媒体称为"意见领袖""公民韩寒""公共知识分子"等。韩寒的这些身份的深化和加强，得益于他在 2011 年底博客上连续发表的博文《谈革命》《说民主》《要自由》。不少读者称这三篇文章为"韩三篇"，从而完成了韩寒公共知识分子形象的塑造。韩寒的身份转型与商业主义的出版机制有着紧密的联系。韩寒作品的策划人路金波曾说："我希望饶雪漫走商业化的路线，韩寒就去竖牌坊做知识分子。他们俩绝不是女生版、男生版的划分，而是一个经济一个政治。"[2] 正是在出

---

[1] 参见黄微子《协商：韩寒与另类的文化明星生产》，载《文化研究》（第 12 辑），社会科学文献出版社 2012 年版，第 33 页。

[2] 困困：《投机主义绅士路金波》，《智族 GQ》2010 年第 2 期。

版人的策划下，韩寒由对文化的批判转向了对社会的批判。在这之后，出版商或读者对于韩寒的消费都基于一种批判"体制"层面。韩寒也先后出版了《杂的文》（2008）、《可爱的洪水猛兽》（2009）、《他的国》（2009）、《1988 我想和这个世界谈谈》（2010）等批判性较强的作品，韩寒也因此成为出版商、畅销书、政治等符号相互统一的共同体。

新时期以来，在文学出版的市场化过程中，出版机构总是试图挖掘文学作品本身所潜藏的主题话语、寻找文学作品与社会话题的共通之处，甚至在出版之前进行话题预设、量身打造作家形象，通过话语的想象空间，开发文学图书的营销符号，从而吸引读者的关注，实现文学图书的畅销。

第三节　茅盾文学奖与新时期文学出版

茅盾文学奖是由中国作家协会主办，根据茅盾先生遗愿，为鼓励优秀长篇小说创作而专门设立的国家级文学奖。从 1982 年的第一届到 2011 年的第八届，茅盾文学奖共评选出 36 部获奖长篇小说（2 部获荣誉奖作品除外）。这些获奖作品或成为某一时期长篇小说的代表，或已经成为文学史意义上的经典作品。每届茅盾文学奖的评选都能引起人们的广泛关注。尤其是在当下这个大众传媒时代，茅盾文学奖已经成为一个媒介文学事件。虽然每届茅盾文学奖评选结果公告后，都会引发专家、学者、媒体和读者的争议，但它依然不失为中国最重要的文学奖项。茅盾文学奖的评奖机制、评选标准、获奖作品等也成为研究者所关注的内容。然而，如果换一种思路，我们也可以通过茅盾文学奖及其获奖作品，管窥新时期文学的出版环境、出版制度、出版理念等的变迁，这种变迁甚至也影响着茅盾文学奖的评选标准和美学原则。

一 政治意识的凸显

第一届茅盾文学奖的评选是在 1982 年，评选的对象是 1977—1981 年创作的长篇小说。这一时期出版了一批批判"文化大革命"和"四人帮"的文学作品。正是这一政治环境，第一届茅盾文学奖的获奖作品——姚雪垠的《李自成》、古华的《芙蓉镇》、魏巍的《东方》、莫应丰的《将军吟》、李国文的《冬天里的春天》、周克芹的《许茂和他的女儿们》——几乎都与政治有关，体现了新时期的"拨乱反正"特色。正如贺绍俊所言："《将军吟》和《芙蓉镇》是直接否定'文革'的，《冬天里的春天》将革命战争时期内部的路线斗争与'文革'的斗争联系起来，《许茂和他的女儿们》则反映了'文革'给农村带来的苦难。《东方》和《李自成》不太一样，这两部作品都是在'文革'以前就开始创作了的，恰是这一点，准确标志了'反正'的归宿——返回到'文革'以前的'十七年'。因此可以说，首届茅盾文学奖是非常正确地实践了'拨乱反正'的政治策略。"① 毫无疑问，政治意识是新时期文学创作无法回避的因素，也是新时期文学创作的起点。由于新时期政治意识的凸显，第一届获奖作品在出版过程中，编辑也围绕政治主题提出了一些修改意见，作者也进行了一定程度的修改。如魏巍的《东方》最初由人民文学出版社于 1978 年出版，他说："我的《东方》行将出版时，正是韦君宜主持笔政。她不仅细心读了我的原稿，且同我一起到工厂里开座谈会，征询工人读者的意见。这都是很难得的。"② 后来根据编辑和读者的意见，《东方》增写了几个以彭德怀为描写中心的新章节。姚雪垠的多卷本小说《李自成》的第一卷是在 1963 年由中国青年出版社出版的。当时，姚雪垠将小说第一卷的初稿交给出版社编辑后，

---

① 贺绍俊：《"拨乱反正"宏大叙事的大合唱——我看首届茅盾文学奖》，《新文学评论》2012 年第 2 期。

② 魏巍：《祝"人文"兄五十寿》，载丁景唐等《我与人民文学出版社》，人民文学出版社 2001 年版，第 322 页。

出版社编辑对这部小说提出了一些修改意见,意见中最重要的一条就是:"明末地主阶级对农民以及土地集中的情况都太少,须要大大加强。"姚雪垠表示对出版社编辑所提的这个意见十分同意,但是也提出不太好修改,认为可以在第二卷时对此加强笔墨。[①] 因此,姚雪垠在《李自成》第二卷时突出了阶级斗争立场上农民与地主阶级的矛盾和冲突。

第一届茅盾文学奖的获奖作品集中反映了当时文学创作和出版的一体化话语,"不仅是文学创作的主旨、主题、题材、风格、艺术手法明显趋于统一,连文学生产方式都有着组织化的烙印:国家权力意志贯彻到了文学的机构设立、报刊发行、作品写作与出版、作品的评价等环节"[②]。这种一体化话语成为新时期以来文学话语秩序建构的重要组成部分,也成为茅盾文学奖评奖过程中的主导力量。如李准的《黄河东流去》、张洁的《沉重的翅膀》、刘白羽的《第二个太阳》等,都是一体化话语模式的延续。最为典型的是《白鹿原》获茅盾文学奖后的修订出版。第四届茅盾文学奖评选过程中,当《白鹿原》在23人的专家审读小组顺利通过后,评委会出现了争议。评选委员会副主任陈昌本打电话给陈忠实转述了评委会提出的修改意见。这些意见主要是:"作品中儒家文化的体现者朱先生这个人物关于政治斗争'翻鏊子'的评说,以及与此有关的若干描写可能引出误解,应以适当的方式予以廓清。另外,一些与表现思想主题无关的较直露的性描写应加以删改。"[③] 陈忠实接到电话后,表示同意修改,为此,评委才投了《白鹿原》的票。随后,陈忠实参照评委会修改意见对书稿进行了修订:在思想政治方面,删改了朱先生的两党政治斗争是"翻鏊子"、是"公婆之争"的说法,删改了白灵对哥哥白孝文抓捕鹿兆鹏的态度反感的内容,删改了朱

---

① 参见王维玲《四十二年磨一剑——姚雪垠与〈李自成〉》,中国青年出版社2010年版,第6页。
② 洪子诚:《问题与方法:中国当代文学史研究讲稿》,生活·读书·新知三联书店2002年版,第188页。
③ 黄发有:《用责任点燃艺术——何启治先生访谈录》,《文艺研究》2004年第2期。

先生预知"文化大革命"质问折腾的内容;在性描写方面,删改了一些与情节无关、无助于刻画人物性格和较为直露的性爱描写,如黑娃与小娥、鹿子霖与小娥、白孝文与小娥、炉头与鹿马勺之间的性爱描写。修订稿于1997年11月底寄到人民文学出版社,1997年12月出版了《白鹿原(修订本)》,12月19日正式公布了第四届茅盾文学奖获奖名单。

20世纪90年代中后期,市场体制改革逐步深入,市场经济的转型大步前进,市场话语成为社会的主导性话语。这无疑也影响了文学图书的出版。在文学图书市场上,纯文学走向边缘,通俗文学图书受到关注,"主旋律"文学图书也逐渐远离读者的视野。1994年,江泽民同志在全国宣传思想工作会议上发表讲话时指出,要"弘扬主旋律,提倡多样化"。1995年1月19日,江泽民同志在北京召开的全国宣传部长会议座谈会上提出,要重点抓好文学(主要是长篇小说)、影视和儿童文艺(以下简称"三大件")的创作。在全国宣传部长会议讲话精神的指导下,中央和各级地方政府部门将重点扶持和推进"三大件"的"主旋律"创作作为一项"重中之重"的工作。政府部门还专门设立了相应的奖项,如中宣部的"全国五个一工程奖"和各省委宣传部的"五个一工程奖"、中国图书政府奖等,对长篇小说的创作和出版进行引导。于是,在文学创作领域,出现了一股"主旋律长篇小说热"。一批主旋律长篇小说也通过政府的支持、获奖的激励引发社会关注,如周梅森的《中国制造》、张平的《抉择》、柳建伟的《突出重围》等,无论在市场销量还是读者口碑中都取得了很好的效果。茅盾文学奖对政治意识的注重,也就逐渐突破了简单的、格式化的政治叙事,转向了一种新的表达策略:主旋律题材。

也有一些作品由于具有敏锐的主旋律意识,于是获得了茅盾文学奖。柳建伟的《英雄时代》获得第六届茅盾文学奖就是一个代表。有批评家认为,即使与柳建伟本人所创作的"时代三部曲"这几部作品相比,"论人性提示的深度,反映时代生活的概括力,艺术形象塑造的成功,和艺术魅力的长久,《北方城郭》都在《突出重围》和《英雄时代》之上"①。然而,《英雄时代》所凸显的主旋律意义,助力这部作品获得了茅盾文学奖,而另一部主旋律作品《突出重围》也获得了"全国五个一工程奖"。张平的《抉择》和周大新的《湖光山色》获奖,则与当时的主旋律需求相吻合。张平的《抉择》正好出现在全国上下处于反腐倡廉的重要阶段;《湖光山色》"可以被视为现实题材、改革题材、新农村建设题材创作的综合代表。2008年正是纪念改革开放30周年的年度,第七届茅盾文学奖揭晓于这一年,以《湖光山色》作为标志性作品是合适的。反过来说,没有这样一部作品,是不合适的"②。主旋律题材文学的获奖、政府的支持和市场反响,内在地激励了一批优秀主旋律题材小说的出版。柳建伟的《英雄时代》和《突出重围》后,出现了一批军事题材小说,如《波涛汹涌》《导弹旅长》《DA师》。《抉择》的成功,促使一大批关注生活、触及时弊的现实题材佳作纷纷问世,如陆天明的《省委书记》、老丘的《省上来人》、毕四海的《财富与人性》、张楠的《明镜高悬》、张宏森的《大法庭》、张成功的《黑洞》等。一些出版社甚至还专门推出了"反腐题材丛书",作为推向市场的图书品牌,如春风文艺出版社的"春风反腐系列"、花山文艺出版社的"方圆丛书·反腐败系列"、中国电影出版社的"反腐败系列丛书"等。周大新的《湖光山色》后,出现了一批反映新农村建设题材的主旋律小说,如吕雷和赵洪合著的《大江沉重》、关仁山的《天高地厚》、何申的《多彩的乡村》、向本贵的《盘龙埠》等。

二 市场转型的推动

随着改革开放后市场经济的逐步确立,20世纪90年代文学出版面临着巨大的市场冲击,文学与出版之间所形成的传统生产机制逐步瓦解。文学和政治的关系也逐渐弱化。因此,茅盾文学奖获奖作品的评选

---

① 何启治:《我所知道的〈狂欢的季节〉和〈英雄时代〉》,《出版史料》2009年第4期。
② 胡平:《我所经历的第七届茅盾文学奖》,《小说评论》2009年第3期。

也不再唯意识形态为标准。文学作品的市场反响、传播范围和读者接受等方面，也成为重要的考量因素。文学、市场、传媒、批评家、读者等多重因素形成了一种新型生产场域。如何能够在商业话语中既保持自身在计划经济下的出版优势，又能在市场化进程中获取最大的经济效益，主要有两条出路：一是牢牢抓住自己在纯文学领域的出版地位，充分利用自己的文化资源，盘活经典作品的存量，发掘新的优秀作品，提升市场竞争力；二是主动进行体制改革，实现出版社与市场的接轨，利用市场手段，扩大图书的市场影响，向市场要效益。

在出版机制市场化转型的进程中，出版社逐渐意识到市场手段的重要性。出版社一旦发现一部优秀的文学作品，便将其进行深入挖掘，展开立体宣传，用畅销书的方式宣传纯文学图书，推出了一批茅盾文学奖获奖作品，达到社会效益和经济效益的双赢。第五届茅盾文学奖获奖作品《长恨歌》是在1995年第2—4期的地方文学期刊《钟山》杂志连载的。小说发表后，《钟山》杂志便邀请了很多评论家和作家为这部小说组织了一场研讨会。由于地方文学期刊的影响力和文学期刊惯有的等级制度，《长恨歌》发表后并没有获得大家的关注和认同。陈思和在回忆这篇小说发表后所召开的研讨会时说："《长恨歌》发表时影响并不大，会上很多人都表示还没有读完……"[①] 对于这样一篇"影响并不大"的长篇小说，《钟山》杂志却兴师动众地召开研讨会，足见《钟山》杂志对这篇作品的质量非常看好，也反映了《钟山》杂志的办刊思路："维护文学的纯洁性和严肃性，精心营造作家、刊物、评论三位一体的良好生态文学机制，是有强烈的自觉和较强的传统，它的三十年的成功经验不是偶然的。"[②] 2001年，《长恨歌》荣获第五届茅盾文学奖。这从侧面证明《钟山》杂志对《长恨歌》的评判是正确的，虽然获得茅盾文学奖并非好作品的绝对或唯一的评判标准，但是至少说明作品得到了大多数人的认同。即便是老牌的出版社，也逐渐意识到"酒

[①] 陈思和：《〈钟山〉三十年庆典而感》，《扬子江评论》2008年第4期。
[②] 陈思和：《〈钟山〉三十年庆典而感》，《扬子江评论》2008年第4期。

香不怕巷子深"已经滞后于出版市场化的发展进程了。阿来的《尘埃落定》就是人民文学出版社进行市场营销开风气之先的作品。根据何启治先生的回忆,《尘埃落定》的出版一波三折:"从写好到出版,中间辗转了四年时间,阿来曾经把作品投给多家出版社,均遭到退稿,出版社认为这种非正统的写法很难有印数上的保证。"① 这部小说最终能够出版,得益于《当代》杂志的编辑周昌义、洪清波。1997年,二人将阿来的这部小说带回出版社,时任人民文学出版社副总编的高贤均读完后认定这部小说写得很好,于是准备出版。书稿编好后,被列入"探索者丛书",起印数一万册。这在当时纯文学人气散淡的时期简直就是一个奇迹。后来,高贤均又将《尘埃落定》力荐给了《小说选刊·长篇小说增刊》。刊物出版后,《小说选刊·长篇小说增刊》为《尘埃落定》召开了一次"不要老面孔,不要老生常谈"的研讨会,引起了很大的社会反响,很快报纸上陆续出现关于评价《尘埃落定》的文字。其时,人民文学出版社也正在探索市场化改革,1998年成立了宣传策划室。正好《尘埃落定》引发了强烈反响,于是,人民文学出版社决定以《尘埃落定》为试验品。该书责任编辑脚印回忆说:"出版社第一次尝试了全方位策划、营销一部纯文学作品的运作:写出厚厚的策划书、开新闻发布会、电视、广播、报纸大规模立体宣传、区域代理、全国同时发货,每日监测销售量数据,不久盗版书铺天盖地……"② 评论界的轰动效应伴随着铺天盖地的营销活动,《尘埃落定》成功获得了读者的青睐,并获得了第五届茅盾文学奖。

如果说《尘埃落定》和《长恨歌》只是在宣传推广方面进行了市场操作,小说本身仍然属于高质量的纯文学作品,那么,2011年《暗算》获得第八届茅盾文学奖,则引发了很多争议。争议的核心概括来说就是,《暗算》作为一部畅销书,一部通俗文学作品,是否有资格获

---

① 何启治、黄发有:《用责任点燃艺术——何启治先生访谈录》,《文艺研究》2004年第2期。
② 脚印:《阿来与〈尘埃落定〉》,《人民日报》(海外版)2000年11月15日第9版。

得茅盾文学奖。因为，麦家在获得茅盾文学奖之前，一直是高居畅销书榜单的畅销书作家。茅盾文学奖不是将经济效益放在首位的奖项，而更多注重的是政治性、思想性和艺术性。抛开《暗算》是否有资格获茅盾文学奖这一争议，《暗算》确实与以往的获奖作品以及同届的获奖作品有很大的差异，甚至与茅盾文学奖的评选标准也有很大差异。茅盾文学奖主要青睐长篇历史小说和现实主义题材的小说，尤其是主旋律、史诗性和宏大叙事的作品。《秦腔》反映的是乡村文明的困境，《湖光山色》反映的是新农村建设，《额尔古纳河右岸》反映的是鄂温克族人的生存抗争和文化变迁。《暗算》出版后一直是作为类型畅销书进行运作的，它的封面写有："《解密》之后又一部特情小说　极悬疑　极刺激　极边缘　极文学"的字样，并被称为"新智力小说""悬疑小说""特情小说"。有人评论说，《暗算》的获奖表明了茅盾文学奖在向多元化发展，茅盾文学奖看似不再是主流作家的天下。谢有顺认为，"麦家的获奖，是'茅奖'审美的转变，它扩大了茅盾文学奖的范围，使评奖原则更加多元化。这种变化，一定程度上透露出'茅奖'在新的时代语境下对小说创作规约方式的潜在变化"[1]。其实，这种变化就是对出版市场的适度倾斜。茅盾文学奖在以往仅仅注重小说的审美和意识形态等方面，今天不得不考虑作品出版后的市场反应。可以说，《暗算》的获奖是出版市场机制与文学评奖相结合的一个样本。

　　毕竟，出版机制的市场化使得文学作品不再是故步自封，而是逐渐寻找与通俗文学的融通之道，加强与大众传媒的合作，实行畅销书的营销模式。出版的市场化较大渗透进偏向主旋律、纯文学作品的茅盾文学奖的评奖机制。一部作品出版后在市场的反响，和由此产生的知名度，自然会影响它的获奖。如第八届茅盾文学奖的十部候选作品有：张炜的《你在高原》、刘醒龙的《天行者》、莫言的《蛙》、毕飞宇的《推拿》、关仁山的《麦河》、刘震云的《一句顶一万句》、郭文斌的《农历》、

---

[1] 谢有顺：《麦家获奖，是茅盾文学奖审美的转变》，新浪读书，http://book.sina.com.cn/news/c/2009-04-08/1040253619.shtml，2018年9月5日。

刘庆邦的《遍地月光》、邓一光的《我是我的神》、蒋子龙的《农民帝国》。如果按照早期茅盾文学奖的评奖规则，最具有"主旋律"特征的《麦河》是很有可能获奖的。但是，"最后一轮投票，一些评委放弃了《麦河》而把票投给了《一句顶一万句》，这至少说明了茅盾文学奖逐渐淡化了自己的政治色彩，也逐渐卸下了它不应该背负的政治包袱"[①]。可见，市场反响是茅盾文学奖评选不能忽视的因素。刘震云的《一句顶一万句》、毕飞宇的《推拿》、莫言的《蛙》在获得茅盾文学奖之前都有着不错的销量，并登上过各类畅销书排行榜。《一句顶一万句》甫一出版，便因刘震云的超高人气获得了市场的认可，盘踞开卷文学畅销书月度排行榜长达半年，在参评茅盾文学奖之前该书就发行37万册，重印了8次；毕飞宇的《推拿》也获得过32家媒体评选的"2008年全国十佳图书"，销量也达到5万册；莫言的《蛙》也再版3次，销量已有12万册。虽然在往届茅盾文学奖获奖作品中，也有一些作品在参评前就成为人气极高的畅销书，如《平凡的世界》《白鹿原》《历史的天空》等，但是，这种获奖作品的比例总体来说非常小，而且同一届茅盾文学奖中有多部畅销书获奖的现象，确实是历届茅盾文学奖中所没有的。很多出版商将这看作茅盾文学奖对畅销书所释放出的一个积极信号。

在出版机制转型过程中，茅盾文学奖获奖作品的出版机构也逐渐走向多元。从前两届获奖作品来看，人民文学出版社出版的作品占据着绝对优势地位。整体来说，八届茅盾文学奖的获奖作品中，人民文学出版社是获"茅奖"最多的出版社。这当然与人民文学出版社长期的文化积淀和人文追求有关，但也不能忽视其中的另一个原因，那就是传统出版机制下出版等级的影响。长期以来，人民文学出版社具有国家文学出版最重要阵地的意味，被认为是文学出版的最高殿堂。作家以在人民文学出版社出版作品为荣，一些知名作家也不太愿意将作品拿到地方出版

[①] 贺绍俊：《十进五的游戏——关于第八届茅盾文学奖的随想》，《天津师范大学学报》（社会科学版）2012年第1期。

社出版。在这种情况下，优秀的文学作品大多会选择在人民文学出版社出版，因此其获奖概率自然就比其他出版社高一些。然而，20世纪90年代中期以来，出版体制的市场改革，民营出版商的迅速崛起，一些地方出版社形成了强大的市场竞争力，甚至超过了老牌的出版社。这一方面表现在历届茅盾文学奖的获奖作品所属的出版社的变化。前两届茅盾文学奖获奖作品的出版单位几乎都是人民文学出版社，第一届的六部获奖作品中有四部，第二届的三部获奖作品有两部是人民文学出版社出版，第三届的五部获奖作品有一部，第四届的四部获奖作品有三部，第五届的四部获奖作品有一部，第六届的五部获奖作品有三部，第七届没有，第八届的五部获奖作品里有两部。其他获奖作品有北京出版社、北京十月文艺出版社、浙江文艺出版社、群众出版社、作家出版社、长江文艺出版社、世界知识出版社、上海文艺出版社等，这些出版社甚至多次获得过茅盾文学奖。另一方面更突出地表现在历届茅盾文学奖的20部初选篇目所属的出版社的变化。如第六届有6部、第七届有12部（共24部入围）、第八届有6部入围作品由人民文学出版社出版，虽然人民文学出版社仍然占据优势，但是，上海文艺出版社、长江文艺出版社、北京十月文艺出版社、春风文艺出版社、解放军文艺出版社等有多部作品入选，湖南文艺出版社、江苏文艺出版社、上海文化出版社等也有作品入选，充分说明地方出版社的成长。

三 象征资本的消费

每届茅盾文学奖的评选都能引发社会的公共关注，这不仅是因为茅盾文学奖的评选是一件重要的媒介文学事件，更重要的是茅盾文学奖作为全国最权威、级别最高的文学奖，其有着独特的象征性。茅盾文学奖虽然是以作家茅盾个人的名字进行设立的，但由于它是依托中国作家协会进行评选的唯一全国性的长篇小说奖，自然具有了当代中国最高文学奖的属性，代表着国家的认可。这也是各地作家协会和政府部门最为看重茅盾文学奖的重要原因。茅盾文学奖也自然成了权威、专业的符号。

第三章 出版机制转型与新时期文学出版的文化表征

政府色彩和权威专业赋予了茅盾文学奖在意识形态和艺术审美两个层面的文化象征。茅盾文学奖的获奖作品中,《平凡的世界》和《白鹿原》已销售超过 100 万册,《尘埃落定》在获奖当年的销量就直奔 20 多万册,已经成为名副其实的常销书。以第八届茅盾文学奖的获奖作品为例,毕飞宇的《推拿》在获奖前总发行量大概在 5 万册,"'茅奖'评选结果揭晓后,人民文学出版社在不到一周的时间内就又接到了 8 万册的订单,和过去两年的总销量相当"①。张炜的《你在高原》在获奖前大约累计发行 2 万册,《蛙》大约累计发行 12 万册,《一句顶一万句》大约累计发行 37 万册,当茅盾文学奖评选揭晓后,"在当当网、卓越亚马逊网、全国各地书城,获奖作品迅速售罄,《你在高原》已加印 2 万套,《天行者》和《推拿》加印 5 万册,《一句顶一万句》加印 2 万册"②。茅盾文学奖对出版市场的影响力和号召力,足以说明它已经成为一个品牌,也成为图书出版市场的一大销售动力。

　　由于茅盾文学奖影响力对图书市场的引导,一些出版社着力打造"茅盾文学奖"这一图书品牌。1997 年人民文学出版社将其出版过的获得茅盾文学奖的部分作品集结为"茅盾文学奖获奖书系",统一标识,统一装帧,统一出版,并且通过版权购买等方式不断扩充完善这套丛书。从单本的获奖作品到整本的丛书体系,并用当今全国长篇小说创作最高奖项的响亮品牌进行包装,这与单品种图书的市场冲击力是不可同日而语的。2004 年,在"茅盾文学奖获奖书系"的基础上,人民文学出版社出版了"茅盾文学奖获奖作品全集"。该丛书命名为全集有两层意思。一是原出版的"获奖书系"因为部分获奖作品并非人民文学出版社出版,因此,受到版权牵制,有些获奖作品并没有列入该丛书出版,只收入了获奖的十一部作品。二是一些以部分卷册获奖的多卷本作

---

① 吴娜:《"茅奖"图书热销的启示:畅销很好 常销更棒》,《光明日报》2011 年 10 月 10 日第 12 版。
② 廖翊:《讲述伟大时代中国故事——从第八届茅盾文学奖获奖作品看我国长篇小说创作》,http://www.chinawriter.com.cn/news/2011/2011-09-09/102296.html,2011 年 9 月 9 日。

品则以整部作品完整出版，如宗璞的《东藏记》是"野葫芦引"系列中的一部，因此全集将《东藏记》《南渡记》《西征记》整部出版；《李自成》（第二卷）获得茅盾文学奖，出版时也以全集出版；《白门柳》是以第一部《夕阳芳草》和第二部《秋露危城》获奖，该全集也加入了第三部《鸡鸣风雨》。这套丛书的出版，可以全景式地反映茅盾文学奖获奖作品的整体风貌和文化变迁，为读者提供了阅读的整体观念，为研究者提供了重要的文学文本，促进了茅盾文学奖获奖作品的体系化、文献化，具有重要的文学史意义，为图书出版市场提供了一种品牌化操作的范本。

茅盾文学奖的获奖作品不仅仅是重印、重新出版和体系化出版，而且茅盾文学奖获奖作家的其他作品也常常会被重新关注，成为出版市场的热点。如2001年广州出版社出版了"茅盾文学奖获奖女作家散文精品"，2002年解放军文艺出版社出版了"茅盾文学奖获奖者文丛"，2013年中国社会出版社出版了"茅盾文学奖获奖作家丛书"，2007年北方文艺出版社出版了"茅盾文学奖得主徐贵祥小说精品"，2012年上海文艺出版社出版了"茅盾文学奖获得者莫言作品系列"，2010年江苏文艺出版社出版了"茅盾文学奖获奖者散文丛书"，2011年作家出版社出版了"作家出版社入围第八届茅盾文学奖作品"，2012年作家出版社出版了"茅盾文学奖获奖作家中短篇小说精品选"，2013年人民文学出版社出版了"茅盾文学奖获奖作家的短经典丛书"，2013年江苏文艺出版社出版了"茅盾文学奖获奖者小说丛书"，2014年人民日报出版社出版了"茅盾文学奖获奖作家·青少经典"系列图书。这些丛书的出版所依赖的无疑是茅盾文学奖获奖作家的身份成为象征资本被市场再度开发，因此，"茅盾文学奖得主""茅盾文学奖入围作品""茅盾文学奖获奖作家"等成为出版市场重要的营销符号。出版社大打"茅盾文学奖"这一文化符号，采用各种宣传手段使其与"茅盾文学奖"形成互文性的宣传策略。如2009年北京十月文艺出版社出版阎连科的《日光流年》时封面上写有"与茅盾文学奖擦肩而过的巅峰杰作"；中国海关出版社在出版熊召政的散文集《中国小记》的封面写有"茅盾文学奖得主熊召政最睿智散文结集";南海出版社出版麦家的《风声》时这样写"茅盾文学奖得主麦家巅峰之作"等。"茅盾文学奖"这一文化品牌资源的持续开发,是当下文学出版格局发生急剧变化的重要文化表征。随着青春文学、网络文学持续发酵和文学进一步走向边缘化,文学出版市场急需一种具有标杆意义的文化符号作为市场引导,"茅盾文学奖"因此成为出版商极力追求和放大的文化招牌。

第四章　跨媒介出版场域与新时期文学生产

21世纪以来，商业话语成为社会的主导性话语，同时大众传媒的市场化加速了商业因素对社会各个领域的渗透，文学在公共空间中的地位迅速被大众传媒所取代。文学出版与其他媒介的跨媒体传播也成为我们这个时代信息传播的新特点和新趋势。一方面，从20世纪90年代以来，影视逐渐占据了大众文化的主导地位。文学出版与影视传播共同营造了一个互动促销的传播模式。因此，当影视的收视率节节飙升时，文学出版也在不断寻求自身的话语空间，探索多种出版路径和盈利模式，主动向影视靠拢，并借助影视强大的视觉力量，进入文学创作、图书、影视等相互作用形成的巨大的文化工业体系之中。另一方面，21世纪以来网络媒体迅速崛起，进一步挤压着影视媒体的空间，成为阅读的主导渠道。同时，网络文学高速发展，对传统文学产生了深层次的冲击。网络与新媒体的崛起和迅速发展，网络文学呈现出新媒体时代独特的生产方式，这在很大程度上改变了文学的出版形式和生产机制，进而对当下的文学也产生了很大的影响。

第一节　文学出版与影视的互动生产

20世纪90年代以前，出版媒介主要遵从意识形态和社会精英的文化逻辑，旨在对读者进行"启蒙"和"再教育"，以提高大众的审美能力和文化素养,很少考虑到读者的消费和接受过程。然而,进入90年代市场化的环境以后,这一状况发生了根本性的变化。大众传媒与作为边缘媒介的出版社由幕后走向了台前,媒介自身的主体性也得到了空前的加强,逐渐成为一种独立的文化力量。此时,它们不仅要满足读者的消费需求,而且还担负着制造和引导读者需求的商业化任务。文学出版就从"作家创作—媒体出版—读者接受"逐渐转变为"媒体出版—作家创作—读者消费"这一生产模式。① 随着影像时代的来临,影视与出版的互动成为21世纪以来文学出版领域最为引人注目的文学现象。一部影视剧的热播,往往会带动作为改编源头的文学作品或其他图书的风行。随着影视与出版的深层结合,文学出版对影视的依赖不断加强。从90年代张艺谋所说的"文学驮着电影走",到今天的"影视驮着文学走",文学逐渐旁落成影视的一种衍生产品,甚至成为影视的附庸。从"小说改编成影视"到"影视改编为小说"的演变,正是21世纪以来影视作为一种强大的媒介权力形成的过程。影视与出版的跨媒体传播,营造了如今影视感知与文字阅读相结合的媒介互动时代。影视以其强大的视觉冲击力、大众化的编码技巧以及日常的消费旨趣,成为大众文化接受的一种主要途径和方式,并进而形成了以影视为主导的文学出版的转型。

一 影视图书的出版

文学和影视互动的首要形式是影视小说的出版。20世纪90年代,随着王朔、苏童、莫言等作家的作品不断被改编为影视,影视与文学的关系日趋密切。这一时期,文学作品成为影视的主要来源,甚至一些作家诸如海岩、池莉等主动投身影视的洪流,进行一种面向影视的"雇用写作"。但是,在90年代文学和影视的关系中,文学处于影视改编的源头,小说文本是影视的母本参照。21世纪,影视逐渐脱离文学的本

---

① 参见郑崇选《镜中之舞——当代消费文化语境中的文学叙事》,华东师范大学出版社2006年版,第31页。

体性而独立存在，众多的小说是根据影视改编而成的，它们一定程度上成为影视的副产品，因而文学需要借助影视的传播效应争夺自己在图书市场的"话语空间"。

随着影视的地位凸显，影视小说正是对这一主流传播形式的适应性生存和进一步拓展。在这一时期，作家不再进行纯文学式的书写，而是与影视共谋。当影视热播后，再将影视剧本改编为小说，这成为21世纪许多作家所采用的一条便捷式写作路径。王海鸰因《牵手》知名，并凭借后来的《中国式离婚》和《新结婚时代》一跃成为"中国婚姻第一写手"。她的作品基本上是影视剧的脚本。而海岩的作品更是直接将影视剧的剧本改编成小说出版。21世纪以来与影视结合较为紧密的作家，如海岩、王海鸰、张欣、周梅森、石钟山、都梁等，基本上是在进行影视剧的"脚本式写作"，这是文学出版链的重要操作模式。如2003年长江文艺出版社的《手机》、2004年人民文学出版社的《无极》、2005年中央编译出版社的《汉武大帝》、2006年中国友谊出版公司推出的《满城尽带黄金甲》都是这种操作模式的产品；麦家的《暗算》热播后作家出版社推出了电视版小说。2008年，随着吴宇森执导的《赤壁》在全国热映，广西师范大学出版社推出了史杰鹏创作的影视版小说《赤壁》。此外，作家出版社的《天下粮仓》《康熙帝国》《真心真情》《中国式离婚》《新结婚时代》等一系列影视小说，还有其他出版社的《橘子红了》《少年包青天》《英雄》《五星饭店》《大明王朝》《血色浪漫》《狼烟北平》《血色湘西》《天机·富春山居图》《北京遇上西雅图》《西游降魔篇》《裸婚：80后的新结婚时代》《美人无泪》《紫宅》《太极》《白蛇传说》等影视版小说也在影视热播的同时推出。影视小说的出现是市场化过程中影视与文学融合、传统小说与影视文化产业兼容而形成的一种新的亚文学类型。它置换了小说文本与影视的关系，引领了新的阅读风尚，也成为影视与出版工业最大可能地占有市场的一种出版策略。然而，随着读者的日趋成熟，影视小说的销售也并非都能收到一呼百应的市场反响。影视小说的成功主要依靠两个因素，一是影视作品的关注度、影响力，二是影视小说自身的质量。好的小说加上好的影视作品，肯定具有比较好的市场前景。只是今天很多的影视小说没有能够做好。如湖北少儿出版社出版过热播电视剧《我是特种兵》的影视小说。这部小说完全是一个影视剧本，因此推向市场时并没有取得预期的销售盛况。《赵氏孤儿》《十月围城》《孔子》《狄仁杰之通天帝国》等试图借助影视实现巨大销售量的目标都没有实现。不过影视小说在图书市场仍然大量存在，它们的存在其实很大程度上是一种广告策略，它们承担起了另一种功能——替影视做宣传："首先，不浪费资源，剧本也那么多字，不如顺手改改，还能当本小说看，也延长了影视作品的寿命。而且跟拍影视来比，出书的成本简直可以忽略不计，何况卖得好的话还能再赚点钱。第二，最重要的是出书一下使影视宣传上了一个档次，比傻开一个发布会有内涵多了，这样的一本书，往往有剧照，有影视里删掉的情节，不但对于剧组是个纪念，对于粉丝也能更过瘾。"[①]

随着文学出版产业的模式化制作和复制性生产，影视与出版的互动又形成一种新的文学出版模式，那就是未做文学加工或加工甚少的影视剧本的直接出版，以及与影视相关的非文学类图书的出版。与影视小说相比，剧本是影视剧中的台词和人物对话的直接展示，只加以简单的场景过渡，基本上没有文学性和艺术性，是影视剧的一种简单复制。如2001年作家出版社出版的郭宝昌导演的《大宅门》便是一例。该书书前有剧照，有人物一览表，书的正文是演员舞台说明和对白，完全是一个电视剧本。《空房子》（群众文艺出版社，2004）的扉页上印有"电视连续剧《空房子》演员表"，目录前插有8页铜版纸精美剧照，目录根据电视剧分为28集。在电影热播后刘恒的电影剧本《集结号》也由人民文学出版社直接出版，少有文学加工。此外，《大宋提刑官》（群众文艺出版社）、《最后的骑兵》（春风文艺出版社）等，都完全是一种

[①] 参见蔡岫《影视链条上的书 有市场么？》，《北京晚报》2013年6月14日第40—41版。

影视剧本的操作模式。剧本的直接出版取消和省略了影视改编成小说的过程，从影视直接过渡到出版，这种现象是文学出版急功近利的真实写照。当影视对文化的渗透日益深入，影视图书就成为大众文化工业标准化、机械化的消费产品，是影视最简单最直接的复制。于是，众多相关图书也扎堆出版，希望凭借影视的强大号召力吸引读者注意。因此，与影视相关的图书成为影视剧热播后文学出版的一种填充形式。2002年，电影《寻枪》热映后，该片导演陆川根据电影改写的小说版，加上王安忆作的序言、陆川写的关于姜文的文章和导演阐述、影评、剧照等，形成了300多页的一本厚书，成为一本电影幕后故事大全。2008年《赤壁》热播后，鹭江出版社推出了吴宇森夫人牛春龙的《〈赤壁〉侧写》一书，记录了华语电影史上投资最大的电影《赤壁》拍摄的全过程，透露了电影《赤壁》台前幕后鲜为人知的拍摄花絮。而由当代中国出版社出版的电影《赤壁》美术指导叶锦添的《赤壁——叶锦添的美术笔记》也格外引人注目。该书完整呈现了叶锦添参与电影《赤壁》创作的全过程，从建筑、战船、兵器和盔甲、人物造型和生活五个方面，展示了电影美术的前期研究、设计制作过程和造型设计理念。不过也有一些影视图书对影视剧本进行了较大的修改，如《天机·富春山居图》的书与电影相比变化很大。影片讲述的是中国特工同日本黑帮以及英国大盗三方为了保护和争抢中国元代传世之作《富春山居图》而发生的夺宝故事，《富春山居图》的导演孙建军请了源子夫写成小说。但电影和小说都看过的人表示，差别太大，根本不像一件事。小说是一部人物复杂、情节诡异的魔幻传奇。《西游降魔篇》也与《天机·富春山居图》一样，由周星驰出创意，请今何在改编成小说。[①] 然而，这也产生了一个困惑，读者购买这些图书，本身购买的就是对电影的延续性想象，如果这些书与电影不一样，读者的阅读是否存在障碍？不过，无论是改还是不改，这些影视图书的出版，归根结底是一种大众传

---

① 参见蔡岫《影视链条上的书 有市场么?》，《北京晚报》2013年6月14日第40—41版。

媒与大众文化现象。文学借助媒体的宣传，不断改变自身来适应大众文化的要求，影视小说的出现正是对这一原本属于精英话语的领域所进行的改造。说到底，这些影视图书的出版，正是市场环境中的一种商业出版现象。①

二　文化产业链的延伸

当影视和出版的合谋成为市场最有力的武器后，出版的产业化之路便不仅仅满足于此，许多出版社开始着手考虑延伸图书出版的文化产业链。如果说2005年之前，影视图书的出版模式还仅限于影视和图书的平面互动，那么，《大长今》的影响则是全方位的。它不但造就了同名图书"边卖边印"的销售现象，而且从影视观赏、图书阅读波及了饮食、旅游等日常生活领域。许多与《大长今》沾边儿的话题都被大肆渲染。《细说大长今》和《解码大长今》关注电视剧《大长今》的制作过程及相关的历史文化故事；《大长今养生御膳》和《大长今食疗宝典》着眼于对医疗、美容、饮食和养生等话题的关注；《大长今：青春励志经典传奇故事》则以韩国历史上第一位女御医的成长故事为着眼点；而同列畅销书排行榜的两个版本的《大长今》更是引发了是否与电视剧剧情一致的"真伪之争"②。人民文学出版社的"哈利·波特"系列图书也是一个成功的例子。该书投放市场后，很快红遍大江南北，该书系列中文版前6部加起来销量超过1000万册，平均每部在150万册左右，"哈利·波特"系列图书让出版社净赚了两千多万元。此外，人民文学出版社还引进了"哈利·波特"的各种形象出版物，通过出版与《哈利·波特》有关的明信片、画报、立体画册、填色书等，形成更大范围的影响和效益。而多元品种的开发造成了与主打品种的互动，对主打品种是有力的宣传。在《哈利·波特》进入市场近两年的时间里，出版社为这套图书制作了不少精致可爱的礼物，如哈利·波特

---

① 参见李静《影视小说："读图时代"的文学"宠儿"》，《文艺争鸣》2007年第4期。
② 参见张柠主编《2005文化中国》，花城出版社2006年版，第31页。

形象的"魔笔"、即时贴、"火焰杯"、贺年卡、笔筒、T恤衫等,形成了一个相对完整的产业链。① 此外,电影《无极》热映后,出版社推出了系列图书《无极》和《一望无极》,同时电影制片方还开发了游戏软件"无极",将触角延伸到游戏业,这无疑是对影视和文学资源的深度开发。2008年电影《梅兰芳》上映后,不仅《梅兰芳与孟小冬》《齐如老与梅兰芳》《谈梅兰芳》《孟小冬》等书相继面世,还引发了受众的京剧热,一时间影楼的京剧造型生意爆棚;梅兰芳故居也在电影播出后的短时间内陆续接待了来自70余所学校的师生在此教授京剧课;国家大剧院也趁热打铁举办了各种京剧展,还将主要演出档期改为京剧演出,听京剧讲座的人数也迅速增加。

目前,延伸文化产业成为许多出版社努力的方向,比如推出影视漫画、电影光盘以及明星品牌的香水。随书赠送光盘以满足那些影视爱好者多层次的需求成为当前一种普遍的文学图书营销策略。像现代出版社的《大腕》就随书赠送含有60分钟拍摄花絮和明星介绍的光盘;《五星饭店》(人民文学出版社)也赠送电视剧的光盘等。由于商业因素的影响,那些迅速蹿红的影视和图书通过不同程度的文本开发和产业化路径,力图实现最大限度的资源化过程,以获得最大的商业利益。一般来说,对文学与影视的开发包含三个层次。第一层次的"原级资源化"就是将文学在印刷传播链中打造成畅销书,这是对原创文本的复制;当文本进入第二层次资源化平台后,文本便会出现影视、音乐、舞蹈、戏曲、绘画、雕塑、工艺美术、立体景观、形体表演、动漫、游戏软件等形式的再生产。② 如果资源化过程持续,还可以延伸到旅游、房地产、信息业、服务业或广告业等第三层次。这种文本最大限度的资源化是"一种由原创文本或经典文本生发的一个不断更新主题、不断创生意

---

① 参见聂震宁《一部超级畅销书的"生命工程"——〈哈利·波特〉的整体开发与营销》,《编辑之友》2002年第5期。

② 参见陆环《后文学产业链:无形文化资产的价值实现路径》,《广州大学学报》(社会科学版)2006年第5期。

义、不断改变形态，以及不断重组文化资源的后现代文化现象"①。这是大众传媒与其他文化产业相互融合、互动所形成的一种媒介文化现象。

基于商业利益的考虑，大众传媒必然要求尽可能多的受众，但传播对象的不确定性限制了它的利润追求。因此，受商业利益和消费主义的驱使，大众传媒以某种理想的受众群体作为实现传播活动的对象时，必然会出现同质化和单一性的文学生产模式，另外，大众传媒逐渐从消费市场的诱导，趋向传播方式的诱导，即通过生产来实现对消费者的诱导。大众传媒通过自身"营造的社会消费权力网络，虚拟理想的消费趣味，塑造大众传媒的现代生活经验、意识形态和理想趣味，成为生产和传播时尚趣味和组织文化的场所"②，从而带动了影视、文学和相关文化产业的互动，形成了一种大众消费的时尚场域。

三 影视元素的包装

21世纪，影视成为图书包装宣传的重要元素和商业话语的重要组成部分。影视作为图书的一种包装元素，主要是为相关的图书配以剧照。如《乔家大院》《金刚》《红衣坊》《艺伎回忆录》《无极》《集结号》《大明王朝》《赤壁》《上海王》等，图书包装精美，并配有生动的剧照。2005年华艺出版社推出的《绿茶》不仅有精彩的剧照，其中收录的拍摄日记更透露了鲜为人知的拍摄内容。该书收集了主演赵薇、姜文的大量精彩剧照和影片场景画面片段，还收集了一张在电影中出镜仅几秒的已逝音乐人高枫的照片。③ 李冯的小说《英雄》（中国戏剧出版社，2002）中就有50多幅剧照，随书还赠送了6张电影书签。配以

---

① 陆环：《后文学产业链：无形文化资产的价值实现路径》，《广州大学学报》（社会科学版）2006年第5期。
② 郑崇选：《镜中之舞——当代消费文化语境中的文学叙事》，华东师范大学出版社2006年版，第31页。
③ 参见何在《电影同期书〈绿茶〉拍摄日记首次曝光》，新浪网，http://ent.sina.com.cn/m/c/2003-09-02/1111194954.html，2003年9月3日。

剧照的出版策略,迅速拉动了图书的发行。1998年作家出版社出版了《永不瞑目》,首印2万册却销售不佳,当陆毅主演的同名电视剧在全国各地热播后,出版社对封面进行重新设计,并附印了剧照,结果该书的销售一路上扬,达到8万多册,成为文学类图书中的长销品种。① 还有春风文艺出版社在2000年1月推出的皮皮的长篇小说《比如女人》,虽说这本书在圈内的口碑不错,也在媒体连载过,但是销售上仍难以打开局面,当王志文和江珊领衔主演的根据小说改编的电视剧《让爱做主》播出后,该书的销售也突破了10万册。② 人民文学出版社的"哈利·波特"系列,在电影上映前的一年多时间里共销售了300万套,而在电影上映的三个月期间就销售了120万套。不难看出,影视剧对相关图书销售的拉动作用是明显的。因此,积极与影视媒体互动是图书扩大影响的关键,出版社一般采用请影视剧中的导演、演员签名售书的方式来拉动图书的发行。这足以说明影像这种视觉元素对图书与文学消费的巨大影响。正如布尔迪厄所说:"摄影远非被感知为仅仅意指自身而已,它被考察时总是被当作并非自身的某种东西的符码。"③ 诚然,这些在图书中运用的影视剧照,不仅指向它本身,同时也作为一个潜在的开放性文本,让受众在对剧照的接受中形成一种跨文本的对话和跨空间的想象。此外,影视作品对这些图书的广告作用一方面表现在,影视剧的片头或片尾打出"该书已由××出版社出版"或"根据××的小说改编而成"等字样,如《誓言无声》在播出时的片尾就打上了"该小说已由山东文艺出版社出版发行"的字幕;《墓道》在各地电视台热播时也打出"该剧根据张纪君的同名小说改编而成"的字幕;《上海王》播出后,电视剧字幕标明"该剧改编自虹影的小说《上海王》"等。另一方面,根据某个作家的作品改编的影视剧上映后,该小说或小说集的

---

① 参见赵振宇、何楣《试论大众传播发展与图书出版》,《编辑学刊》2003年第4期。
② 参见赵振宇、何楣《试论大众传播发展与图书出版》,《编辑学刊》2003年第4期。
③ [法]皮埃尔·布尔迪厄:《摄影的社会定义》,朱国华、范静哗译,载罗岗、顾铮主编《视觉文化读本》,广西师范大学出版社2003年版,第68页。

名称更改为影视剧名。如张成功的《天府之国魔与道》1998年由群众出版社出版，后来被改编为电视剧《刑警本色》，2000年解放军文艺出版社以《刑警本色》为名出版，其《英雄泪》出版后也被改编为电视剧《黑洞》，上海文艺出版社2005年出版了改名后的小说《黑洞》。赵本夫的小说《天下无贼》被改编成电影后，他将其短篇小说结集出版，小说集名称就叫《天下无贼》。石钟山的《父母进城》改编成《激情燃烧的岁月》后，原著作也悄然变脸为《激情燃烧的岁月》。万方的《华沙的盛宴》被改编为电视剧《空巷子》后，上海辞书出版社推出了同名小说《空巷子》。

　　近年来，影视和图书的互动还体现在书媒的内容制作上。书媒是一种具有较高吸引力和潜力的信息传播形式，"是指将图书作为传播媒介，通过在图书的书签、勒口、插页、护封、腰封、封面、封底上刊载宣传图文来进行信息传播的形式"①。书媒作为当前图书出版的重要推介形式，被影视化的文学图书所充分利用。借助李安的电影《色·戒》之势出版的《色戒：张爱玲与胡兰成的前世今生》（夏世清著，陕西师范大学出版社，2007）的腰封上写道："好莱坞著名华人导演李安执导全新大片同名小说《色·戒》隆重登场。"同时，小说《色·戒》（张爱玲，北京十月文艺出版社）的腰封也写道："李安执导，梁朝伟、汤唯、王力宏、陈冲主演威尼斯大奖电影《色·戒》原著小说，国际著名导演李安最喜欢的一部小说。"这种书媒内容的制作明显是借助影视的光环来进行宣传，以吸引读者的注意。海岩《五星饭店》（人民文学出版社）腰封上写有"影视小说《五星饭店》→青春偶像剧《五星大饭店》／中央电视台一套七月黄金时间隆重首播《五星大饭店》／人民文学出版社影视小说版随书赠送光盘"，较为鲜明地表达了其影视小说的立场和定位，书中还配有大量精美的剧照。出版社在《大明王朝1566》（刘和平，人民文学出版社）一书装帧的封面勒口处简要介绍了该书的

---

① 任锋娟、刘海龙：《书媒推介与书媒广告的系统性辨析》，《出版发行研究》2008年第9期。

主要内容，然后说"四十集同名电视连续剧在湖南卫视率先播出，全国各大电视台将陆续热播"。该书的封底腰封标明："湖南卫视开年大戏全国独家播出，1月8日起晚9点两集连播。"《血色湘西》（黄晖，东方出版社）的封面勒口处也写有："全国同时段收视冠军，2008年度最佳战争题材电视剧，新浪电视剧排行季度网络人气电视剧，第24届中国电视金鹰奖优秀长篇电视剧奖。"《王贵与安娜》（六六，花山文艺出版社）的封面广告是："同名电视剧央视即将播出。"这些书媒完全成了电视节目的播出广告，显然书商试图通过热播和获奖来吸引读者消费。可以看出，文学将影视作为一种包装元素，借以形成文学出版的注意力和影响力，这种策略已十分普遍。

影视元素的包装使那些影视改编的母本小说往往能够借助影视的热播带动销售，甚至使知名度不大的作家迅速成名。如老作家马识途80年代写过一部小说《夜谭十记》，一直以来只有两个版本：1983年人民文学出版社发行的单行本和2005年四川文艺出版社出版的《马识途文集》，这两个版本也几乎无人问津。2010年姜文将该小说里的"盗官记"改编成电影《让子弹飞》，顿时让这部小说"洛阳纸贵"，两天内被抢购一万册。其在出版时也采用了影视元素进行包装，书名改为《夜谭十记：让子弹飞》，还特别标明姜文的电影改编自"盗官记"。于是，近年来图书市场还出现了一种怪现象：假借影视之名，挂羊头卖狗肉，卖的书与影视无关。2010年电影《建党伟业》播出后，市场上居然出现了至少8本叫《建党伟业》的图书。其中只有两种书获得影片制作方授权：一本是金城出版社的，另一本是文化艺术出版社的。电影《金陵十三钗》还没有上映时，市场上就已经出现了三个版本的严歌苓所著的同名图书，分别由江苏文艺出版社、中国工人出版社和陕西师范大学出版社出版。江苏文艺出版社出版的书封面还写有"张艺谋年度大片冲击奥斯卡奖的同名电影小说原著"。其实，江苏文艺出版社出版的和中国工人出版社出版的《金陵十三钗》只是严歌苓几个中篇小说的合集。陕西师范大学出版社出版的《金陵十三钗》是严歌苓在担任张艺谋同名电影编剧的基础上，根据自己的中篇小说扩充而成的，也就是说这个版本才是电影改编的母本。对于一书出现三个版本，严歌苓还专门发出微博说明："我的最新长篇小说《金陵十三钗》独家授权陕西师范大学出版社出版。"

正如罗贝尔·埃斯卡皮所说："文学出版社逐渐通过非文学的动机来争取文学读者，诸如习惯，赶时髦，炫耀性的消费，以及那种语言的言外之意，即隐含结构的边缘地带的巧妙运用或是文化上的犯罪现象。"[①] 文学利用影视所进行的吆喝式宣传，成为当前图书出版的奇怪现象。尤其是随着人们花在电视和网络媒介上的时间不断增加，电视对我们生活的影响也不断加剧，图书的出版越来越依靠影视宣传，这无疑是对影像元素的开发和利用，以此完成了一种"类属的分类"（布尔迪厄），影视与图书的社会功能相对接并得到了充分发挥。

四 出版的影视策划

出版策划是文学出版市场化转型后一个重要的特征。在影视与出版的互动中，出版社也在寻求自身的特色。出版社的策划宣传是全方位的，其中最为重要的是丛书策略和品牌策略所形成的规模化、系列化的市场运作方式。现代出版社较早涉足影视同期书，目前这类图书已成为该社的主打书，经国家工商管理局注册的"梦工厂""梦剧场"，以及"中国明星制造系列"都是该出版社的形象品牌，推出了《大腕》《九岁县太爷》《青春正点》《不回家的男人》《一见钟情》《吕布与貂婵[②]》《海洋馆的约会》《开心就好》《我爱我车》《F4风暴》《香港制造》等影视图书。江苏文艺出版社也推出了"影视同期声"丛书，包括《不要和陌生人说话》《被告》《嫉妒》《温柔陷阱》《月色撩人》等。2005年作家出版社推出了"海岩小说经典插图本"，包括《便衣警察》《一

---

① ［法］罗贝尔·埃斯卡皮：《文学社会学》，于沛选编，浙江人民出版社1987年版，第76页。

② 原书为"婵"。

场风花雪月的事》《永不瞑目》《你的生命如此多情》《玉观音》《拿什么拯救你，我的爱人》《平淡生活》《深牢大狱》《河流如血》，从而形成了海岩小说的一个出版品牌。2005年群众出版社也推出了"海岩青春小说漫画本"，包括《堕落人间》《绑票》《我的孩子，我的故乡》《死于青春》《我不是个好警察》等。这些出版社在形成自身品牌的同时，也试图进行差异化运作：作家出版社的影视图书注重作品的文化含量和市场反响。即便是剧本，作家出版社也尽量还原成小说，增加文学性和可读性；与现代出版社根据剧本改编小说的做法不同，群众出版社主要是以原创为主，而且重点在公安题材，如《黑洞》《黑冰》《清官于成龙》《重案六组》《大宋提刑官》《空房子》等。他们的目标是"以后打开任何频道，都有根据我们社推出的小说改编的电视剧在播放"[1]。需要注意的是，这些图书的出版和策划很多是一些编辑或民营书商的策划运作，他们以影视或图书策划人的角色，出现在文学出版与影视之间。2005年，当电影《无极》在国内热映并刷新中国电影多项纪录时，由上海九久读书人文化实业有限公司策划、人民文学出版社出版的《无极》《一望无极》等系列图书也迅速走向全国图书市场。当韩剧流行时，由北京知己图书公司策划出版的"超级韩流"系列，如《蓝色生死恋》《美丽的日子》《情定大饭店》《夏娃的诱惑》等都在市场上反响不错。

当大众传媒尤其是影视成为日常生活的主导性权力时，出版策划就成为置身大众传媒语境中的一种商业性操作。与大众传媒的相互合作成为出版策划的重要内容。图书的出版经过出版商、编辑或作者等事先策划，通过大众传媒的介入（主要是宣传和炒作等），从而形成了一种超出文学本身的媒介文学事件。如2005年陈凯歌的电影《无极》甚至通过网络票选青年作家担当小说的改编者，再由陈凯歌、余秋雨、余华、苏童、陈村等组成专家评委，进行能力考核，最终选定了郭敬明。值得

---

[1] 杨洁：《影视与图书共舞——新时期影视图书出版研究》，硕士学位论文，苏州大学，2012年。

注意的是，近年来茅盾文学奖也不断参与到影视图书的宣传炒作中，成为大众传媒制造出的重要的媒介文学事件。综观历年来的茅盾文学奖获奖作品，值得注意的是1988年的影视小说《少年天子》获得第三届茅盾文学奖后，第五届、第六届、第七届茅盾文学奖均有影视小说获奖。其中第五届获奖作品《抉择》（张平，群众出版社，1997）改编成电影《生死抉择》后，由于大众传媒的宣传和政府部门的强制性普及，该小说的发行量迅速上升到十几万册。而第六届茅盾文学奖的获奖作品是被改编成影视最多的，有《张居正》（熊召政，长江文艺出版社，2003）、《历史的天空》（徐贵祥，人民文学出版社，2000）、《英雄时代》（柳建伟，人民文学出版社，2001）三部，占总获奖小说的3/5。而第七届获奖作品《暗算》（麦家，作家出版社，2006）则是一部在前期就已经被改编成电视剧的小说。借助茅盾文学奖这一品牌，大众传媒对获奖作品和由此改编成的影视剧的宣传和炒作，从而带动了获奖图书的出版发行，实现了图书出版的利益最大化。这种"节日性观看"毫无疑问是大众传播的盛大节日，是广大受众为之激动并期待的神圣时刻，虽然许多受众对此的关注不是主动的寻求，但这在某种程度上正显示出媒体对受众的一种征服。这种借助大众传媒所形成的媒介文学事件，改变了文学的生产和流通方式，使组织者和受众的功能和作用都发生了根本性的改变。

五 投资影视制作

对一些资本比较雄厚的出版社来说，它们并不仅仅满足于在图书市场中占据先机，而且开始涉足新领域，即投资制作影视剧。不过，目前出版社大多以投资人或投资合伙人的身份参与影视剧的生产环节。2001年，江苏文艺出版社作为国内首个吃螃蟹者，进行了《月色撩人》（黄蓓佳，江苏文艺出版社）的改编和制作，并与南京电视台、中国文联音像出版社联合摄制成同名都市情感悬疑剧。湖北长江出版集团也在2006年第一次以影视投资人的身份投资制作了40集电视连续剧《张居正》，该剧成为该年中央电视台年度大剧之一。同年，长江出版集团又投资300万元拍摄了《幸福不拒绝眼泪》，接近总投资的1/2。由于影视所具有的巨大利益空间，各出版社纷纷成立了影视公司或影视制作中心。2004年，接力出版社成立广西接力天高动漫影视传媒有限公司，该公司以原创动画剧集、电影为龙头，同时兼顾动漫周边产品研发、时尚动漫消费等业务，几年来投资拍摄了《小小律师》《神脑聪仔》等动画片。2005年，中国作家出版集团组建了巨帆影视公司，斥资1000多万元运作29集电视剧《国家干部》。由于该剧改编自著名作家、茅盾文学奖得主张平的同名长篇小说，小说本身拥有广泛的受众群体，这为影视制作带来了先天的便利条件。该集团管委会领导张胜友曾评论："这不是一个单纯的投资行为，而是深度立体地开发集团文学资源，形成文化产业链，打造新经济增长点的重要举措。"[①] 2006年，中文天地出版传媒股份有限公司成立了北京东方全景文化传媒有限公司进行专业的影视操作，投资拍摄了《楚汉争雄》《天仙配》《百年莞香》《黄埔女生》《我的爱人你是谁》《天下第一镖》等影视作品。2010年，凤凰出版传媒集团进一步拓展其产业领域，由凤凰文艺出版社与南京传奇影业有限公司合资成立凤凰传奇影业有限公司。利用之前传奇影业相对成熟的团队，背靠出版集团利用资金和出版资源，形成了出版社的一个新的经济增长点。凤凰传奇影业成立后不久就投资拍摄了《新萍踪侠影》《一个鬼子都不留》《遥远的枪声》《新白发魔女传》《裸婚时代》《富春山居图》《唐卡》等。大力进军影视界，成为各实力雄厚的大型出版社为适应市场经济发展而进行的战略性调整之一，它们试图由此加快产业链的延伸，实现出版社的多元化发展。"出版社进军影视界的动力在于：出版和影视同为以内容为基础的产业。出版社的优势在于掌握作者资源，了解市场上的热销图书。而影视界找不到好的作品，好的作品又找不到买家。如果能以内容为基础，同时设计开发图书和影视等不同形

[①] 参见刘颖《国内出版社多方略进军影视界》，北京师范大学出版集团网站，http：//www.bnup.com/news.php?id=2920，2006年11月22日。

态的产品，则可以尽可能地实现各个环节的利润。另外，近几年来，图书市场上影视图书热销也让出版者们见识到了影视产品的影响力，让不同形态的产品互动营销，扩大产品的市场空间，也是出版社的动力所在。而很多出版集团，已经把影视作为自身战略规划中的环节。"①

六　文学的影视经纪

近年来，文学经纪是出版界的一种新型产业运作模式。然而，与其他文化娱乐经纪相比，文学经纪还是刚刚起步的行业，虽然这个概念已经被许多人接受，但是作为市场行为和公司运营来说，关于文学经纪还有许多地方需要在实践中摸索。我国第一家服务于文学与作家的经纪人公司是中国作家出版集团的子公司国安文化经纪有限公司。公司的主要业务类似版权中介，即向影视制作公司推荐适合改编的优秀小说，力求在作家、出版社和影视公司三者之间建立一个互通的桥梁。文学经纪公司的成立，是中国作家出版集团发展战略中的一个重要环节，其目的是拓展、开发、形成自己的产业链。文学是许多艺术形式的母体，更是影视剧重要的初端产品。可以说，只要抓住作家的文学创作，便抓住了出版和影视制作的源头，它的意义是不言而喻的。以往作家在完成文学创作后，文学作品的出版和影视改编两个环节一直存在信息不对称的状况。这常常会导致文学作品的出版周期被延长，作家的权益难以得到实质性保护，作家利益也无法实现最大化等，而经纪公司恰恰可以帮助作家妥善处理这些问题。② 2006 年 10 月中旬，电视剧《大敦煌》在中央电视台的开播仪式与同名长篇小说的首发仪式同步进行就是该公司运作的成功案例。还有张者的长篇小说《桃李》曾在文坛引起很大的反响，发行量 10 余万册，也在该公司的运作下成功转让了小说的电视改编权。

---

① 刘颖：《国内出版社多方略进军影视界》，北京师范大学出版集团网站，http://www.bnup.com/news.php?id=2920，2006 年 11 月 22 日。
② 参见李晓虹《文学经纪：新型出版产业运作模式》，《中国新闻出版报》2006 年 10 月 24 日第 2 版。

2007年9月27日由中国作家出版集团牵头的"中作大业剧本评估、预购中心成立暨专家评审委员会"在京成立。该委员会云集了50位著名作家和影视创作人员，以求在作家与影视制片方之间搭建一座"鹊桥"，以有效解决出版物转化成影视文化产品时信息不对称的问题。委员会的数十名作家将负责阅读市场上各类书籍，并梳理出适宜改编成影视剧的小说，为影视制作奠定良好的文学基础。通过文学经纪，文学出版社以自己特有的方式灵活地介入到影视生产的具体环节中。

文学经纪的另一种表现形式是作家与影视公司签约成立影视工作室或通过中介公司转让著作改编权，然后由这些公司操作该书的影视改编、出版和发行，与影视图书出版形成共赢。其实，文学经纪的模式在20世纪90年代初便已经出现，只不过那时尚不明显，而且数量比较少。如1993年，王朔、冯小刚、彭晓林创立了"好梦影视公司"；杨争光辞职创办了"长安影视公司"；谌容、梁左、梁天等成立了"快乐影视公司"。这些早期的文学经纪形式所发生的影响和作用实际并不大，还没有真正进入市场化的运作，只是一群志同道合的"哥们"在一起玩。然而，在90年代末，以影视公司、文化传播公司等名义出现的公司铺天盖地，它们不仅代理文学作品的出版，还直接提供作品的影视改编和剧本写作，充分遵循市场化的操作策略。然而真正具有影响力和竞争力的还是一些规模较大的公司，它们凭借雄厚的资本和良好的运作，成为这个市场的运营高手。国安文化经纪有限公司运营半年便签下了毕飞宇、刘庆邦、张锐、叶明山、张者、李洱等近百名作家，签约作品数百部；海润公司与虹影签约，并成立了"虹影影视工作室"，运作的第一部作品便是虹影的《上海王》；世纪英雄电影投资有限公司（即中信文化传媒集团）在2003年11月与海岩签约成立"海岩影视工作室"，2003年12月又与池莉签约成立了"池莉影视工作室"，而2003年王朔也成为世纪英雄电影投资公司的顾问；2007年，石钟山也成立了"石钟山影视演艺工作室"。广州天品影视策划有限公司也聘请了大量阅读员，从全国各地文学刊物中挑选小说，只要适合改编，该公司就会买下改编权。2008年11月山东第一家从事影视经纪的专业机构——"新动能"影视经纪工作室成立，该公司作为根植于山东本土的影视经纪机构，曾先后参与《闯关东》《城市里的春天》《大槐树》《精豆》等国内优秀影视剧的拍摄工作。这些公司和签约作家成立的影视工作室扮演的无疑是文学经纪的角色，他们与作家签约，买断作家作品的影视改编权，甚至对作家进行命题作文，以实现公司和作家的双赢。这些经纪公司的出现，促进了图书出版市场的活跃，也为影视和出版提供一条龙服务。

正如黄发有所说："20世纪90年代，文学开始成为一种商品进入市场的流通，但90年代的文学出版仍然是一个功能分化和价值互渗的格局。因此，主旋律小说、畅销小说和艺术小说在90年代的文学出版中三分天下，颇有鼎足而立的意味。"[①] 21世纪以来，由于大众传媒的市场化，文学在公共空间中的地位迅速被大众传媒尤其是影视所取代。影视与其他媒介的跨媒体传播成为当前信息传播的新特点和新趋势。因此，当影视的收视率节节飙升时，文学出版也在不断拓展自身的话语空间，探索多种出版路径和盈利模式。

第二节 出版的影视转型与21世纪文学生产

为了迎合市场的发展，21世纪以来文学出版与影视不断发生密切的联系，形成了明显的互动局面，因而当前的文学出版表现出浓烈的影视特征，诸如出版影视小说和相关图书、成立影视公司、投资制作影视剧等。因此，传统意义上的作家及其写作再一次面临挑战，影视对文学出版市场的影响越来越明显，出版社和作家们不得不重新思考他们的生存与发展问题。出版与影视的深层互动使得21世纪以来的文学创作表现出强烈的影视文化特征，同时由于受到出版策略转变的影响，文学创

---

① 黄发有：《文学出版与90年代小说》，《文艺争鸣》2002年第4期。

作也表现出一些新的特征。

一 文学交往与娱乐消费

由于出版与影视之间的互动，如今的文学出版以影视为旨归，进而成为影视的附庸。文学出版的影视转型，适应了商业社会的市场需要，也强化了文学的消费功能。当影视文化的市场化潜能冲击着文学出版的时候，21世纪的文学创作便呈现出一种新的趋势，那就是文学创作的中心从文学的审美活动转向了文学的交往活动。在人们逐渐接受影视甚至影视图书的同时，文学的审美特性也在不断丧失，同时文学的另一种社会功能——社会交往功能——却进一步增强。哈贝马斯把社会行为划分为四个类型：目的论行为、规范调节的行为、戏剧行为和交往行为。其中交往行为是指"至少是两个以上的具有语言能力和行动能力"的主体之间通过符号协调的互动所达成的相互理解和一致的行为。[①] 但是，交往行为并不是简单的理解过程或解释过程，而是通过理解，使人们同时参与内部活动，构成他们从属于社会集团的社会化的统一的过程，也是交往行为者在交往过程中构成他们自己的同一性，证实和更新他们的同一性的过程。[②] 当文学出版与影视在市场机制中形成多向互动时，文学创作就成了一种远离脑力劳动的交往活动。文学和影视就成为这种交往行为的工具。大众通过对影视和文学的消费，完成了文学的交往行为。

进入21世纪以来，文学创作和文学批评让位于文学活动或者说是文学事件。"文学事件实际上是文学活动辐射到整个社会文化其他方面而形成的信息扰动现象。"[③] 它与传统文学创作与接受活动一样是属于话语行为，但它与传统的文学话语行为不同，它已经远离了文学文本直

[①] 参见［德］哈贝马斯《交往行动理论》（第1卷），洪佩郁、蔺青译，重庆出版社1994年版，第122页。

[②] 参见［德］哈贝马斯《交往行动理论》（第1卷），洪佩郁、蔺青译，重庆出版社1994年版，第140页。

[③] 高小康：《文化市场与文学的发展》，《文艺理论与批评》2003年第3期。

接提供的话语叙述，甚至脱离了从文本叙述中派生出来的批评话语。它是在批评话语背后、通过批评而衍生出来的公众舆论或具有喧哗性质的话语活动。因而它毫无疑问是一种商业行为，是一种市场策划。文学事件自20世纪90年代初期始便已经出现。90年代官场小说的出版引发了人们批判社会阴暗面的责任感，一时间官场影视剧大为流行，如《黑冰》《黑洞》《黑金》等；韩寒《三重门》的问世，引发了人们对当时教育体制的质疑；《流星花园》的热播引起了人们对青年亚文化现象的关注和讨论等。90年代的文学事件喷涌而出，成为文学转型的重要表征。21世纪以来，由于文学出版与影视的关系更加密切，甚至呈现水乳交融的局面，文学出版对影视的依赖达到了前所未有的程度。因此，21世纪的文学事件表现出强烈的影视趣味和娱乐精神。综观这一时期的文学事件，大多与影视具有较大的关联，有些事件甚至受到了影视的推动。郭敬明对《无极》小说版的改写、刘震云的《手机》引发的家庭信任危机、赵本夫的《天下无贼》描写的"贼"世界、冯小刚的《非诚勿扰》对剩男剩女这一热门话题的关注等，都是影视所引发的娱乐话题和文学谈资。通过市场化的文学策划，借助影视的影响力，21世纪的文学创作完成了从文学审美向文学交往的转型，也因此变得众声喧嚣，成为不同层次、不同地域的受众日常交往的话题，成为媒体制造轰动、强化娱乐的重要资源，也成为作家明星化、公众化的重要推动力，成为社会交往活动的有力工具。

21世纪以来，文学活动和文学事件的大规模出现是大众传媒尤其是影视作用于文学领域的重要表征。一些文学出版通过文学经纪人的策划，借助影视、网络和报纸等大众传媒宣传炒作，从而使作家的创作成为媒介传播的一个重要内容。传统意义上的文学创作只是大众传媒的一种改编工具，一些文学出版和文学创作成为影视的"仆人"，它们听命于影视媒体的各种策划，必要的时候还要为影视和宣传做必要的包装和改写。如《龙年档案》（柯云路）就成为影视的未删改本，许多尖锐的内容在小说里出现；《乔家大院》出书前，出版社曾与作者朱秀海"约法三章",要求小说的结局及细节必须与电视剧有所不同,而上架后,出版社又将该书作为一本独立的"历史小说"进行宣传,与电视剧始终保持"若即若离"的关系。陈凯歌将《无极》的改编权授予郭敬明时,只交给他92场戏中的78场戏的剧本,要求郭敬明给它创造一个与电影不同的华丽结尾。刘震云的《手机》包含三个部分,分别是三个不同时期"说话"的故事,而电影《手机》只是小说的第二部分。出版对影视的改写,使受众在接受影视的同时消费小说产品,使相关文学出版从商家简单的促销模式升级为受众对不同文本的消费模式,这实际上是出版与影视的一种新型社会互动模式。同时,文学批评也不再深入作品的内部,而是针对文学事件展开热情洋溢的分析和解读。甚至有评论家公开声称,文学创作可以虚构,文学评论为什么不能不看作品就进行评论。[①] 出版向影视转型的过程中杂糅着明显的宣传炒作痕迹,一些出版社表现出急功近利的心态,这使文学事件取代了文学的审美活动,这样文学出版就蔓延到文学的外围甚至远离文学本身。21世纪以来文学创作的转型为大众营造了一个文学意义上的公共空间,公众、媒体、评论家共同组成了一个喧嚣而开放的对话圈。从这个意义上讲,尽管文学作品中心地位的失落导致传统文学审美价值的丧失,但是当今的文学事件或许能够制造出另一种新的社会交往价值。[②] 出版的影视转型促使文学创作随着文学生产方式的变革而变革,21世纪的文学创作因此成为介于出版、影视等媒体和公众之间的一种交往性资源,表现出强烈的社会交往特性。

"在消费时代,商业逻辑对各个文化生产场域进行了侵蚀和渗透。"[③] 电视媒体的影响更加明显,主要表现为电视的娱乐功能凸显和加强。为了追求高收视率,电视不断地开掘新的娱乐游戏资源,制造娱

[①] 参见阎连科《我为什么写作》,载王尧主编《我为什么写作——当代著名作家讲演集》,郑州大学出版社2005年版,第217页。
[②] 参见高小康《文化市场与文学的发展》,《文艺理论与批评》2003年第3期。
[③] [法]皮埃尔·布尔迪厄:《关于电视》,许钧译,辽宁教育出版社2000年版,第15页。

乐狂欢的场景。其中电视剧成为电视媒体提高收视率、娱乐大众的重要内容形式，成为众多电视台的支柱内容。目前，电视剧在我国的影响力远远超过了电影、小说、戏剧等其他叙事形式，成为我们日常生活中最基本、最重要的"叙述故事"和"消费故事"的渠道。21 世纪以来，文学的出版越来越需要借助影视的威名进行包装宣传，小说的畅销离不开影视的热播。以《大长今》《蓝色生死恋》《浪漫满屋》为代表的韩剧的流行，迅速引发了图书市场的韩剧热；因为《亮剑》《历史的天空》的热播，图书市场又出现了军事文学热；电视剧《墓道》《东陵大盗》掀起了新一轮的盗墓小说的热潮；等等。影视的一个重要功能就是娱乐功能，而文学的出版依靠影视元素进行包装，这实际上是影视娱乐功能的转移。正如麦克卢汉所认为的，媒介是人的延伸，而这种延伸是个人和社会交往中的一种"新的尺度"。[①] 文学经纪和影视公司游走于出版和影视之间，为文学的出版增加了炒作的因素。无论是影视制作还是图书发行，都离不开经纪人的操作。正是在这种情况下，出版社合伙制作或直接投资影视，许多作家纷纷加盟影视公司或成立影视工作室。文学创作、出版、发行都不再以内容为主要的销售基础，而是借助书商和文学经纪人的吆喝，注重作家的代群特征、身份特征、私人元素等卖点，实现的只是一种文学的社会娱乐功能。因此，21 世纪，学者作家、官员作家、美女作家、"80 后"作家、打工作家以及身体写作、快感写作等，调和着作者的各种身份，成为大众传媒和受众津津乐道的话题。

当出版与影视逐渐合流，文学生产与影视制作都呈现出时尚化和泡沫化的消费文化特征，一切有价值的内容和事物在这种消费文化中被消解，公民和受众成了消费者，文学和影视成为娱乐工具，文化与娱乐彻底融合在一起，发挥着娱乐大众的职能。最终，与流行音乐一样，文学创作、文学出版与影视，三者互为一体，共同营造了一个大众狂欢和娱乐消费的交往空间。

[①] 参见［加］马歇尔·麦克卢汉《理解媒介——论人的延伸》，何道宽译，商务印书馆 2000 年版，第 33 页。

二 产业链与文学工业

21世纪以来，在影视的强烈冲击下，出版与影视逐渐形成合流，甚至出现出版跟着影视走的局面，先有影视，然后再根据影视剧本改编成小说出版。这主要表现为以下几种形式。一是在影视剧播出前推出相关图书。如上海书店出版社赶在朱苏进的《朱元璋》播出前出版了同名的"图文书"，精选了24幅彩色剧照；张艺谋的《英雄》尚未公映时，小说版的《英雄》便迅速抢占了图书市场，书中不仅有主要演员的精彩剧照，还有对剧组各类人物的采访记事；陈凯歌的转型之作《无极》，也成功依托图书在先期、同期和后期造势；冯小刚的《集结号》上映前，刘恒编剧的电影剧本《集结号》也由人民文学出版社出版。二是与影视同步推出的影视同期书。如张艺谋的《满城尽带黄金甲》热映的同时，中国友谊出版公司推出了卞智洪的同名小说。三是在影视播出后推出的影视小说，这种操作方式比较普遍。如电视剧《暗算》热播后，作家出版社出版了根据电视剧本改编的电视小说；电影、电视剧《长恨歌》播出后，出版了根据电视剧本改编的"电视小说"和"绘本"；陈凯歌的《梅兰芳》上映后，凤凰出版社出版了其拍摄《梅兰芳》的心路历程的图书《梅飞色舞》；冯小刚的《非诚勿扰》播出后，长江文艺出版社出版了冯小刚的同名小说。可以说，文学出版在今天成了影视的"跟班"，21世纪的文学创作也就成为影视—出版这一文化产业链的一种生产工序和生产环节。

正如刘震云所说："当下文坛排名前10位的作家，哪一个是没有与影视发生关系的？哪一个不是靠着影视声名远播？"[①]许多作家的成名与影视有着密切的关系。他们的小说被改编成电影和电视剧，然后再通过影视得以热卖，从而使作家获得了在前媒体时代所不能想象的名利。以影视为代表的大众传媒借助强烈的视觉文化特征，极大地拓展了文学

[①] 参见黄忠顺《文学影视联姻，擦出什么火花？——近年影视剧对文学创作影响调查》，《中国新闻出版报》2007年5月9日第11版。

第四章　跨媒介出版场域与新时期文学生产

的生存空间。但是，当影视使越来越多的人疏远文学书籍，又大批地造就出新的文学读者来的时候，先前由文学所起到的对读者和社会文化的引领作用便开始历史地旁移给影视艺术了，也就是说影视逐渐担负起了引领读者阅读文学作品的功能，如果再加上影视还影响到作家的创作取向，那就确实可以说我们已经日渐进入"影视带着文学走"的时代了。① 因而，出版和影视的联姻，甚至可以说是出版对影视的趋炎附势，使文学出版几乎被纳入了一个强大的文化工业体系之中，同时，文学创作也成为这个巨大文化工业的重要组成部分。20 世纪 90 年代周梅森的作品，如《人间正道》《天下财富》《中国制造》《至高利益》《绝对权力》《国家诉讼》《我主沉浮》等相继被改编成电视剧，他的小说也成为专门为影视剧量身定做的原料，而他本人也从作家到编剧，再到制片人，甚至投资方。周梅森这样解释自己的创作行为，"这个过程，好比我种了麦子，然后再把麦子磨成面粉，后来再做成面包，这是一个产业链"②。进入 21 世纪，文学的产业链模式更为明显和成熟。出版界对影视的青睐，迫使作家开始有意为影视而写作，形成了一鱼两吃的产业链路径。某作家的小说只要被改编成影视作品并走红，就会成为出版和影视这个产业链的整合对象。海岩成为这个产业链中的常青树作家，他的《便衣警察》《一场风花雪月的事》《永不瞑目》《你的生命如此多情》《拿什么拯救你，我的爱人》《玉观音》等作品成为影视的雇用写作。因《父亲进城》改编成《激情燃烧的岁月》而名声大振的军旅作家石钟山，随后创作了一系列影视剧的备用产品，如《军歌嘹亮》《玫瑰绽放的年代》《幸福像花儿一样》《遍地鬼子》《天下兄弟》等，并陆续被改编成了电视剧且收视率颇高。同样以军旅题材小说成名的作家都梁，因《亮剑》《血色浪漫》被成功改编成电视剧，也创作了小说

---

① 参见王先霈主编《新世纪以来文学创作若干情况的调查报告》，春风文艺出版社 2006 年版，第 161 页。
② 丁扬：《作家"触电"跨界入商海已成寻常事》，载王先霈《新世纪以来文学创作若干情况的调查报告》，春风文艺出版社 2006 年版，第 162 页。

《狼烟北平》，参与了电视剧《我是太阳》（原小说为邓一光著）的编剧工作等。王海鸰从《牵手》开始，相继创作了《大校的女儿》《中国式离婚》《新结婚时代》等小说并被改编成电视剧且收视率极高，从而有了"中国婚姻第一写手"之称。而作家个人的影视工作室也是这个文化产业链基础上的一个重要环节，它整合了影视、出版和文学经纪之间的关系，形成了包括文学创作、图书出版、影视改编以及媒体运作等完整体系，大大提升了作家创作的积极性和作品传播的有效性，尽最大可能地开发了作品资源。

然而，这种"文学出版—影视产业链"的形成，使得文学的叙事呈现出类型化、模式化的影视八股特征。海岩便是这类产业链里影视与文学互动双赢的典范，其写作也毫无疑问是冲着影视去的。海岩的小说基本上是命题式作文，如他的《玉观音》，"一个西部开发的大背景，再加点爱情戏"，"西部＋情感＋缉毒"，明显的影视类型化无非是为了迎合受众的欣赏趣味。正如海岩所说："有冬景或夏景的话，就要在10月或2月拍，通常要在11月写完剧本，这样他们可以筹备开拍、选景、做分镜头等，做预算。想在11月写完剧本，就要在七八月份写完小说；想在这个时间之前完成，那至少在三四月份开写。"[1] 然而，由于对写作速度和发行时效的过分追求，这些图书写作质量很难保证。作者根本无法注意到立体的影视与平面的文学之间的叙事艺术转化，而仅仅是将剧中台词和场景进行照搬和克隆，因而作品中出现大量的人物对话和场景变换。爱德华·茂莱说过："由于小说家掌握的是一种语言的手段，他在开掘思想和感情、区分各种不同的反角、表现过去和现在的复杂交错和处理大的抽象物等方面便得天独厚。"[2] 遗憾的是，由于当下文学对影视的强烈依附，文学的内在意蕴不断丧失，尤其是那些与影视剧搭

---

[1] 参见黄忠顺《文学影视联姻擦出什么火花？——近年影视剧对文学创作影响调查》，《中国新闻出版报》2007年5月9日第11版。

[2] ［美］爱德华·茂莱：《电影化的想象——作家和电影》，邵牧君译，中国电影出版社1989年版，第113页。

车出版的"影视同期书",这一状况非常明显。21世纪文学创作对"影视—出版产业链"的亦步亦趋,使作家的创作越来越模式化,他们对现实的敏感性和批判力正在减弱,越来越止于一种流行化的思维。影视剧的不断火爆,导致作家的创作进入了连续性写作,如都梁、王海鸰、石钟山、海岩等作家甚至形成了独有特色的影视小说创作方式。他们的写作越来越规模化、系列化,从而陷入了一种自我复制的境地。有时改编以前的短篇小说,将之合成一个长篇,然后改编为影视剧,如电视剧《暗算》便是整合了麦家中篇小说《解密》等。这都是作家跟随出版和影视的产业链进行工业化写作的结果。

影视和出版产业链的紧密结合会使出版商将某一类型的书籍进行大规模的复制生产,实现最大的利润,直到受众感到厌烦才考虑进行花样翻新。对于这种现象,菲尔丁的朋友和合作者詹姆斯·拉尔夫在《作家的状况》一书中这样比喻说:"精明的书商感受到了时代的脉搏,根据突发的病症,开出了不是治愈它,而是激化它的药方;只要患者能继续服药,他就继续开药方,一旦出现恶心的症状,他就改变用药剂量。"① 文学的工业化生产,实际上消灭了文学创作的个性化过程,它在满足人们需要的同时实际上将人痴呆化了。一如阿多诺和霍克海默所说的:"从根本来说,虽然消费者认为文化产业可以满足他们的一切需要,但从另外的方面看,消费者认为他被满足的这些需求都是社会预先规定的,他永远只是被规定需求的消费者,只是文化产业的对象。"②

三 潮流化仿写③与投机写作

当认真翻检21世纪以来的文学创作时,我们会惊异地发现,由于

---

① 转引自伊恩·瓦特《小说的兴起:笛福、理查逊、菲尔丁研究》,高原、董红钧译,生活·读书·新知三联书店1992年版,第53页。
② [德]霍克海默、阿多尔诺:《启蒙辩证法》,洪佩郁、蔺月峰译,重庆出版社1990年版,第133页。
③ "潮流化仿写"这一概念是受到黄发有先生的启发,但这里的使用语境与他有所不同,这里主要是指对影视小说的潮流化摹写。详见黄发有《潮流化仿写与原创性缺失——对近三十年中国文学的片面反思》,《当代作家评论》2008年第5期。

影视文化的巨大牵引力，文学作品和作家大多借影视成名；同时，文学创作已经陷入了一种怪圈：由于影视和文学出版的合谋，作家的创作出现潮流化、跟风写作现象。这主要表现为对改编成流行影视剧的小说或影视小说的模式和风格所进行的模仿和跟进。

在大众传媒时代，"媒介，尤其是电视这一新媒介呈现出一个持续而无差异的潮流：这一潮流是重复的、可预知的、自鸣得意的和肤浅的"①。影视文化的潮流化，使文学出版也跟着影视文化而起伏跌宕。由于高收视率的影视所带来的巨大商业利润，文学出版也瞄准了那些成功的影视作品进行规模化生产和模式化操作，不仅将流行的影视改编成小说或其他图书，而且还遵循着该类影视的成功风格，如法炮制与之类似的图书，这在一定程度上促成了文学的类型化。从20世纪90年代末荧屏热播的"反腐题材"电视剧开始，作家就自觉地进行一种潮流化的写作。周梅森的《人间正道》《天下财富》《中国制造》等小说一部接一部地被改编成电视剧，旋即引发了文学创作中的"反腐小说"或者说"官场小说"的狂潮。这种写作趋势在21世纪以来表现得尤其明显。张欣的小说《浮华背后》《浮华城市》《深喉》等被改编成影视剧后迅速流行，一大批知名或不知名的作家开始将其作为模仿的对象，掀起了一股商海浮沉小说的创作高潮。王海鸰的《中国式离婚》和《新结婚时代》的热播，导致了家庭情感伦理剧和有关家庭婚姻的影视版小说的流行，如《结婚十年》《双面胶》《金婚》等。2000年以来，我国军事题材电视剧表现出一种新型的话语模式和文化类型。随着石钟山的《激情燃烧的岁月》之后，《亮剑》《幸福像花儿一样》《士兵突击》等相继播出，改变了电视荧屏的文化阵地，成为一时的影视热点。于是，一批新红色经典小说风行图书市场，如《狼烟北平》《历史的天空》《血色湘西》等。2007年石康的《奋斗》热播后，出现了一批有关"奋斗""青春励志"题材的青春励志小说和电视剧，如被称为"女

---

① [英]罗杰·西尔弗斯通：《电视与日常生活》，陶庆梅译，江苏人民出版社2004年版，第164页。

版《奋斗》"的《致我们终将逝去的青春》等。这种类型化文学的形成，与影视文化的流行密不可分，而出版媒介对这类流行文化的推崇，更加剧了文学出版的单一化和类型化。

出版媒介对影视文化的跟风炒作和成功模仿形成了两种局面：一是当某个作家的作品被成功改编为影视剧后，各出版社就邀请该作家进行风格化写作，延续其成功的小说模式；二是出版社主动策划相关的影视系列图书，形成类型化的风格。如现代出版社的"梦剧场"侧重推出明星书，如《小莉看时事》《锵锵三人行》《一笑了之》等，而"梦工厂"培养新人、发展原创作品，如《大腕》《九岁县太爷》《青春正点》《不回家的男人》《一见钟情》《吕布与貂婵》《海洋馆的约会》等；江苏文艺出版社推出的影视同期声系列图书侧重都市情感等方面；群众出版社关注公安题材影视和小说；作家出版社主要锁定第一流的影视作家如海岩、王海鸰等。可以说，在当前的语境下，文学和影视无法避免复制与被复制的命运，而表现出强烈的模式化、类型化的倾向，迎合了影视—出版市场的欲望生产。正如费克斯在《理解大众文化》一书中所说："文化商品想要流行，就必须满足相互抵牾的需要……任何一种产品，它赢得的消费者越多，它在文化工厂现有的流程中被再生产的可能性就越大，而它得到的经济回馈也就越高。"①

毕竟，我们已完全进入一个商业化社会，经济利润成为文学出版和创作最大的追求目标。所以，当文学的出版也进入市场化的阶段后，出版社在对书稿进行选择时就不能不考虑市场的需求与读者的期待。这种选择的逻辑不可避免地会影响文学创作。然而，出版的影视转型导致了作家创作的真实性和深度的丧失，以轰动性替代了文学性；虚构、无端的想象甚至肆意的编造代替了作品的真实性。这种潮流化的跟风写作，导致了文学创作的千人一面而毫无个性。作家们懒于思考，懒于发现问

---

① [美] 约翰·费克斯：《理解大众文化》，王晓珏、宋伟杰译，中央编译出版社2001年版，第34页。

题和进行创新。正如学者黄发有所说："潮流化仿写以群体认同淹没创作主体的艺术个性，导致审美的同一性。作家们为了不被冷落，就尽量避免成为独自作战的散兵游勇，为了进入文学的主流而不惜牺牲自己的创作个性，潜在地表现出一种趋同倾向。"[1] 这种潮流化的写作与文学出版对影视的青睐密切相关，它产生的成功效应又反过来推动了文学出版对这种模式的肯定，使文学的生产越来越单一化。某一种类型的文学作品由于市场的成功往往形成一种强制性力量，排斥其他类型的文学形式，这显然有悖于文学创作的个性化原则以及文学发展的多样性生态。

说到底，这种文学出版和文学创作的潮流化，一定程度上是商业社会文学出版和文学创作的投机行为。当然，这种商业投机是经济发展的产物，它表明商业因素已经成为文学市场的重要考量因素，潮流化仿写就成为这个文学商业领域的经济博弈手段。虽然这种投机写作带有巨大的风险，但同时也充满了高额回报的诱惑，因此一些出版社乐此不疲。这种潮流化生产模式，"是大众消费文化对高雅文化步步为营的侵吞和兼并，是通俗文学与严肃文学的混融和合谋，它体现出他律的商业化倾向，助长消费享乐主义的虚假意识形态，强化大众商业社会文化霸权的功能"[2]。21世纪以来，那些具有高收视率的影视剧不仅带来了巨额的广告收入或票房收入，同时也衍生出了一系列的文化产品。随着文学出版的市场化和影视化转型，文学创作表现出浓烈的类型化、潮流化倾向。

第三节　数字化时代文学的生产机制与传播动力

21世纪以来网络媒介的崛起，我们的社会文化正进入一个新的文

---

[1] 黄发有：《潮流化仿写与原创性缺失——对近三十年中国文学的片面反思》，《当代作家评论》2008年第5期。

[2] 黄发有：《潮流化仿写与原创性缺失——对近三十年中国文学的片面反思》，《当代作家评论》2008年第5期。

化转型时期。网络媒介以一种全新的模式席卷中国大地,网络媒介的迅速发展和广泛应用导致的"数字革命",使人类社会进入了数字化、网络化的时代。网络文学成为这一文化转型过程中异军突起的文学样态。随着网络、手机、移动终端等新媒介的出现,文学作品的发表、出版、接受等生产机制与传播模式发生了重要的变化。网络文学、博客文学、手机文学、短信文学、微博文学、微信文学等新的文学形式层出不穷,文学生产和传播有了更为重要的动力。

一 粉丝生产

传统的文学生产场域基本上由各级作家协会、期刊、出版社等机构和作家、编辑、专家等文学生产环节的把关人所构成。作者需要经过这些把关人的认同,才能确认其"作家"的合法身份,其作品才有广泛传播的可能。然而,新媒体时代文学生产和传播的机制发生了重要的改变。新媒体以其开放性、个人化、互动性等因素改写了传统文学生产的链条,拆除了固有的文学传播壁垒,传统文学生产链条上的控制力量不断弱化。与传统文学场域的运行机制不同,新媒体时代文学生产和传播过程中,读者的地位被空前抬高,读者的点击量直接决定了作家或作品的命运。与传统大众媒体时代的读者不同,新媒体时代的读者有着更为便捷的互动载体和主体意识,他们对文学生产与传播的作用不容小觑。

网络媒介的出现使受众不再是传统意义上的被动接受,而成为一支强大的参与式的生力军和创造者。其实早在20世纪中后期,面对汹涌的媒介技术发展浪潮,詹金斯针对当时受众和媒介内容互动的情况就提出了"参与性文化"的概念,其颇具建设意义地指出:"当今不断发展的媒介技术使普通公民也能参与到媒介内容的存档、评论、挪用、转换和再传播中来,媒介消费者通过对媒介内容的积极参与而一跃成为了媒介生产者。"[1] 越来越多的网民正在用一种全新的姿态确立自我的形象,

---

[1] [美]亨利·詹金斯:《昆汀·塔伦蒂诺的星球大战——数码电影、媒介融合和参与性文化》,载陶东风主编《粉丝文化读本》,北京大学出版社2009年版,第101—113页。

网络媒介为受众提供了这样一个全面的参与式空间，从而产生了粉丝。他们成为网络文学生产和传播的重要参与者。其实，粉丝并非网络时代的独特产物。20世纪80年代狂热的文学读者，其实就是一种前网络时代的粉丝。他们通过文学社团、文学活动、书信等方式组成了一个流动性缓慢的群体。网络时代的粉丝其重要的意义在于通过网络这个虚拟空间，有了无疆界、互动的传播平台。无论是粉丝群体通过对原作加以拓展，或者对原作进行彻底改写来展现对自己喜爱的偶像或者文本的独特理解，还是参与到社会、文化建构，都鲜明地表现出粉丝对网络文学的参与意识。网络文学的阅读—表达—分享一体化机制，使文学生产与评论分享同时进行，每一部作品的更新背后都有一大群忠实的粉丝，他们夜以继日地关注作品的最新动态，关注创作者的信息，成为网络文学生产和传播的重要动力。[①] 读者的点击量、阅读量、回帖量等对网络作者的持续写作产生了直接的影响。在这个过程中，粉丝借此形成了一股群体动力，并且催促和参与着网络文学文本的生产。《明朝那些事儿》的作者当年明月说："我还记得三月十日的那个夜晚，在孤灯下，我写下了自己的第一篇文章，由于第二天就要出差五天，我写完后就离开了，我当时认为此文可能会掉到十几页后，而五天后我回来时，居然在第三页找到了我的文章，而且萧斑竹已经加了精华，我认真的看了每一个回复，五天共有十七个，那时我刚下飞机，正是这些鼓励使我感动，我便提笔继续写了下去，因为我相信，只要认真的去写，认真的努力，是会有人喜欢历史，爱看历史的。于是我以每天三篇的速度不断更新，而大家的鼓励和关注也越来越多，从每天几百到几千，再到几万，是大家与我一同成长。"[②] 与当年明月一样，许多网络写手是靠读者的各种鼓励而产生了写作的动力。网络作家鱼人二代坦言，网络小说跟传统小说不同，在创作的时候会跟读者进行互动。他的小说《很纯很暧昧》当

---

① 参见邵旭飞《中国网络文学制度研究》，硕士学位论文，湖北民族学院，2013年。
② 当年明月：《感激并愤怒！就明朝的那些事儿感谢大家的支持及解答某些人的疑问》，天涯社区，http://bbs.tianya.cn/post-no05-38563-1.shtml，2006年5月17日。

时可以说是非常受欢迎，写的时候读者提的意见会对作者产生很大的影响。比如他原来设置的大纲200万字或者300万字就结束了，但是读者会说，你这块应该再加一个这样的情节，或者那个地方应该设置一个那样的情节。跟读者互动的时候，你会不自觉地看到他们可行的意见，会根据读者的意思继续创作这个作品，结果写了400多万字还没结束。①成千上万的粉丝每天等着作者更新文字、发帖评论、转帖，不仅使网络作家的写作具有了广场性，而且也在粉丝这一集群化读者的推动下完成了写作。

　　毫无疑问，粉丝这一原本产生于娱乐领域的文化现象，如今已经广泛地位移向网络文学领域。21世纪以来，手机和各种移动终端的出现，加速了粉丝队伍的壮大，拓展了粉丝的生存空间。网络文学场域里粉丝群的形成，使新媒体时代的文学生产本质上成为一种非物质生产的粉丝经济。他们直接成为文学生产环节上的经济构成。如潇湘书院曾成功打造了"红楼同人小说"的经典品牌，拥有一大批红楼同人作品的铁杆读者；"女性玄幻小说"《傲风》创造了单章订阅突破5万的巅峰纪录，颠覆了男生玄幻作品一统天下的格局。更为重要的是，网络文学作品通过粉丝的传播，产生了强大的经济影响力。粉丝的生产力本身就是一种经济形态。菲斯克认为粉丝尤其具有生产力，这种生产力主要表现在符号生产力、声明生产力和文本生产力三个方面。网络写手唐家三少曾表示："'粉丝经济'并不只是指金钱，对网络小说来说，它代表了很多东西。比如说读者给我每一次点击，每一个推荐；和读者在书评区进行交流，他们给我的每一句支持，每一个建议，都是'粉丝经济'的一部分。"②唐家三少所说的正是粉丝传播过程中的经济生产力功能。粉丝的生产性力量不仅仅是对网络文

---

　　① 参见杨鸥《网络文学：读者是上帝？》，《人民日报》（海外版）2014年2月18日第7版。
　　② 诸葛漪：《网络"大神"写手侃粉丝经济》，《解放日报》2009年12月23日第8版。

学的回帖、点击和推荐等形式，更进一步，大量出现的粉丝群体通过百度贴吧、百度搜索、微博、QQ群、BBS、微信等新媒体形式形成了稳固的社群。他们在这些社群里形成了一种自组织形式，并借助这一组织形式对文学作品的网络化传播起到了重要的作用，从而进一步提升了网络文学的经济价值。正如詹金斯所言，粉丝构成了一种"参与性文化，这种文化将媒介消费的经验转化为新文本、乃至新文化和新社群的生产"①。于是，粉丝在对网络文学作品的传播过程中产生了一种叠加的经济效应。如网络小说《我的朋友陈白露小姐》，这是一篇于2012年6月起陆续更新的豆瓣网络日志，它不仅受到了网友的广泛关注，而且被喜欢它的人转载到了人人网、天涯论坛和一系列网络博客上。同时，作者海棠的豆瓣ID也从一个无人问津的"马甲"，迅速成长为一个受到两万多人关注的"大号"。当海棠在豆瓣上宣布自己将出版新书后，《我的朋友陈白露小姐》很快便出现在豆瓣首页的"热点图书"，以及豆瓣读书专栏中的"新书速递""最受图书关注榜"中，在亚马逊上的预售名次也相当靠前，在"现当代小说排行榜"中位列第6，前5位分别为陈忠实、余华、老舍、加西亚·马尔克斯以及郭敬明（二者并列第四）的作品。因此图书未出厂，便已经加印两次。②

二 商业模式

传统的文学生产与传播几乎都遵循着"作家写作—期刊认同—出版推广"这一模式，而以网络为主体的文学写作模式则越过了传统写作中的身份认同与确认过程。一个作者通过网络等新媒体写作，不期然就会走向成名/成功。究其本质来说，传统文学生产的重要影响因

---

① ［美］亨利·詹金斯：《大众文化：粉丝、盗猎者、游牧民——德塞都的大众文化审美》，杨玲译，《湖北大学学报》2008年第4期。
② 参见杨扬《网络红文出版实体书　网络文学纸媒化或成出版趋势》，中国作家网，http://www.chinawriter.com.cn/news/2013/2013-08-07/169936.html，2013年8月7日。

素是文化权力和文化象征资本,而新媒体时代的文学生产和传播则完全以市场资本作为生产的逻辑,很大程度上改变了作品生产和流通的环节,生产出了新的生产关系和传播模式,这无疑是对传统文学秩序权威性的颠覆,也是对作家神圣感的消解。新媒体文学几乎都是以阅读量和点击量为评判标准的。因此,资本成为决定整个新媒体文学场域的关键因素,而读者点击模式是新媒体时代以资本为评判目标的掌控文学命运的生死符。传统的文学生产机制由显性和隐性两种筛选机制构成。显性的筛选机制属于文学外部制度的一个环节,它由各类文学期刊、文学出版社及各级作协、文联等组成。隐性的筛选机制是文学出版单位及文学权力机构依据"纯文学"或主流文学的艺术标准来评判"作家"的合法性存在。[①] 网络时代的文学生产和传播则打破了传统文学的生产机制,瓦解了传统文学的权力话语,形成了完全遵循市场为生产的逻辑,很大程度上改变了作品生产和流通的环节,颠覆了传统文学生产秩序,生产出了新的生产关系和传播模式。

由于网络的崛起进一步放大了读者的作用,"点击量"自然成了评判网络文学的重要参考指数。点击阅读意味着作品的被消费,同时点击量也影响着其他读者的选择。点击量越高,排行榜越靠前,意味着创作者的收入越多。同时,点击量决定着一个作品是否能够赚钱、实体出版、产业链操作。它在某种程度上是将传统文学出版环节中"出版—销售—阅读"变成了"阅读—出版—销售"。以点击量为依托的付费阅读是目前网络文学较为普遍的商业模式。鉴于按照每千字为收费标准的规定,不少文学网站上的作品是以字数作为网站盈利的主要方式,同时也以字数作为网络作者的付酬标准。只有作品的字数越多,文学网站的盈利状况才会越好,作者获得的稿酬才越多。如果出现一部读者点击量和阅读量较大的作品,不少文学网站和作者会在作品的字数上下功夫,以吸引读者继续付费阅读。在点击量和付费阅读

[①] 参见邵旭飞《中国网络文学制度研究》,硕士学位论文,湖北民族学院,2013年。

的商业机制的挤压和催化下，网络文学生产的一个重要现象就是超长篇写作。甚至专门有网友传授小说"注水"的"秘籍"。在一篇名为《网络文学写手的职业之路》的介绍文章中有"如何有效拖字数"的内容，专门教授"注水"秘籍。当然，在文学网站上作品的数量和字数呈几何级增长的同时，单部作品的质量难以得到保障。"点击量"虽是可见的、看似客观的评价文本的标准，但其所反映的只是作品的人气及受欢迎程度，它并不能准确、客观地反映作品的质量水准。在点击量驱动和付费阅读的模式下，网络作家很少能够像传统文学作家那样精心打磨自己的作品。传统文学创作中需要锤炼语言、构思故事情节、塑造人物形象等方面的创作技巧，这在网络作家中几乎不存在。这样的写作态度，只能带给读者数以百万计的字数，很难提供给读者一部文学精品。但是，在网络媒体的生存逻辑并非作品的质量，在很大程度上是一种注意力。因为，在网络时代，注意力本身就是一种经济。如何在网络文学的海洋里让读者注意到某一部作品，是网络文学运作的首要目标。

就目前来说，付费阅读是网络文学运营得比较成熟的商业模式，不过，网络文学一直在探寻自己新的商业模式，经过多年的探索，已经形成了一个较为多元的商业机制。其中比较具有创新意义的是读者互动增值模式。正如有研究者所言："当今的网络文学早已突破了'文学'二字，更多地呈现出一种类似网游的模式。"[①] 网络文学出现了"月票""更新票""盖章"等不同形式的道具，以满足读者的阅读需要。网络文学类似网游式的道具产业，对企业来讲无疑产生了一种新型的盈利模式。这是网络文学盈利模式由收费阅读、版权开发、网络广告到读者互动增值服务的一个突破。打赏正是读者互动增值模式的新型代表。打赏是指粉丝由于喜欢某个作者、某个作品或其他原因，将充值网站的钱送给作者。打赏的钱作者和网站按照一定的比例分配，一般为

---

① 韩元佳：《谁在赏？谁在看？——阅读成了一种新型的社交方式》，《北京晨报》2013年8月26日第B02版。

对半分。国内主流网络文学网站都设置有完善的打赏体系。以起点中文网为例,"打赏"额度从每次100起点币(1元)至1万起点币(100元)不等。主要针对起点中文网所有 A 级签约、合作签约作品。而根据所花费金额不同,粉丝也能获得相应的荣誉称号,从学徒、弟子、执事一直到最高级别的盟主。粉丝要想获得盟主称号则需要花费10万起点币(折合 1000 元)。① 2013 年网络文学打赏方面一个爆炸性的新闻是:一位名为"人品贱格"的狂热粉丝,一夜间为自己在纵横中文网的偶像作者"梦入神机"的新作品《星河大帝》送上整整 1 亿纵横币(折合人民币 100 万元)的"打赏",创下了网络文学界有史以来粉丝"打赏"作者的最高纪录。② 事实上,打赏已经成为文学网站和作者获取收益的稳定渠道,"17K 在 2013 年通过打赏获得的收入占比超过站内收入的 30%"③。大神作者骁骑校也坦承,"打赏"的这部分收入占到自己总收入的 20% 左右。④

全版权产业链运营是网络文学实现收益最大化的商业模式。传统文学的产业价值链延伸基本上是影视改编。影视改编也是网络文学产业链延伸的一个渠道,许多网络文学作品也被改编为影视剧,如《山楂树之恋》《失恋33天》《丁丁历险记》《杜拉拉升职记》《那些年,我们一起追的女孩》《步步惊心》《甄嬛传》等。但是,网络文学的产业链远远超过了影视改编,而是构筑了一个全产业链模式。一方面,运营商积极开拓网络文学的系列衍生物,如实体书出版和影视、动漫、游戏的改编,以及其他系列产品;另一方面,积极整合传播渠道,如网站、出版社、印刷厂、无线公司、网游公司、物流公司、连锁书店等。这些都在文学图书的销售和多元开发中起到重要的作用。作为国内网络文学的

---

① 参见陈杰《揭秘网络文学的粉丝经济》,《北京商报》2013 年 8 月 16 日第 A1 版。
② 参见陈杰《揭秘网络文学的粉丝经济》,《北京商报》2013 年 8 月 16 日第 A1 版。
③ 参见肖家鑫《网络文学已成"金矿"——版权衍生价值潜力巨大》,《贵阳日报》2014 年 2 月 23 日第 A04 版。
④ 参见肖家鑫《网络文学已成"金矿"——版权衍生价值潜力巨大》,《贵阳日报》2014 年 2 月 23 日第 A04 版。

代表，盛大文学已经形成了一个完整的文学产业链模式。这一产业链模式至少包括三个层次：首先，作为多媒体产业布局核心的全球最大的网络原创文学平台，为盛大旗下影视、游戏乃至音乐等提供源源不断的内容，成为整个盛大产业链的最上游；其次，自身也形成了"网络创作、电子发行、阅读消费"的微产业链，一年阅读收费的收入已经过亿元，还有网络广告、其他形式的版权合作和无线业务收入；最后，通过不同渠道和方式分销版权产品，如线上和线下出版、无线传播，或向电影发行商、网络游戏、电视台、动画制作商等授予特许权。虽然目前网络小说改编为影视作品大获成功的案例很多，但是相对网络文学庞大的总体数量来说，改编成功率显然很低，网络小说改编为网络游戏的成功率就更低，只有《诛仙》等少数成功案例。不过，可以预测，实行全版权运营、建构完整的产业链和建立多媒体协作平台，将是资源利用最大化的策略，也是网络文学生产和传播的重要趋势。

三 营销传播

网络文学的生产与传播本质是以市场为核心。在以作品点击量、浏览下载量为评价标准的同时，网络文学生产采用了与生产商品同样的价值尺度和运作模式，从而使传统的文学作品完成了向文学产品的转变。如何将一部网络小说从网络媒体走向跨媒体平台并获得成功，甚至将一部影响范围较小，但确实存在市场潜力的网络作品打造成畅销书，如何将普通作者通过各种包装打造成明星作者，需要文学网站和出版商各显神通的营销策略。

对于文学作品的营销，前提是将文学作品当成产品。传统文学领域大多仍坚守着文学的精神和社会属性，但是对于网络文学来说，文学作品的产品化特征已经非常明显。出版商对于网络文学作品的营销提出了各种各样的观点，如"像卖牙膏一样卖图书"[①]（吴又，北京读客图书

[①] 宋雪莲：《揭秘〈藏地密码〉：一本书的营销神话是如何制造的》，《中国经济周刊》2009年第26期。

有限公司),"将图书做成普通商品"①(路金波),"学会把书当成鞋那样卖""像卖电器一样卖图书"②(沈浩波,北京磨铁文化有限公司)等。正是由于对文学作品观念的转变,出版商几乎都是从产品营销角度运作网络文学作品。由于出版商对市场的敏锐把握,并通过科学调查,获得了大量市场数据,因此他们比作者更清楚市场的需求,从而及时对网络小说的前期创作进行介入。在传统的文学生产中,出版社和编辑几乎都处于被动状态。作家写什么作品,如何去写,是作家个人的事情。但是,网络文学时代,作家的写作与民营出版机构、书商、读者等有了更多的关联,尤其是出版商深度介入作家的创作,成为网络文学生产的助推器。出版商对网络文学创作的介入并非网络文学所独有的现象,在传统文学生产中较为重要的代表是春风文艺出版社的"布老虎丛书"和长江文艺出版社的"青春文学"的出版策划。只不过网络文学领域这一现象较为突出。网络流行小说《裸婚》《杜拉拉升职记》等都是出版商介入的结果:"几年前,媒体人'芥末开门'(后改名'介末')在新浪博客上晒幸福,'连载'自己结婚六年来的点滴幸福,当时已经是博客上的名人,写到第六篇时,磨铁图书公司编辑找到她,谈下一本名叫《结婚六年》的书稿。可是她的婚姻在第六年触礁,书也写不下去了。编辑鼓励她把'赤裸裸的婚姻真相'写出来,并借用当时正在大热的一个网络名词'裸婚'——这个词原本指的是年轻人不买房不买车就踏入婚姻殿堂——作为新书名,果然一炮而红。"③"2006年夏天,在和讯网博客上出现了一篇只有2000字片段的职场小说。文字量虽然不大,但文字感性,机智活泼,充满了趣味和弹性。博集天卷图书公司迅速跟进,找到作者李可,推动她继续往下写。据统计,'杜拉拉'系列一、二、三部总共发行400余万册。"④

---

① 石剑锋:《路金波:将图书做成普通商品》,《东方早报》2008年12月26日第B14版。
② 王雨佳:《沈浩波:一半是文人,一半是商人》,《新财经》2008年第10期。
③ 吴越:《〈搜索〉小说遇冷 影视改编后网络小说还出书吗》,中国作家网,http://www.chinawriter.com.cn/news/2012/2012-11-30/147904.html,2012年11月30日。
④ 吴越:《〈搜索〉小说遇冷 影视改编后网络小说还出书吗》,中国作家网,http://www.chinawriter.com.cn/news/2012/2012-11-30/147904.html,2012年11月30日。

这种以市场逻辑为导向的生产机制，使网络文学的类型化营销趋势不断强化。如《金枝欲孽》之后，《甄嬛传》令"宫斗"题材风生水起，《美人心计》的成功更是将"宫斗"题材发展成了一个系列；因《鬼吹灯》的横空出世，"盗墓"题材亦成为网络文学热点等。正如盛大文学的当家人侯小强总结的，"通俗来讲，男盗墓女后宫。男性更喜欢幻想类题材，女性更喜欢都市、言情题材"①。以读者市场为中心的导向，使文学网站和出版商为了资本投放的稳定性获利，纷纷选择那些在市场中拥有广泛读者群的文学作品类型，从而进一步规约了网络文学的文本类型。如在起点中文网"文学大展"专题页面上，征集的小说包括"玄幻奇幻、武侠仙侠、官场职场、都市言情、历史纪实、游戏科幻、悬疑灵异和其他"等，这些类别都是近年来较为畅销的文本类型。起点中文网对这些固有类型的定制式需求，必然会催生更多的网络写手投入这些类型化小说的写作。在国内网络文学市场，类型化的文学作品往往是有着巨大的挖掘潜能及雄厚的受众群体。这些类别都是已有成功的范例，资本的投资不至于出现投资某一新兴样式可能会导致的血本无归。所以，类型化的生产是网络文学作品盈利的重要保证。

概念性营销是文学出版营销使用得最为普遍的手段。概念是定位图书差异性的区隔符码，是吸引读者从纷繁的图书世界注意特定目标的方式。概念性营销主要通过产品内容特征的概括、产品形式的创造、外来概念的引进、作者的包装等方式凸显文学作品的特征，它已经成为制造流行和畅销的基本范式。如"青春文学""穿越小说""盗墓小说"等便是对作品内容特征的概念化。作家出版社在2005年与贝塔斯曼亚洲出版公司和天行文联袂推出的"奇幻四公子"系列小说是对作者所进行的概念化。此外，《诛仙》被冠以"奇幻武侠"，《明朝那些事儿》被冠以"迄今为止唯一全本白话正说明朝大历史"，其作者也被冠以"草根写史第一人""通俗写史第一人"和"心灵历史开创者"称号。

---

① 陈菁霞：《盛大文学产业链》，《中华读书报》2009年11月4日第6版。

通过这些概念的包装，读者很快就能穿过汗牛充栋纷繁复杂的网络文学作品，形成一种标签式的阅读指向。概念性营销其本质是消费社会符号的意识形态消费。贺桂梅认为，任何成功的商业营销都必须以一定的意识形态作为背后的支撑，以获取"统识"效应。① 正如斯道雷所说："像任何一种意识形态话语一样，大众文化的意识形态是通过对个人特定的主体位置进行质询来发挥作用的。"②

整合营销传播是网络文学营销的重要策略。整合营销传播一方面把广告、促销、公关、直销、包装、新闻媒体等一切传播活动都涵盖于营销活动的范围之内，另一方面则使企业能够将统一的传播资讯传达给顾客。传统文学生产的营销传播策略大多是通过书评、出版消息、报刊连载、作者访谈、座谈会、签名售书、研讨会、展销会、实物推广、改编影视等途径进行。网络文学的营销则突破了较为单一和平面化的传播渠道，实现立体化传播。出版人符马活曾这样总结《明朝那些事儿》的经验："第一，当机立断签下作者，不惜一切代价；第二，借网络炒作，死磕每个炒作点；第三，抓紧时间成立'明矾'粉丝团，以加固根基；第四，出版前写好几千篇评论性文章，每一篇都要落实见报；第五，写好包装设计文案，反复修改，达到最佳；第六，发行铺货到位，每个书店最好的位置排放图书'码堆'；第七，全力以赴印刷后备工作，以防断货；第八，后期的宣传活动要不定期举行，以保持影响力和热度；第九，同时确保该图书的外围产品的开发工作。"从中可以看出，出版商对一部网络作品所进行的营销工作的周密性和系统性，出版商在各个环节上都进行了非常细致的考量。北京读客图书有限公司在策划《藏地密码》的营销时就与门户网站进行了充分的合作。在具体的实施方面，以新浪原创强推为主，同时在腾讯、搜狐、天涯连载"西

---

① 参见贺桂梅《1990年代的"女性文学"与女作家出版物》，《现代中国》2003年第3辑。
② ［英］约翰·斯道雷：《文化理论与通俗文化导论》，杨竹山等译，南京大学出版社2001年版，第218页。

藏向我们隐瞒了什么：《藏地密码》"，策划方还联合新浪网在新浪读书频道隆重推出专题"一起追寻西藏千年历史"，刻意将《藏地密码》与《藏獒》《尘埃落定》两本畅销书相提并论，制造话题。借势这两本品质佳、口碑好、销量高的图书在读者心里为《藏地密码》贴上畅销书的标签，营造出《藏地密码》的阅读热潮。待到第二个阶段，北京读客在新浪、搜狐、腾讯三大门户网站的读书频道首页醒目位置放置图书封面，吸引读者眼球，提高点击量；同时配合书讯、书评在某一时间段集中轰炸，每个网站页面至少保证有 3—5 个《藏地密码》相关链接。出版方还在上百个网络论坛上发表隐性广告，带动舆论针对图书内容进行讨论。[①]

[①] 参见崔德明《浅谈图书营销与电子商务的融合与发展》，《编辑之友》2010 年第 3 期。

第五章　出版机制转型与读者场域重建

在出版机制转型的过程中，一个无法回避和忽略的群体是读者。在市场消费话语逐步深入的过程中，读者的阅读趣味究竟发生了哪些变化、呈现出哪些新特点、读者的身份与传统读者有了哪些差异？新时期以来，随着大众文化消费意识的高涨，读者对于文学图书的阅读无疑也受到了市场因素的影响，如阅读的功利化、传媒化等。同时，新时期以来的另一个重要文化现象是影视文化的流行，甚至占据主导地位。影视文化对文学出版和读者阅读产生的影响，导致了读者阅读趣味的分化。21世纪以来，随着网络的发展和数字媒介形式的丰富，数字化阅读已经成为当前社会阅读的主要方式。数字阅读的流行，不仅丰富了读者的阅读内容，也催生了整个数字阅读产业的繁荣，确立了以读者为中心的数字阅读的主导地位。

第一节　社会文化变迁与21世纪文学的畅销阅读

有研究者认为，21世纪以来的阅读从20世纪八九十年代的深阅读转向了浅阅读。虽然这一概括有其片面性，但却也较好地总结了21世纪阅读趣味的变迁。另外，21世纪的阅读也逐渐走向理性和成熟。青春文学阅读从功利性的消费躁动走向理性消费；畅销书机制虽然主导着出版市场，并且与大众传媒趋于融合，但是单纯宣传炒作对阅读或图书市场的影响回归理性。最有意思的是 21 世纪出现的两种截然不同的阅读取向：一方面，读者从理想回到现实，阅读的内容大多局限于职场、婚姻和家庭；另一方面，玄幻、穿越类作品成为畅销书的宠儿，文学阅读进入了一个幻想时代。

一 青春文学：从青春消费到类型生成

1996 年，校园作家郁秀的《花季·雨季》由海天出版社出版并广受读者欢迎，这可以说是青春文学发展过程中一部具有重要意义的作品。该作品的出版标志着一场以青少年（主要是校园群体）为对象的类型文学开始兴起。根据开卷图书公司发布的畅销书排行榜显示，1998 年和 1999 年的畅销书排行榜上，《花季·雨季》都高居榜首。此外，当时进入畅销书排行榜的青春校园文学作品还有许旭文的《正是高三时》（花城出版社，1994）、李芳芳的《十七岁不哭》（知识出版社，1998）、黄建潮的《十八岁宣言》（花城出版社，1998）。90 年代末到 21 世纪以来，各地出版社对当时以校园文学为表征的青春文学投入了极大的热情，不少文艺出版社和少儿出版社参与了这轮校园文学热。然而，真正使校园文学向青春文学转型的是韩寒和郭敬明。2000 年，以新概念作文大赛获奖者身份成名的韩寒，先后出版了《三重门》和《零下一度》等作品，高中成绩并不理想、最终放弃高考的韩寒，成了当时"叛逆青春"的典型代表；此后，韩寒又推出了《像少年啦飞驰》《毒》《通稿 2003》等作品，进一步巩固了韩寒的青春文学偶像作家地位，扩大了自身的影响力。同样以新概念作文大赛出道的郭敬明，在 2003 年出版了三部作品：《幻城》（春风文艺出版社）、《左手倒影右手年华》（上海译文出版社）、《梦里花落知多少》（春风文艺出版社）。2003 年，郭敬明的《幻城》登上年度文学榜榜首，2003 年 11 月出版的《梦里花落知多少》迅速登上 11 月畅销书榜单的榜首。与韩寒的叛逆青年形象不同，郭敬明作品的流行得益于他的作品敏锐把握了青年一代弥漫着的青春感伤审美趣味和情感困惑。这也是郭敬明超越韩寒成为青春文学领军人物的重要原因。

21世纪初年青春文学的流行，与当时的新概念作文大赛有着重要的关系。新概念作文是催生青春文学的重要动力机制。当时流行的孙睿、陈佳勇、宋静茹、张懿璇、许人杰、周嘉宁、孙佳妮、王皓舒、张思静、钱好、张馨月、胡坚等，大多是新概念作文大赛一等奖的获奖者。新概念作文大赛是《萌芽》杂志在1998年联合北京大学、复旦大学、南京大学等七所重点大学举办的全国作文竞赛活动。随着新概念作文大赛的影响力不断增加，合作高校也进一步扩充为13所。由于该大赛的影响力和权威性，大赛的获奖者陆续被各大高校破格录取或通过自主招生录取，或获得高考加分，而大赛一等奖的获奖者基本都被各合作高校录取。这一时期也不断有新闻报道青年作家获得了大学的免试录取通知或加分，如蒋方舟被清华大学降60分录取等。因此，21世纪初年青春文学的流行，本质上是新概念作文的流行，是一种功利化的阅读。读者对这些青春文学作品的阅读，并非纯粹的文学阅读，而是试图通过新概念作文大赛的形式得到社会的关注，更重要的是能被知名高校录取。正因如此，各届"新概念作文大赛获奖作品选"之类的图书畅销校园。

2004年后，青春文学的阅读和发展相对来说进入了一个较为成熟的阶段。一方面，校园读者对于依靠文学才能被高校录取的功利化心态逐渐平淡；另一方面，青春文学逐渐走向了类型化。青春文学的类型化首先与郭敬明有关。郭敬明在青春文学领域重要的市场地位和其作品所表征的青春元素，是青春文学成为类型文学的重要基础。而2004年前后的哈韩风、亿元女生郭妮的横空出世成为青春文学类型化的又一推动力。这一时期，各出版社不仅关注新概念作文大赛及其所延伸出的"高考作文"倾向，而且还将目光瞄准国外的同类写作，引进了韩国青春文学作家可爱淘的《那小子真帅》《那小子真帅2》《狼的诱惑》《狼的诱惑（终结版）》，进一步扩大了青春文学图书的出版视野，为读者带来了不一样的阅读体验，掀起了一股"哈韩风"。同时，各出版社也纷纷推出了以张悦然、饶雪漫、小妮子、明晓溪等为代表的一批本土作者，从而奠定了青春文学的本土类型。

如今，青春文学成为文学畅销书的主要品种，它们主导着当下读者的阅读趣味和图书市场。其中最具有影响的仍然是郭敬明和韩寒。在开卷畅销书排行榜上，郭敬明的作品上榜数量依然高居榜首，并且十余年（2003—2014）来长盛不衰。韩寒的《一座城池》、《光荣日（第一季）》、《独唱团（第1辑）》（主编）、《1988：我想和这个世界谈谈》、《光明与磊落》等也都曾进入开卷畅销书排行榜。此外，笛安、七堇年、饶雪漫、明晓溪、蔡骏等也连续多年榜上有名。

二 阅读的传媒趣味与影响限度

21世纪以来，畅销书机制成为各大出版社的普遍运作规则。与此前畅销书运作的平面化、单一化相比，21世纪以来更加注重畅销书多平台立体化运作，其中最为重要的操作手段就是运用大众传媒进行宣传。余秋雨的《霜冷长河》《千年一叹》《山居笔记》《行者无疆》等不仅借助传统的图书营销手段和平面媒体的宣传，甚至还通过凤凰卫视制作了余秋雨巡游世界文化遗产的《千禧之旅》节目进行宣传；王朔的《看上去很美》《美人赠我蒙汗药》《无知者无畏》等发行过程中也不断通过大众传媒炒作其"心理疾病""吸毒""嫖娼"等新闻。且不说20世纪90年代余秋雨和王朔的成名本身就是通过大众传媒包装的结果，21世纪以来无论是传统实力作家还是新人作家，无一例外需要借势大众传媒的立体宣传。大众传媒对文学作品宣传的重要策略就是突出作品中的某一种元素。皮皮的《比如女人》、贾平凹的《怀念狼》、池莉的《怀念声名狼藉的日子》和《有了快感你就喊》、张抗抗的《作女》、刘震云的《一腔废话》和《手机》等都来自90年代著名的畅销书品牌"布老虎"的运作。铁凝的《大浴女》、九丹的《乌鸦》、皮皮的《比如女人》、张抗抗的《作女》、池莉的《有了快感你就喊》等通过大众传媒突出作品中的"性"元素。《沙床》的作者葛红兵被包装为"美男作家"。姜戎的《狼图腾》、杨志军的《藏獒》从2004年以来一直是畅销书排行榜的常客，引发了持久的关于"狼性"的争论。2000年前后，随着网络文学《第一次的亲密接触》的流行，网络文学之风越刮越猛，形成了一股解构经典和传统之风，出现了一批网络文学畅销书，如今何在的《悟空传》（光明日报出版社，2001）、成君忆的《水煮三国》（中信出版社，2003）、林长治的《沙僧日记》（湖南文艺出版社，2003）、老何的《麻辣水浒》（当代中国出版社，2004）等。这些文学图书以一种调侃、叛逆、幽默和另类的故事讲述方式，对经典作品和传统人物形象进行了解构与颠覆。

同时，我们应该注意到，影视对文学的反哺应该是21世纪以来畅销书机制中最重要的现象。一些文学图书通过影视改编的形式实现了畅销，如王海鸰的《牵手》、池莉的《来来往往》《小姐，你早》《口红》、刘恒的《贫嘴张大民的幸福生活》、海岩的《永不瞑目》《玉观音》《血玲珑》《拿什么拯救你，我的爱人》《深牢大狱》、张平的《抉择》、张成功的《黑冰》、柳建伟的《突出重围》、陆天明的《大雪无痕》、刘震云的《手机》等。还有一些上榜的畅销书是因为电视剧的流行而改编为小说的，并带动了图书的销售，如郑重和王要的《大明宫词》、郭宝昌的《大宅门》、张宏森的《大法官》、金浩植的《我的野蛮女友》、斯蒂芬·E. 安布罗斯的《兄弟连》等。还有一种情况就是，虽然该作品没有被改编为影视剧，也不是基于影视剧的流行而改编为小说，但是却与影视有着某种联系，如莫言的《红树林》是为张艺谋写的剧本，不过最终没有投拍，刘震云的《一腔废话》被认为是《手机》的创作基础等，因此，这些小说也进入了畅销书排行榜，成为读者阅读的重要作品。因此，可以看出，传媒趣味是21世纪以来畅销书运作的鲜明特征，也是影响读者阅读的重要因素。

然而，经过十余年的发展，大众传媒的影响让身经百战的读者有了自然的保护性。与21世纪初年一经媒体大肆宣传，读者就纷纷买单的情况相比,21世纪晚近时期,读者表现得更加理性和审慎。如2005年余华的《兄弟》(上)出版后,经过媒体的宣传,首印的20万册一售而空。但是,当读者读到这部作品时,却表达出了很多的批评和质疑。此书收到了读者以及文学评论家的颇多微词,《兄弟》(上)赢得市场却失去口碑。读者已经不再仅仅注重传媒的宣传炒作,而是更加注重作品的质量。拿茅盾文学奖对文学作品的拉动效应来说,1994年的获奖作品《白鹿原》成为常销图书,2000年的获奖作品《尘埃落定》累计销售也近百万册。不过,近年来,茅盾文学奖对获奖作品销量的影响大不如前。2011年,刘震云的《一句顶一万句》、毕飞宇的《推拿》、莫言的《蛙》等获茅盾文学奖后,人民文学出版社社长潘凯雄说:"读者或许对《推拿》有新的需求,如果确实是这样,我们会根据市场情况再版。"而上海文艺出版社总编辑郏宗培的态度是:"茅奖是文学圈内评奖,还不是大众评奖,《蛙》获奖也许会吸引部分文学爱好者关注,但我们肯定不会盲目再版。"① 在这些获奖作品中,《一句顶一万句》总销量达37万册左右,成为销量最高的获奖作品;《蛙》有12万册销量;其他获奖作品的销量并不乐观。刘震云的《一句顶一万句》之所以销量远超其他获奖作品,主要是因为根据该小说改编的电影上映所带动的市场效应。

虽然影视的作用仍很明显,但是,曾经影视主导的读者阅读趣味也悄然发生着变化。根据开卷畅销书排行榜统计结果的分析,2004年以后,读者对于影视同期书的阅读似乎并不过热,或者是变得理性,或者是变得懒惰。与90年代末期看到一个作家的小说改编为影视剧,就试图将该作家的其他作品一网打尽不同,根据2004年畅销书排行榜显示的数据,读者的阅读具有了更大的选择性,每年播出或改编的影视作品层出不穷,然而真正能够让读者阅读的其实并不多。如2003年刘震云的《手机》,2005年丹·布朗的《达·芬奇密码》,2006年都梁的《亮

---

① 周南焱、陈涛:《茅盾文学奖结果引巨大争议 向文学? 向商业?》,http://roll.sohu.com/20110822/n317038892.shtml,2011年8月22日。

剑》，2008年刘震云的《我叫刘跃进》，2009年六六的《蜗居》，2010年艾米的《山楂树之恋》，2011年和2012年居然没有影视同期书进入畅销书排行榜前30名，这是让人感到非常奇怪的。其实，这些年，影视作品并非不多，如2011年的《金陵十三钗》《集结号》《唐山大地震》等，然而，读者似乎并不买账。一些非常优秀的作家都没有上榜，即便像2011年茅盾文学奖前后，获奖作者张炜、莫言、刘醒龙、毕飞宇等作家的作品，也未能进入榜单，不过有资料显示毕飞宇的《推拿》销量不错。但是，总体来说，传统作家逐渐式微。而几乎每年都上榜的刘震云，与影视有着较大的关系。

三 现实指向与阅读转型

21世纪以来，随着经济的发展，纯文学式微，读者的阅读变得更加功利化。他们试图把文学图书当成排解生活难题的指导书，职场的成功指南，家庭婚姻的导师。文学出版也在"市场第一"的指挥棒下，积极迎合社会阅读需求，越来越走向世俗化。一时间，婚恋情感、官场、职场等文学图书充斥着图书市场。文学出版和读者阅读取向实现了统一，并进一步强化了读者阅读的世俗化和功利化倾向。文学图书的读者阅读从理想的彼岸回到了现实的此岸。因此，21世纪以来，文学畅销书阅读呈现出一种现实主义精神指向，这一指向反映在文学出版方面就是一些"反腐小说""官场小说""职场小说""婚恋小说"等成为文学出版的热点。

21世纪以来最先流行的是"官场小说"。"官场小说"作为一个概念被正式提出，是1998年王跃文的小说《国画》的出版。"官场小说"脱胎于"反腐小说"，二者都以"官场"为主要表现空间，以"官员"为主要表现对象，以"反腐败"为主要表现内容。因此，文学图书销售过程中，将二者统称为"官场小说"。说到底，"官场小说"只是图书市场的一种销售策略。1998年，《国画》出版后，两个月内重印了五次；1999年，王跃文的《梅次故事》也高居畅销书排行榜榜首；2000

年，张平的《十面埋伏》首印20万册销售一空；2000年，李佩甫的《羊的门》也登上畅销书排行榜前30名；2001年，尤凤伟的《中国一九五七》首印1万册在一个月内售完；王晓方的《驻京办主任》系列一直盘踞2007年和2008年的畅销书排行榜前30名。这足以说明21世纪初读者对"官场小说"的追捧。2008年以后，"官场小说"在畅销书排行榜上逐渐降温。除2008年王晓方的《市长秘书》和2011年黄晓阳的《阳谋高手》外，畅销书排行榜未见其他"官场小说"。这也许在某种程度上表明官场文学阅读的危机和官场文学创作的危机。毕竟官场文学的流行已经有十余年，官场文学仍未有太多的突破，很多作品大同小异，影响了读者的阅读兴趣。也许是这些作品离当下读者的现实生活相对较远，所以近年来的官场文学阅读有了很大的衰落和转型。

读者的文学阅读更加关注与自身生活密切相关的图书，阅读取向进一步强化了现实性和功能性。因此，反映恋爱婚姻、职场、社会现实等题材的文学图书受到读者的追捧。从十年（2006—2016）来畅销书排行榜来看，王海鸰的《中国式离婚》《新结婚时代》成为畅销书排行榜上家庭婚姻生活类小说的典型代表，或许是因为这些文学作品深刻地反映了当前社会变革过程中家庭婚姻和青年生存中遇到的各种困境和矛盾；以王强的《圈子圈套》（2005）、付遥的《输赢》（2006）、李可的《杜拉拉升职记》（2007）、崔曼莉的《浮沉》（2008）等为代表的职场小说也久居畅销书排行榜。这些职场小说反映了职场生存的艰难困境和应对措施，能够为读者提供一些感性的借鉴。其中李可的《杜拉拉升职记》成为21世纪以来职场小说的大赢家，其后，李可的《杜拉拉2华年似水》《杜拉拉3我在这战斗的一年里》也都占据着畅销书排行榜的重要位置；反映社会现实问题的小说，如石康的《奋斗》、六六的《蜗居》和《心术》等，有力地贴近了读者的现实生活。贴近现实生活正是这些畅销书取得成功的重要保证。从另一个角度来说，读者对这些图书的追捧，也反映出读者生活的焦虑、职场的艰辛和内心的迷茫。它们在为读者提供功利化消费的同时，实际上也缓解了读者的内心压力。

与文学阅读的现实性关怀相对，21世纪文学阅读的另一个有趣的现象是其悬疑/玄幻化引发了近年悬疑/玄幻小说的无限风光。2001年以来，《哈利·波特》系列和《魔戒》系列电影风靡全球。这些电影和其被改编的小说，可以说掀起了一股欧美玄幻风，这在很大程度上也刺激了国内作家对此类题材的创作激情。21世纪以来，国内悬疑/玄幻文学创作取得了长足的发展，如蔡骏的《天机》、萧鼎的《诛仙》、南派三叔的《盗墓笔记》、天下霸唱的《鬼吹灯》等。这些悬疑/玄幻类小说，虽然与现实主义小说并不相同，侧重的是想象空间的营造和情节的虚拟感，但是仍然受到读者的喜爱。悬疑/玄幻文学包含着多种类型文学因素，综合了侦探推理、武侠、奇幻、动漫、神话等元素，形成了神秘特性的推理、修真、至怪、仙侠、异界等创作模式。国内悬疑/玄幻文学往往嫁接着中国的传说和传统观念，如易经八卦、龙争虎斗、生死轮回、英雄传奇、江山美人、怪力乱神等。这类图书为读者提供了一种另类的幻想空间，满足了读者追求刺激的探险意识。这些图书中出现的"风水""盗墓""神秘空间""暗物质"等，都能激起读者强烈的阅读兴趣。这也从另一个角度反映了当下文学创作、传统文化和文化娱乐化在大众文化工业中的合谋所形成的一种新的消费模式。近年来，网络悬疑/玄幻小说已经成为读者阅读的主要文学作品。如天下霸唱的《鬼吹灯》系列、南派三叔的《盗墓笔记》、无罪的《仙魔变》、猫腻的《将夜》、唐家三少的《绝世唐门》、天蚕土豆的《斗破苍穹》等。这些小说"基本上是被抽空的，文本专注于对魔法、异能、魔力、宝物、怪异事物、神秘气氛的渲染，在奇思异想、玄思妙想、胡思乱想的纵情驰骋，放逐了对现实社会的指向和内在的生活逻辑根据"[1]。悬疑/玄幻文学和盗墓文学的流行，反映了当下青年成长的社会文化语境的某种症状。首先，社会文化转型对青年的影响，90年代以来的商业化导致青年对物质生活的追求形成了物质主义，社会文化所形成的电子游戏化生

---

[1] 武善增：《"人"在幻象与魅影构建的废墟中失踪——浅析网络玄幻文学的审美困境及其表征的文化症候》，《扬子江评论》2008年第3期。

活成为他们的精神立场；其次，西方的后现代思潮进一步冲击了当下青年人的生活，形成了一种青年亚文化。

第二节 读者的瓦解与建构：影视时代的阅读症候

20世纪90年代以来，我国社会进入了全面转型的时代，商业意识不断增强，大众传媒的市场化也日益彰显。当商业和传媒形成联姻后，大众传媒对受众产生了巨大的影响，尤其是电视这一媒介，以其特有的优势和特点深入我们每一个家庭的生活中。大众传媒和商业意识的崛起，一定程度上瓦解了20世纪90年代以前的传统读者群，阅读这一社会现象迅速从神圣的精神高度跌落，成为一个分化的小部落行为，阅读趣味也发生了巨大的分裂，多元化的阅读需求使传统的"心灵阅读"转为"文化消费"和"娱乐"，文学性阅读受影视的冲击较大。

一 读者瓦解与阅读分化

20世纪90年代以前，文学代表着一种精神高度，它以精神教父的形式出现于读者的阅读视野之中。阅读可以说是一种身份的象征，一种想象性的资源，阅读作为一个阶层的标志区隔着其他的普通大众。正是这样，20世纪90年代前的阅读充满着仪式感，谁也无法抹杀《平凡的世界》《钢铁是怎样炼成的》《简·爱》等文学名著对人们心灵产生的影响。正如英国人类学家菲奥纳·鲍伊指出的，"仪式有许多功能，无论是个人层面，还是在群体或社会层面上，它们可以成为情感的渠道并表达情感，引导和强化行为模式，支持或推翻现状，导致变化，或恢复和谐与平衡"[1]。可以说，那个时代的阅读和文学，深刻地承担着改造人类灵魂和彰显社会责任的功能。

---

[1] [英]菲奥纳·鲍伊：《宗教人类学导论》，金泽、何其敏译，中国人民大学出版社2004年版，第173页。

然而，当我们进入 21 世纪以后，社会发生了急剧的转型，我们完全进入一个市场化的商业社会。在这个社会中，消费文化成为深入我们生活的主要文化面貌。同时，大众传媒扮演了一个重要的文本策略，它构成了我们今天这个社会文化的制造者和引领者。一定程度上说，我们就生活在大众传媒所包围的意义形态网络之中，形成了一个娱乐消费的媒介社会。强大的大众传媒力量构建了一个权力的话语体系，读者的阅读行为也被纳入这一强大的媒介话语的生产结构之中。在这个权力体系中，读者的身份演变成媒体的受众，成为大众传媒的接受者。如果说报纸和期刊对受众的影响和干预还是一种隐性的可以选择的力量，那么电视却是一个人人都无法逃避的话语空间。因此，以影视为主体的媒介文化，使作为意义生产的读者走向失语和消亡的过程。从罗兰·巴特所说的"作者之死"，到今天我们说到的"读者之死"，暗藏的危机是读者话语权的消解以及传统读者群的瓦解。多年来我国国民的读书率持续走低，生活节奏的加快和媒体多元化的发展成为我国国民阅读率总体呈下降趋势的重要原因。

在我们的阅读不断被消费文化和媒介文化所颠覆，以电视传媒为代表的大众文化日益渗透的影响下，受众的阅读心理呈现出一种娱乐化的特征。读者的阅读变成了娱乐和休闲，过去那种仪式感的阅读形式彻底被影像瓦解。我们这个时代的阅读已经从文学阅读转移为文化阅读和文学消费，阅读呈现出强烈的时尚性、实用性的特点。如 2004 年广为流行的成君忆的《孙悟空是个好员工》，郭敬明的《幻城》《梦里花落知多少》《左手倒影右手年华》，杨绛的《我们仨》，章诒和的《往事并不如烟》，陈桂棣、春桃的《中国农民调查》，姜戎的《狼图腾》，丹·布朗的《达·芬奇密码》；2005 年阿来的《空山》、贾平凹的《秦腔》、余华的《兄弟》、毕飞宇的《平原》、阎崇年的《正说清朝十二帝》、萧鼎的《诛仙》；2006 年易中天的《品三国》、韩寒的《一座城池》、饶雪漫的《左耳》、明晓溪的《会有天使替我爱你》；2007 年当年明月的

《明朝那些事儿》、南派三叔的《盗墓笔记》；等等。① 这些图书销售排行榜上榜图书的流行，表明当前我们的阅读正在急剧分化。

此外，由于社会经济的发展、新兴阶层的崛起、中产阶级的形成、大众的成功梦想等因素的影响，21世纪以来，读者的阶层呈现全面的分化。如《做人不要太老实》《世界是平的》《孙悟空是个好员工》《快速晋升的83个忠告》《你也可以成为亿万富翁》等图书广为流行，这多少反映出了经济转型时期，青年急于求成的功利性心态。《美肌革命》《揭发女明星》《中国式美女》都成为架上的抢手货标志着女性读者群体趣味的变迁。旅游类图书出版也水涨船高，图书选题更有指向性，角度更新颖，读者群也更趋细分，如《中国家庭自助游》《中国家庭自驾游》《放浪阳朔》《轻狂而已——海南岛时光录》等。不可忽视的是，21世纪以来，以青年为代表的一批新兴群体成为稳定的消费群体，郭敬明的《幻城》《梦里花落知多少》《悲伤逆流成河》，韩寒的《光荣日》，蔡骏的《天机》，韩国少女可爱淘的《那小子真帅》以及饶雪漫的《左耳》等作品，标志着青春文学的全面鼎盛。此外，玄幻小说、盗墓小说、轻松历史读物和穿越小说交相辉映，如《诛仙》《魔戒》《哈利·波特》《鬼吹灯》《盗墓笔记》《明朝那些事儿》等。在这个新兴阶层群体中，青少年读者无疑成为文学/文化消费的主力。2008年度中国作家富豪榜前10位没有一位是传统文学作家，除了马未都、于丹，上榜作家的作品读者群都是青少年。②

文学作品的存在和意义在于读者的阅读。通过阅读这一行为，作品的意义才能得以呈现，读者的身份也才能得到事实性的符号表现。作品的意义正是通过大量的读者阅读积累和批评的结果。然而，当我们进入传媒时代，电视对我们日常生活的冲击，大众传媒的包围，使我们今天的阅读逐渐丧失了蕴藏的文学特质，而成为一些阶层和群体的象征，成

---

① 该资料来源详见张柠主编《文化中国》（2004年卷、2005年卷、2006年卷、2007年卷），花城出版社2005年版、2006年版、2007年版、2008年版。

② 参见郑钰《2008年出版业大事记》，《中国新闻出版报》2008年12月30日第6版。

为一种大众化的娱乐享受，成为消费主义潮流下的一种时尚消费。

二 影视文化与读者建构

英国学者罗杰·西尔弗斯通在《电视与日常生活》中认为，电视是家用媒介。电视作为电子设施往往以家具的身份成为家庭装置的一部分，这是其他任何媒介都难以获取的一种机缘。电视收视的主要场所是家庭，电视服务的对象也主要是家庭，"电视是家庭文化中的一部分，这体现在正在上演的节目、节目单以及家庭生活的——或者至少是某类家庭生活的——结构上"[1]。受众对电视的观赏很大一部分时间是在家庭生活空间里完成的。电视正是凭借自身的"家用媒介"属性建构了我们的阅读场域。影视对家庭和大众的日常生活渗透非常明显，受众在影视所表达的意义范式的渗透，他们在影视所建构的这个意义范式里分享和共享共同的阶级情境体验。正是在这个影视建构起来的社群中，我们在阅读中产生了青年亚文化群体、中产阶级趣味以及知识分子情怀。他们无疑是由传媒所逐渐建构起来的。2002年《哈利·波特与魔法石》的热映，迅速引发了一场哈利·波特阅读热；2005年一部韩国电视剧《大长今》的流行，引发了读者对大长今的多方关注，涉及大长今的饮食、养生、美容护肤等的消费，如《大长今养生御膳》《大长今食疗宝典》等。影视文化重新塑造了读者的形象，建构了一个读者的阅读场。在电视的强大影响下，阅读开始以家庭或小群体为单位，随着电视的指针而选择同一种类型。

毕竟，"电视是表演的传媒。在某种意义上，电视更接近你我之间面对面交流的关系，而不是文学语境中作家与读者那种疏远和隔膜的关系"[2]。因此，电视的受众并不是单一的受众，而是追求一种新的互动。

---

[1] ［英］罗杰·西尔弗斯通：《电视与日常生活》，陶庆梅译，江苏人民出版社2004年版，第34页。

[2] ［美］罗伯特·艾伦：《重组话语频道：电视与当代批评理论》（第2版），牟岭译，北京大学出版社2008年版，第91页。

这种互动的重要表现便是建立与影视相关的互文性阅读。德赛都在对大众文化的粉丝群体的研究中说，读者不单单是盗猎者，还是"游牧民"，他们总是在移动，不断向其他文本推进。"如大众艺术的其他消费者一样，粉丝的阅读既是文本性的，也是互文性的，他们的愉悦来自将特定节目内容和其他文化材料进行特定的并置。"① 比如曾热销一时的影视同期书《中国式离婚》《血色浪漫》《历史的天空》《亮剑》等。21世纪以来由电视塑造的一个重要的阅读现象就是"百家讲坛现象"，如《正说清朝十二帝》《品三国》《论语心得》等。这一现象使得百家讲坛一下子成为全国影响最大的节目，也形成了全国读者读三国、读论语的现象。詹金斯把这种媒介粉丝"当作一个集合了各种文本和文类兴趣的话语逻辑。虽然一部分粉丝只忠实于单一的节目或明星，但更多的粉丝将单部影剧系列作为进入一个更广阔的粉丝社群的起点，并把各种节目、电影、书籍、漫画和其他通俗材料连成了一个互文性的网络"②。正是这样，影视成为21世纪以来影响读者阅读行为的一支重要力量，它甚至塑造着一个新的读者群现象：影视读者。这些读者通过电视或电影的影响，进行互文性阅读。

　　商业和传媒对大众的整体性瓦解，使今天我们的选择看起来是自主的，其实我们的每次选择都不是我们自己的，而是被符号驱使、诱惑和传播、建构的。譬如我们上网、泡吧、旅游等，我们会发现其实这些都是商业符号系统和传媒意义生产所建构起来的，我们不过是这种商业和资本生产和运作的一个环节。正如我们今天的读者和阅读，尤其是年青一代，他们接受信息的主要渠道就是大众传媒，特别是网络和电视，他们通过大众传媒所建构起来的文化规则进行消费，并对自己的世界进行意义建构。他们通过传媒所建构的符号来认识世界和区分世界，他们通

---

　　① ［美］亨利·詹金斯：《大众文化：粉丝、盗猎者、游牧民——德赛都的大众文化审美》，杨玲译，《湖北大学学报》（哲学社会科学版）2008年第4期。
　　② ［美］亨利·詹金斯：《大众文化：粉丝、盗猎者、游牧民——德赛都的大众文化审美》，杨玲译，《湖北大学学报》（哲学社会科学版）2008年第4期。

过对符号的把握来显示其世界的独特性。于是，以电视和网络为代表的传媒便不断通过各种手段调动受众的欲望，展示价值和符号价值。广播电视"一直是销售学的天才……它集中并加强了19世纪的报纸承担的广告和销售功能，它加速了将时间重新定义为金钱单位的进程。广播和电视对每一个家庭的渗透是空前的，现代传播由此为历史上最大的生产力（工业）提供了出路，为最大的销售机器（商业）奠定了基础"①。对于阅读来说，以电视为代表的传媒通过图书排行榜、畅销书排行榜等排行榜的运作模式，建构着我们对图书的选择。开卷畅销排行榜、中国城市图书销售排行榜、新京报图书排行榜、全国畅销书排行榜、全国图书销售排行榜，这些排行榜通过平面媒体和电视媒体的推介，迅速成为全国读者阅读和购买的标准，读者成为不断被媒介尤其是电视所建构起来的群体，读者的阅读也表现出强烈的无意识与从众心理。影视本身所具有的这种强大的影响力，使得当前我们的阅读随着影视而不断变化。随着影视的深入，这种阅读趣味还将继续深入和扩展，有些就成为一种普遍的阅读现象。

三　阅读的意识形态

电视是我们这个时代共同的声音。"电视已经赢得了'元媒介'的地位——一种不仅决定我们对世界的认识，而且决定我们会怎样认识世界的工具。"② 电视媒介通过自身的话语体系或者符号环境反映着我们的生活，同时更影响着我们的生活，它通过符号和影像最广泛地为我们提供生活的摹本，以一种娱乐的方式渗透进我们的日常生活，从而完成了一次意识形态的渗透。这种新型的意识形态分散在无数的形象、文字、图片当中，充斥着今天我们生活的每一个空间，逐渐成为我们社会的一套基本的观念，从整体上理解社会，并为多数人所接受。

---

① ［美］丹尼尔·切特罗姆：《传播媒介和美国人的思想——从莫尔斯到麦克卢汉》，曹静生、黄艾禾译，中国广播电视出版社1991年版，第176页。

② ［美］尼尔·波兹曼：《娱乐至死》，章艳译，广西师范大学出版社2004年版，第104页。

由于影视充当了今天我们这个时代的文化领导者，影响着我们今天的生活标准和阅读趣味，在使这种趣味和标准合法化、流行化、时尚化之后，影视凭借其传播速度快、渗透力强和覆盖面广的优势，通过自身的图像影响我们的生活方式、情感方式、思维方式和消费方式。无论是小说改编成影视，还是跟风推出影视图书，目的都是占有市场，影视与图书的互动显然是大势所趋，图书与影像的同步推进成为当下最流行的操作模式。于是，在我们今天的阅读领域出现了一种前所未有的"共读现象"，即小说和影视同步阅读和观看。说到底，影视文化是一种较强势的商业文化，它通过不断制造的影像联系着市场和受众，使消费主义意识形态不断高扬。由此，电视文化不仅仅是一种审美的存在方式，同时更大程度上是一种文化产业工序中为大众消费者制造的意识形态消费品。它的生产和操作，在很大程度上受到消费主义的操纵。从审美来说，这些影视文化的内容并不是高雅的，而是大众的，传媒在制造趣味和标准的同时，实际上也在制造一种矛盾。

当影视文化建构起的这种消费主义意识形态深刻地引导着受众的消费——购买影视图书的时候，读者就成为马尔库塞所说的"单向度的人"。他们完全被商家、市场、技术和传媒手段所操控，在他们那里，文学作品只是使用价值的商品甚至是一种符号。读者对影视图书的阅读其实并不是为了追求阅读背后的深度，而是一种"用过就扔"或"拥有"的心理满足感。在影视文化的包围之下，部分读者一定程度上被媒体操纵。媒体通过自身的话语体系不断制造出读者的阅读产品，并借助影视等传媒的力量将越来越多的人卷入其中，使他们接受一种媒体所创造出来的生活方式和价值观念，并且在这种文化符号的消费中获得新的身份认同和文化认同。观众对影视的观赏，使我们这个时代的阅读转向了无深度的消遣。许多读者对小说的熟悉，甚至仅仅限于对影视版本的观看，甚至一些评论家对纸质文本也视而不见，仅仅依赖影视的版本。因此，在这样一个阅读时代，出现了一种奇怪的现象：读者对某一文本（小说、电视剧、电影等）的态度表现出文化蔑视和赞赏并行不悖。读者往往批评某一文本的同时，又不停地希望看到更多类似的摹本。如当读者不断地批判贾平凹的小说陷入自我复制的境地时，每年仍充满期待地等待着贾平凹的新作；当读者对冯小刚、张艺谋、陈凯歌等人的电影不断批判和不满之后，却仍急切地希望成为他们新的受众。正如有人戏言的，今天的观众是"边看边骂，边骂边看，骂了还看，看了还骂"，然而，这却是今天大多数读者阅读的真实状况。

此外，影视文化所迅速建构起来的读者群，表面上体现了影视文化的大众性、平民性特征，仿佛影视所建构的阅读群体是整个社会人群。正如影视文化所建构起来的"戏说历史热""百家讲坛热""韩剧热""军事剧热""青春励志热"等，使大众一窝蜂地阅读和购买《康熙王朝》《乾隆皇帝》《品三国》《正说清朝十二帝》《大长今》《浪漫满屋》《血色浪漫》《亮剑》《奋斗》《五星饭店》等图书。影视文化通过平民化的立场、平民化的场景再现、平民化的话语方式，适应民间社会文化的需要。然而，恰恰是这种影视文化，形成了自身阅读的阶层分化。正是各种传媒尤其是影视的鼓动，"读者"不仅没有形成统一的整体，反而出现了急剧的分化；不仅没有使阅读成为普及大众的事情，反而进一步加剧了阅读的鸿沟。青年亚文化圈、都市文学场、白领阶层、中产阶层趣味等，这些不同的群体和分化的阅读，其实不是将我们带向一个平民化的阅读社会，恰恰相反，而是为我们建立了一个个可以区隔的阅读阶层。这种趣味的标准，分隔着不同的群体，于是，这个影视时代使我们阅读的大社群逐渐瓦解为各个不同类型的阅读小部落，让阅读的时代回到了大众讲述的年代。深层次地说，这实际上是影视文化为代表的大众文化对社会结构的意识形态建构。影视和其他大众传媒一起，通过不同符号所形成的符号资本形式，让一部分群体支配另一部分群体，使那些消费群体向自身群体靠拢，另外，这种文化资本区隔的阅读群体，导致了新的分化，因为凝聚在文化消费中的品位/趣味对那些生活方式、消费爱好、文化资本与生活资本各不相同的群体来说，是难以逾越的鸿沟。这些阶层区隔体现出一种新的意识形态，读者在消费主义意识形态和阶层意识形态的双重挤压下，自然不自觉地成为媒体和商业文化所操纵的单向度的人。

第三节　数字阅读模式变迁与读者主体建构

随着网络的发展和数字媒介形式的丰富，数字化阅读已经成为当前社会阅读的主要方式。2011年以来，数字阅读迅速上升，成为国民阅读的主要方式。2018年中国新闻出版研究院发布的《第十五次全国国民阅读调查报告》显示，2017年我国成年国民包括书报刊和数字出版物在内的各种媒介的综合阅读率为80.3%，较2016年的79.9%有所提升，数字化阅读方式（网络在线阅读、手机阅读、电子阅读器阅读、Pad阅读等）的接触率为73.0%，较2016年的68.2%上升了4.8个百分点。[①] 21世纪以来，数字化阅读率不断攀升，数字阅读渐成主流，不仅丰富了读者的阅读内容，也促进了整个数字阅读产业的繁荣。为满足读者的多元数字阅读需求，数字出版运营商纷纷推出形式内容多样的数字阅读产品，不断更新数字阅读模式，从而确立了以读者为中心的数字阅读的主导地位。数字阅读模式的变迁，也为出版业的转型升级提供了新的机遇，推动了传统出版业的创新。

一　数字阅读模式变迁

互联网出现以后，我们的阅读开始逐渐转向互联网，数字出版的时代业已到来。经过二十余年的发展，数字技术持续创新，各种数字出版形态纷至沓来，数字阅读产品形态更加多元，数字阅读模式不断变化。总体来说，数字出版时代的阅读大约经历了三种模式。当然，这三种模式并非完全独立或被后一种形式所取代，只是表现出不同的发展模式，现阶段也仍然处于并存的状态。

[①] 参见《第十五次全国国民阅读调查报告发布》，新浪读书，http://book.sina.com.cn/news/whxw/2018-04-18/doc-ifzihnep4386289.shtml，2018年4月18日。

一是电子出版物阅读。21世纪初年，随着互联网的兴起和普及，数字出版逐渐被学界和业界所关注。赖茂生较早论及数字出版概念;[①]周荣庭强调的是计算机存储和信息处理;[②]谢新洲认为信息通过互联网向大众传播的过程都可以叫作网络出版;[③]余敏强调了网络流通、数字内容、网上支付等要素;[④]张立突出了内容、编辑、印刷、发行、阅读等出版流程的数字化。[⑤]2005年，数字出版概念得到了较为广泛的认可，也成为学界的重要研究领域。网络出现后的初期，数字阅读改变的只是阅读方式，将原本需要通过纸质形式的阅读，变为电子形式的阅读。如早期较为流行的电子出版物、手机报、报纸/期刊的网络版、网络文学等。与传统的纸质出版物相比，数字化出版有着存储量大、易于保存、成本较低、检索便捷、易于携带、阅读方便等优点。数字阅读模式让阅读变得更为高效快捷，不过这种模式改变的只是阅读介质的媒介形式和存在形式，是一种物理层面的转型。但需要注意的是，电子阅读模式的出现，促进了网络文学的发展。网络文学的最初形态就是作者将自己的作品张贴于各个文学论坛、社区和其他网络空间，以便让更多读者阅读。这时的阅读其实是静止状态的、单向度的，仅仅是改变了阅读的方式和发表的介质。这也符合早期网络文学的文本形式和发表方式。

二是互动参与式阅读。随着网络文学、BBS等的出现，数字阅读模式开始发展到互动参与式阅读。读者可以通过跟帖、评论、转发等形式，参与到文本的生产、互动、分享和传播过程等。互动参与是网络文化最鲜明的特征。其实，早在20世纪中后期，随着媒介技术的发展和数字化浪潮席卷整个西方，美国学者亨利·詹金斯从媒介与受众的关系

[①] 参见赖茂生《从电子出版到数字出版》，《中国电子出版》2000年第2期。
[②] 参见周荣庭《网络出版的多媒体编辑技术》，《科技与出版》2001年第1期。
[③] 参见谢新洲《数字出版技术》，北京大学出版社2002年版。
[④] 参见余敏《共建中国数字出版平台——在首届数字出版博览会新闻发布会上的讲话》，《传媒》2005年第5期。
[⑤] 参见张立《数字出版相关概念的比较分析》，《中国出版》2006年第12期。

角度出发，提出了"参与式文化"概念："当今不断发展的媒介技术使普通公民也能参与到媒介内容的存档、评论、挪用、转换和再传播中来，媒介消费者通过对媒介内容的积极参与而一跃成为了媒介生产者。"① 网络与新媒体领域的参与式文化对阅读模式的渗透，使读者有了更多的话语权。这一阅读模式最初只是通过对文本的跟帖、转发，如网络文学、BBS及各种社区论坛，随后网络文学的深度发展和博客、微博的出现，这一阅读模式开始转向更为深层次的互动，成为参与文本生产、作者读者界限消融、分享式的阅读模式。不过，这仍然是以作者为中心的，是作者的文本生产、读者的转发分享所构成的阅读模式，只是它比早期的阅读更为开放，赋予了读者更多的阅读体验和参与方式。

三是社会化阅读模式。社会化阅读模式的形成与社交媒体（或称社会化媒体）的发展密切相关。社交媒体也被翻译为社会化媒体，这个概念是2007年美国学者安东尼·梅菲尔德在他的电子书《什么是社会化媒体》（What is Social Media）中提出的。2005年校内网（2009年改为人人网）创办，成为一个社交媒体网站。2006年，Twitter诞生并奠定了虚拟关系网络的社交模式。2008年，社交媒体成为互联网发展的重要现象和热门话题。2009年，以Twitter为原型的"新浪微博"诞生，并成为行业内影响巨大的媒体。2010年，腾讯以QQ聊天工具和手机联系人为结合点推出了"微信"这一新型社交软件，成为人们日常生活的主要社交软件。社交媒体是基于用户关系的内容生产与交换平台。因而，一些新媒体或产品形态也纷纷以此为基础，注重用户关系和内容生产。这类媒体形态不仅有各种社交网站、微博、微信等，还包括知乎社区、果壳网、豆瓣网等。彭兰认为社会化媒体主要有两个特征："一是内容生产与社交的结合。也就是说，社会关系与内容生产两者间是相互融合在一起的……二是社会化媒体平台上的主角是用户，而不是

---

① ［美］亨利·詹金斯：《昆汀·塔伦蒂诺的星球大战——数码电影、媒介融合和参与性文化》，载陶东风主编《粉丝文化读本》，北京大学出版社2009年版，第101—113页。

网站的运营者。"① 当前，社交化媒体迅速发展，社会化阅读现象也开始出现。社会化阅读的兴起大约在 2010 年前后，与网络全面进入智能化时代密切相关。2011 年，借鉴西方的 Flipboard、Zite 等社会化阅读软件的技术思维和运作模式，国内社会化阅读软件和应用平台风生水起。一些互联网巨头，如腾讯、网易、淘宝、雅虎、百度等纷纷加入社会化阅读软件的应用开发。这一时期重要的社会化阅读应用主要有最早实现手机阅读与社区融合的掌门科技开发的百阅、华阅数码开发的 ZAKER（扎客）、网易云阅读、无觅阅读、鲜果阅读等。

二 关系生产与社群文化

社会化阅读是近年来随着数字出版和社交化媒体所出现的阅读现象。不过，目前关于社会化阅读的界定仍有多方观点。有研究者总结道："有的将社会化阅读认同为移动阅读，认为是基于移动平台而产生的新型阅读模式；有的将社会化阅读限定为社会化媒体上的阅读，比如微博阅读、SNS 阅读；还有的将社会化阅读认定为智能推送与个人订阅相结合的一种阅读模式，强调社会化阅读的技术特征。"② 社会化阅读作为一种与新媒体共生的新型阅读形态，其核心无疑是社会化。根据社会化的定义，社会化主要指两个方面。一是个体的社会化。这强调个体在社会进程中通过外部环境的影响进行的教化，以期与社会环境和社会发展相适应。二是群体的社会化。这主要是强调群体在相互交往中实现的社会化。因此，社会化阅读可以说也有两个层面，一是读者在阅读过程中通过知识的获取实现了社会化，二是个体读者与其他读者在阅读过程中产生的相互作用实现了社会化。因此，社会化阅读的核心是社会关系的再生产。社会化阅读通过建立在社会关系再生产基础上的互动和分享，实现了知识获取渠道的再造和知识的再生产。社会化阅读是一种建

---

① 彭兰：《社会化媒体、移动终端、大数据：影响新闻生产的新技术因素》，《新闻界》2012 年第 16 期。
② 詹新惠：《社会化阅读产生怎样的影响》，《网络传播》2013 年第 2 期。

立在智能化、平台化技术基础上的分享式阅读，是基于社会关系网络的评价为基础的关系式阅读，是一种以读者选择为基础的主动型阅读，其指向是社会关系的再生产。

数字时代人们获取信息的渠道更加多元，在"个人—信息—网络—社会"这一网状结构中，个人获取信息的方式主要有两种，即订阅机制和社会化机制。订阅机制是指个人根据自身的兴趣爱好对信息进行主动筛选和获取，其核心是内容；社会化机制是个人根据其所建立的社会关系网络，如各类社交网络、社区论坛、亲朋好友、粉丝等的推荐、转发获取信息的机制，其核心是关系网络。当然，这两种网络并非绝对分离，而是越来越走向融合，即个人获取信息的渠道由订阅机制和社会化机制共同构成。但是，不得不说，随着信息渠道的多元和信息内容的庞杂，人们获取自己所需信息和获取优质信息的成本越来越高，由此，建立在"熟人"基础上的"关系"就成为获取信息的"社会化引擎"。因此，社会化阅读进一步扩展了信息获取的模式，形成了"兴趣—关注（关系）—推荐—互动—分享"的可循环模式。在这一模式中，读者对内容的兴趣和对关系用户的信任成为阅读选择的重要驱动因素。由此，社会化阅读突破了人与文本的单向度交流，丰富了"人—文本—人"的参与式互动，进一步将阅读模式扩展为"人—文本—社群"的互动模式。

正如有研究者所说："互联网，尤其是移动互联网，极大地激活了个体及其嵌入的关系网络资源，从社会的'底部'改变了赋权模式与权力格局。"[①] 一方面，为了获得相同爱好者的信息分享，他们需要组合成一个志趣相投的网络社群。这一模式类似于前互联网时代的读书会、读者俱乐部。另一方面，无论是作者、读者，还是出版机构，为了图书销售的需要，也需要建立一个社群。因此，社会化阅读形成了一种圈群特征。在这个圈群中，个体与网络之间的生态环境，不仅是一种信

[①] 喻国明、马慧：《关系赋权：社会资本配置的新范式——网络重构社会连接之下的社会治理逻辑变革》，《编辑之友》2016年第9期。

息获取的方式，而且是一种自带"信息云"和"关系云"的云存储单位。在社会化阅读模式中，阅读的概念不再是"读书"，而是集阅读、分享、评论、社交、销售等为一体的关系网络模式。社会化阅读的关系生产主要有作者、读者、出版商三者之间的关系，还包括用户与用户、内容与内容、用户与内容之间的关系。

随着网络技术和网络媒体的发展，实体空间不断被打破，网民通过网络空间实现了无疆界的交往。他们通过共同的兴趣、文化、其他目的组合成一个个聚合式的网络社群，我们进入了一个"重归部落化"（麦克卢汉语）的空间。在这一空间中，网络的社交功能进一步凸显。不仅是社交网站，阅读也变得越来越具有社交功能。社会化阅读满足了读者的身份认同。大量社会化阅读社群里有着大量的同人小说，他们甚至是作者和作者之间的粉丝，他们通过写作发现志趣相投的同道中人。随着网络与新媒体平台的发展，社会化阅读更多强调的是通过新型媒体平台所形成的一种互动式阅读体验。读者通过社会化阅读实现了读者与读者、读者与内容、读者与社会的互动，"在持续互动的过程中进行价值观的匹配，成功匹配者将形成对社群的文化认同和情感黏结，继而在情感的驱动下进行更深层次的社会交往"[1]。因此，正是从这个角度上说，社会化阅读社群有着双重意义，它不仅黏合了读者和网络的技术层面，同时也让读者在交流中实现了情感和价值的认同，培育着社群的文化。

三　出版创新与读者主体

社会化阅读改变了过去"有什么读什么""出版什么买什么""发布什么看什么"的以内容为主导的被动阅读模式，形成了一种"我读我想读""我读我愿读"的以读者为中心的阅读模式。社会化阅读的出现，将对出版的内容、出版方式、出版形态等方面产生重要的影响，从而在数字阅读语境中重建了读者的主体地位。

---

[1] 蔡骐：《网络社群传播与社会化阅读的发展》，《新闻记者》2016年第10期。

社会化阅读对文学出版产生的重要影响是出版模式的创新。出版机构需要根据用户的内容需求和兴趣进行定制化生产。因此，当下文学出版的发展应该在读者服务上下功夫，提升服务水平，实行个性化、定制化服务，这是未来出版机构的制胜策略和发展趋势。除了满足一般读者的普遍需求之外，出版机构的读者服务还需要着眼于四个方面。一是为读者提供精准化服务。一些中小规模的出版机构不可能，也没必要走大而全的发展模式，它们最终要赢得市场必须走精致专业的、精细化的道路，以年龄、性别、职业、地区、收入、兴趣等作为分类标准锁定目标读者，出版多种主题图书，细分读者市场，满足读者需求。二是提供特色化服务。随着图书出版数量的急剧增加，读者在选书、购书、新书动态等方面的资讯很难及时掌握。如果出版机构能够及时推出相关服务，将产生良好效果。出版机构可以通过社会化阅读平台建立购书服务的专业团队和专业指导，向网络平台募集相关专业人士，为读者筛选"新品"或"畅销书"，为推荐的图书附上推荐理由，为读者提供参考。三是为读者提供定制式服务。读者对于图书的需求具有多元性，少数读者可能对一些市场覆盖面不广、市场潜力不足、需求量较少、出版年代较早的图书会有少量需求。对此，出版机构可以采取定制式服务，为少数有需求的读者提供相关图书。目前已经有一些出版机构或书店开始提供这类图书的打印本或电子版本的销售。通过精准化、特色化和定制式的服务，出版机构将会进一步培养读者的忠诚度，从而获得市场的认可。四是重视自组织内容生产。还应该注意到，社会化阅读所组织的阅读社群，有着强大的动员能力，能够开启自组织式的内容生产。大量的作者、读者通过社会化阅读社群对作品进行阅读、分析、评论甚至再创作，形成了一种"业余生产者"力量。他们可以利用自己的知识进行内容再生产，为用户提供各种满足需求的多元化文本。这构成了社会化阅读社群中巨大的信息生产能力。

社会化媒体的出现，为人与人之间的交往提供了一种场景，提供了一种"基于空间和基于行为与心理的环境氛围"。社会化阅读为读者提供了这样一个虚拟的场景化空间。文学的阅读、分享、评论、再创作成为一种新的"阅读—生产"模式,文学图书成为关系生产的一部分。社会化阅读通过大数据、移动互联网、社交媒体/社会化阅读平台、传感器和定位系统,能够准确关联读者,建构读者的社会化阅读场景。因此,出版不再是以书为中心的生产过程。对此,凯文·凯利在《技术元素》中说:"最主要的转变是把书看作一个过程而非物品。我们的文化正在从'书本的文化'变成'出书的文化'。我们的关注点不再是作为名词形式的书,而是动词形式的书——这是一个连续不断的过程:思考、写作、编辑、写作、分享、编辑、观看、书写、观看、分享、思考、写作——这个过程中我们偶尔会抛弃书本。书,甚至是电子书,只是出书这个过程的副产品。"①

正是社会化阅读对出版的关系再造,文学出版过程中就不得不考虑图书以外的因素。社会化阅读的重要特征是分享式阅读,但这种分享并非纯粹的文化交流和阅读体验,而是蕴含着经济学的意义。不同的读者将其对某一内容的阅读体验通过评价机制、书评、读书随想、推荐等形式,推荐或不推荐给其他读者阅读,这势必会影响读者对这一阅读内容的评判和对图书的选择。因此,一方面,文学出版机构应该注重社会化阅读的关系生产,培养用户的使用习惯和扩大用户的基数,在重视读者对某一内容/图书的阅读、转发、点赞的基础上,还要更多地关注和维系用户间的社交关系,强化用户的关系中介作用,将社会化阅读平台的用户资源转化为文学出版的经济资源。另一方面,我们应该注意到,一些作者/潜在作者通过社会化阅读的关系生产,最终实现自我名声的累积。这些作者或读者通过社会化阅读社区或其他空间,吸引更多的潜在资源,为自己带来名声,从而更好地走向市场。通过粉丝投票、作品推广、分享故事等方式,他们还经常出入于出版业人群的社区,以获取出版行业从业者的注意,或与他们建立良好的关系。有些潜在作者充分借

---

① [美]凯文·凯利:《技术元素》,张行舟、余倩等译,电子工业出版社2012年版,第141页。

用社会化阅读的关系生产，将自己的某一部作品在社会化阅读平台免费发布，以此吸引读者、建立自己的声望，然后通过累积的声名和潜在的粉丝/读者销售自己的作品。或者，一些业余作者通过社会化阅读平台发表作品，受到读者的欢迎，从而获得了出版纸质图书的机会。因此，文学出版商应该把握社会化阅读的本质，重建读者的主体性，建立以读者为中心的出版机制，充分利用数字技术的发展，在数字化的浪潮中找寻到自己的突围路径。

附　　录

附录一　20世纪80年代主要文学丛书出版目录

丛书名	丛书内容	编者/作者	出版时间（年）	出版社
新文学史料丛书	《我走过的道路》	茅盾	1981	人民文学出版社
	《朱自清日记》	朱自清	1981	
	《从文自传》	沈从文	1981	
	《旅广手记》	巴人	1981	
	《学习追求五十年》	姚雪垠	1981	
	《创作回忆录》	巴金	1982	
	《老舍生活与创作自述》	老舍	1982	
	《徐懋庸回忆录》	徐懋庸	1982	
	《写作生涯回忆》	张恨水	1982	
	《记事珠》	冰心	1982	
	《我与我的世界》	曹聚仁	1983	
	《风雨五十年》	阳翰笙	1986	
中国现代文学流派创作选丛书	《荷花淀派作品选》	冯健男	1983	人民文学出版社
	《山药蛋派作品选》	高捷	1984	
	《新感觉派小说选》	严家炎	1985	
	《象征派诗选》	孙玉石	1986	
	《现代派诗选》	蓝棣之	1986	
	《七月》《希望》作品选	吴子敏	1986	
	《语丝》作品选	张梁	1988	
	《新月派诗选》	蓝棣之	1989	
	《京派小说选》	吴福辉	1990	
	《文学研究会小说选》	李葆琰	1991	
	《九叶派诗选》	蓝棣之	1992	
	《鸳鸯蝴蝶派——〈礼拜六〉派作品选》	范伯群	1991	

续表

丛书名	丛书内容	编者/作者	出版时间（年）	出版社
中国现代文学作品原本选印丛书	《背影》（散文集）	朱自清	1983	人民文学出版社
	《卷葹》（短篇小说集）	淦女士	1983	
	《志摩的诗》（诗集）	徐志摩	1983	
	《湖畔　春的歌集》（诗集）	潘漠华、冯雪峰、应修人、汪静之	1983	
	《新梦　哀中国》（诗集）	蒋光赤	1983	
	《草莽集》（诗集）	朱湘	1984	
	《尝试集》（诗集）	胡适	1984	
	《孩儿塔》（诗集）	殷夫	1984	
	《地之子　建塔者》（短篇小说集）	台静农	1984	
	《怂恿　喜讯》（短篇小说集）	彭家煌	1984	
	《作家论》（评论集）	茅盾	1984	
	《财主底儿女们（上、下）》（长篇小说）	路翎	1985	
	《海滨故人　归雁》（短篇小说集及中篇小说）	庐隐	1985	
	《花之寺　女人　小哥儿俩》（短篇小说集）	凌叔华	1986	
	《传奇》（中短篇小说集）	张爱玲	1986	
	《春醪集　泪与笑》（散文集）	梁遇春	1986	
	《南北极　公墓》（短篇小说集）	穆时英	1987	
	《喜筵之后　某少女　女性》（短篇小说集及中篇小说）	沉樱	1987	
	《时代姑娘　未完的忏悔录》（长篇小说）	叶灵凤	1988	
	《谈美　谈文学》（美学理论、文学理论）	朱光潜	1988	
	《浪漫的与古典的　文学的纪律》（文学评论集）	梁实秋	1988	
	《自己的园地　雨天的书》（散文集）	周作人	1988	
	《冲积期化石　飞絮　苔莉》（长篇小说）	张资平	1988	
	《剪拂集　大荒集》（杂文集）	林语堂	1988	
	《分类白话诗选》（诗集）	许德邻	1988	
	《爱眉小扎》（日记、书信）	徐志摩	1988	
	《白金的女体塑像　圣处女的感情》（短篇小说集）	穆时英	1988	

续表

丛书名	丛书内容	编者/作者	出版时间（年）	出版社
中国现代文学史资料丛书	《郭沫若著译书目》	上海图书馆	1980	上海文艺出版社
	《左联五烈士研究资料编目》	丁景唐、瞿光熙	1981	
	《鲁迅著译系年目录》	上海鲁迅纪念馆	1981	
	《语丝》	语丝社	1982	
	《鲁迅革命活动考述》	倪墨炎	1984	
	《鸳鸯蝴蝶派研究资料》	魏绍昌、吴承惠	1984	
	《雪峰年谱》	包子衍	1985	
	《光明》	光明半月刊社	1985	
	《郭沫若著译书目》	萧斌如、邵华	1989	
中国现代文学史参考资料	《三叶集》	田汉、宗白华、郭沫若	1982	上海书店
	《知堂乙酉文编》	周作人	1983	
	《文坛忆旧》	赵景深	1983	
	《离婚》	潘汉年	1983	
	《徐志摩年谱》	陈从周	1984	
	《灵凤小品集》	叶灵凤	1985	
	《大荒集》	林语堂	1985	
	《小雨点》	陈衡哲	1985	
	《二十今人志》	人间世社	1986	
	《谈虎集》	周作人	1987	
	《谈龙集》	周作人	1987	
	《归国秘记》	郭沫若	1988	
	《鬼恋》	徐訏	1988	
	《冬至集文》	许杰	1988	
	《铁马集》	陈梦家	1992	
	《春日》	罗黑芷	1993	
	《英兰的一生》	孙梦雷	1993	

续表

丛书名	丛书内容	编者/作者	出版时间（年）	出版社
延安文艺丛书	文艺理论卷	延安文艺丛书编委会	1984	湖南人民出版社 湖南文艺出版社
	小说卷（上下）	延安文艺丛书编委会	1984	
	诗歌卷	延安文艺丛书编委会	1984	
	报告文学卷	延安文艺丛书编委会	1984	
	歌剧卷	延安文艺丛书编委会	1985	
	话剧卷	延安文艺丛书编委会	1985	
	秧歌剧卷	延安文艺丛书编委会	1987	
	散文卷	延安文艺丛书编委会	1987	
	戏曲卷	延安文艺丛书编委会	1987	
	美术卷	延安文艺丛书编委会	1987	
	文艺史料卷	延安文艺丛书编委会	1987	
	民间文艺卷	延安文艺丛书编委会	1988	
	音乐卷	延安文艺丛书编委会	1988	
	电影、摄影卷	延安文艺丛书编委会	1988	
	舞蹈、曲艺、杂技卷	延安文艺丛书编委会	1988	
上海抗战时期文学丛书（40余册）	《蛰居散记》	郑振铎	1982	福建人民出版社 海峡文艺出版社
	《喜剧二种》	杨绛	1982	
	《不宁静的城》	谷斯范	1982	
	《大姊》	郑定文	1983	
	《无望村的馆主》	师陀	1983	
	《魔鬼吞下了炸弹——上海》	陈伯吹	1983	
	《人·兽·鬼》	钱锺书	1983	
	《战地行脚》	钱君匋	1983	
	《烽鼓集》	朱雯	1983	
	《轭下集》	吴岩	1983	
	《地下》	程造之	1983	
	《脚踪》	王元华	1983	
	《写在人生边上》	钱锺书	1983	

续表

丛书名	丛书内容	编者/作者	出版时间（年）	出版社
上海抗战时期文学丛书（40余册）	《"孤岛"剧作二种》	于伶	1984	福建人民出版社 海峡文艺出版社
	《的笃戏》	许杰	1984	
	《万里烽烟》	舒諲	1984	
	《火》	巴金	1985	
	《郁达夫抗战诗文抄》	王孙、熊融编	1982	
	《群像》	罗洪	1982	
	《第一击》	阿垅	1985	
	《蹄下小景》	赵薪	1985	
	《笼里》	徐开垒	1985	
	《恶夜》	沉寂	1985	
	《血债》	司徒宗	1985	
	《新旧时代》	关露	1985	
	《控诉集》	巴金	1985	
	《消长新集》	周木斋	1985	
	《火花集》	华铃	1989	
	《人·兽·鬼》《写在人生边上》	钱锺书	1991	
	《枕戈录》	施蛰存	1992	
	《风尘草》	楼适夷	1992	
	《石华父戏剧选》	石华父	1992	
	《微贱的人》	王西彦	1992	
	《"孤岛"内外》	何为	1992	
	《夜店》	柯灵、师陀改编	1992	
	《苦菜》	戴平万	1992	
	《泥河》	袁鹰	1997	
抗战时期桂林文化运动资料丛书	《桂林文化城记事》	广西社会科学院	1984	广西人民出版社
	《西南剧展》（上下册）	广西戏剧研究室	1984	
	《桂林文化城概况》	广西社会科学院 广西师范大学	1986	
	《欧阳予倩与桂剧改革》	广西艺术研究院 广西社会科学院	1986	
	《文艺期刊索引》	广西社会科学院	1986	
	《旅桂作家》（上下册）	广西师范大学	1989	

续表

丛书名	丛书内容	编者/作者	出版时间（年）	出版社
中国抗日战争时期大后方文学书系	《文学运动》	楼适夷	1989	重庆出版社
	《理论·论争》（上下）	蔡仪	1989	
	《小说》（四册）	艾芜	1989	
	《报告文学》（三册）	碧野	1989	
	《散文杂文》（二册）	秦牧	1989	
	《诗歌》（二册）	臧克家	1989	
	《戏剧》（三册）	曹禺	1989	
	《电影》	张骏祥	1989	
	《通俗文学》	钟敬文	1989	
	《外国人士作品》	戈宝权	1989	
新时期流派小说精选丛书	《荒诞派小说》	吴亮、章平、宗仁发	1988	时代文艺出版社
	《意识流小说》	吴亮、章平、宗仁发	1988	
	《魔幻现实主义小说》	吴亮、章平、宗仁发	1988	
	《现实主义小说》（上下册）	吴亮、章平、宗仁发	1988	
	《象征主义小说》	吴亮、章平、宗仁发	1988	
	《民族文化派小说》	吴亮、章平、宗仁发	1989	
	《结构主义小说》	吴亮、章平、宗仁发	1989	
八十年代中国文学新潮丛书	《缤纷的小说世界——新潮小说选评》（四册）	张学正、张志英	1988	花山文艺出版社
	《多声部的剧场——新潮戏剧选评》	田旭修	1988	
	《骚动的诗神——新潮诗歌选评》	李丽中	1988	
文艺探索书系	《探索小说集》	程德培、吴亮	1986	上海文艺出版社
	《探索诗集》	本社编	1986	
	《探索戏剧集》	本社编	1986	
	《探索电影集》	本社编	1987	
	《心灵的探索》	钱理群	1988	

续表

丛书名	丛书内容	编者/作者	出版时间（年）	出版社
八十年代文学新潮丛书	《带露的绿叶——纪实小说选萃》	李复威	1989	北京师范大学出版社
	《一半是火焰一半是海水——通俗小说选萃》	刘玉山	1989	
	《伊甸园里的躁动——性恋小说选萃》	贺绍俊、潘凯雄	1989	
	《憧憬船——台港文学新潮选萃》	杜元明	1989	
	《世纪病：别无选择——"垮掉的一代"小说选萃》	陈雷	1989	
	《褐色鸟群——荒诞小说选萃》	吕芳	1989	
	《红房间 白房间 黑房间——探索戏剧选萃》	小青	1992	
	《灯心绒幸福的舞蹈——后朦胧诗选萃》	唐晓渡	1992	
	《我常常享受一种孤独——获奖诗人诗歌选萃》	蓝棣之	1992	
	《寻找的时代——新潮批评选萃》	李洁非、杨劼	1992	
	《群山之上——新潮散文选萃》	老愚	1992	
	《独身的女子们——社会问题报告文学选萃》	李复威、杨浬	1992	
当代文学资料丛书	《1983年中篇小说争鸣集》	陈子伶、石峰	1984	山东文艺出版社
	《1983—1984短篇小说争鸣集》	陈子伶、石峰	1984	
	《1985年争鸣小说集》	陈子伶、石峰	1987	
新时期争鸣作品丛书	《五色土》	中国作家协会创作研究室选编	1989	时代文艺出版社
	《黑玫瑰》	中国作家协会创作研究室选编	1989	
	《男人的一半是女人》	中国作家协会创作研究室选编	1989	
	《公开的情书》	中国作家协会创作研究室选编	1989	

续表

丛书名	丛书内容	编者/作者	出版时间（年）	出版社
新时期争鸣作品丛书	《美神之囚》	中国作家协会创作研究室选编	1989	时代文艺出版社
	《贞女》	中国作家协会创作研究室选编	1989	
	《女俘》	中国作家协会创作研究室选编	1989	
	《白纸船》	中国作家协会创作研究室选编	1989	
	《感情危机》	中国作家协会创作研究室选编	1989	
	《小城之恋》	中国作家协会创作研究室选编	1989	
	《鲁班的子孙》	中国作家协会创作研究室选编	1989	
	《棉花垛》	中国作家协会创作研究室选编	1989	
	《晚霞消失的时候》	中国作家协会创作研究室选编	1989	
海峡丛书	《海山遥遥》	陈浩泉	1982	海峡文艺出版社
	《我是一片云》	琼瑶	1985	
	《春江》	赵淑侠	1985	
台湾文学丛书	《盲点》	廖辉英	1987	北方文艺出版社
	《孽子》	白先勇	1987	
	《远见》	陈若曦	1988	
	《爱情的季节》	萧飒	1988	
	《钟爱》	袁琼琼	1988	
	《台湾玉》	施叔青	1987	海峡文艺出版社
	《三毛作品选》	三毛	1986	
	《陈若曦中短篇小说选》	陈若曦	1985	
	《王祯和小说选》	王祯和	1985	

续表

丛书名	丛书内容	编者/作者	出版时间（年）	出版社
台湾文学丛书	《白先勇短篇小说选》	白先勇	1982	福建人民出版社
	《陈映真小说选》	陈映真	1983	
	《黄春明小说选》	黄春明	1985	
香港台湾与海外华文文学丛书	《酒徒》	刘以鬯	1985	中国文联出版公司
	《香港两姊妹》	夏易	1985	
	《窗外》	琼瑶	1986	
	《海天·岁月·人生》	袁鹰	1986	
	《颠倒的世界》	施叔青	1986	
	《流云》	钟肇政	1986	
	《江山万里》	钟肇政	1986	
	《浊流》	钟肇政	1986	
	《无情世代》	蒋晓云	1986	
	《纸婚》	陈若曦	1987	
	《废墟台湾》	宋泽莱	1987	
	《焦点》	郭良蕙	1987	
	《牛肚港的故事》	王拓	1987	
	《倾城之恋》	张爱玲	1987	
	《西游怪记》	柏杨	1987	
	《孤恋花》	白先勇	1991	

说明：部分丛书的出版时间持续到 20 世纪 90 年代，为保持丛书的完整性，在此一并列入。

附录二　女性文学丛书一览

（一）

丛书信息	作者	书名
红辣椒女性文丛（第一辑） 四川人民出版社 1995年6月 陈骏涛主编	张抗抗	《故乡在远方》
	唐敏	《纯净的落叶》
	蒋子丹	《一个人的时候》
	方方	《闲聊》
	斯妤	《两种生活》
红辣椒女性文丛（第二辑） 四川人民出版社 1996年12月 陈骏涛主编	池莉	《对镜梳妆》
	毕淑敏	《没有墙壁的工作间》
	范小青	《又是雨季》
	王英琦	《守望灵魂》
红辣椒女性文丛（第三辑） 四川人民出版社 1998年 陈骏涛主编	铁凝	《铁凝小说精粹》
	方方	《方方小说精粹》
	蒋子丹	《蒋子丹小说精粹》
	斯妤	《斯妤小说精粹》
	陈染	《陈染小说精粹》
红辣椒女性文丛（海外辑） 四川人民出版社 2000年8月 陈骏涛主编	於梨华	《别西冷庄园》
	喻丽清	《山雾居手记》
	陈若曦	《生命的轨迹》
	吴玲瑶	《幽默男女》
当代女性文学书系 春风文艺出版社 1993年 蓝棣之主编	丁玲等	《鬼吻：女性心态文学》
	戴晴等	《斋女：女性感抒文学》
	文洁华等	《殉葬：女性调侃文学》
	方子	《来世：女性梦幻文学》
	方子	《悬空：女性流浪文学》
	方方	《游戏：女性本位文学》
	王安忆等	《变奏：女性异端文学》
	舒婷等	《分居：女性写真文学》
	赵玫等	《囚禁：女性性爱文学》
	赵玫等	《流星：女性忏悔文学》
	铁凝等	《梦妖：女性主义文学》
	黄碧云等	《呕吐：女性生存文学》

续表

丛书信息	作者	书名
风头正健才女书 华艺出版社 1995年1月 陈晓明主编	林白	《青苔》
	王安忆	《伤心太平洋》
	海男	《私奔者》
	陈染	《凡墙都是门》
	徐小斌	《迷幻家园》
	于青	《传说》
	张欣	《城市情人》
	虹影	《六指》
海外中国女作家丛书 时代文艺出版社 1995年8月 金钟鸣主编	[美] 查建英	《丛林下的冰河》
	[美] 严歌苓	《海那边》
	[英] 虹影	《玉米的咒语》
	[法] 刘西鸿	《今天情人节》
	[法] 刘西鸿	《花儿为什么这样红》
	[德] 友友	《她看见两个月亮》
海派女作家文丛 文汇出版社 1996年10月	王周生	《笑过的印记》
	周佩红	《你的名字是什么》
	须兰	《思凡》
	陆星儿	《一撇一捺的人》
	秦文君	《老祖母的小房子》
	王晓玉	《我要去远方》
	陈丹燕	《遥远地方的音乐声》
	南妮	《花如情人》
	黄宗英	《我公然老了》
	王小鹰	《前巷深后巷深》
	殷慧芬	《纪念》
	茹志鹃	《儿女情》
当代女作家长篇小说文库 时代文艺出版社 1997年3月 丁帆主编	宣儿	《随风飘逝》
	弦子	《青萍之末》
	于艾香	《女人情感方式》
女性独白最新系列随笔精华 华艺出版社 1998年5月	陈染	《阿尔小屋》
	斯妤	《风妖》
	陈祖芬	《青年就是GO》
	徐小斌	《蔷薇的感官》

(二)

丛书信息	作者	书名
文学新人类丛书 珠海出版社 1999年9月 谢有顺主编	卫慧	《像卫慧那样疯狂》
	周洁茹	《我们干点什么吧》
	金仁顺	《爱情冷气流》
	朱文颖	《迷花园》
突围丛书 花山文艺出版社 2000年1月 王干主编	卫慧	《水中的处女》
	棉棉	《每个好孩子都有糖吃》
新新人类另类情感文库 中国戏剧出版社 2000年1月	棉棉	《糖》
新新人类另类小说文库 中国对外翻译出版公司 2000年3月	赵波	《情色物语》
	刘燕燕	《阴柔之花》
	魏微	《情感一种》
"非常女孩"丛书 天津人民出版社 2000年6月	魏微	《今晚你不留下陪我吗》
	术术	《坏女孩宣言：我是一个自由魂》
	朱文颖	《两个人的战争》
	周洁茹	《我知道是你》
新新女性情调散文书系 中国妇女出版社 2001年1月 李师东主编	巫昂	《正午的巫昂》
	马伊	《淋湿》
	陈蔚文	《随纸航行》
	蓝蓝	《夜有一张脸》
	水果	《让灵魂摇滚》
	钟锟	《地铁里的眼睛》
	王芸	《经历着异常美丽》
	陈融	《不一样的飞翔》
烟雨杏花·别致浪漫主义系列 河北人民出版社 2001年9月	周洁茹	《抒情时代》
	管燕草	《靠近我》
	赵波	《烟男》
	朱文颖	《绯闻》
	魏微	《到远方去》

续表

丛书信息	作者	书名
今生今世爱情小说丛书 花山文艺出版社 2002年10月 谭湘、刘桂欣策划	张欣	《缠绵之旅》
	王晓玉	《水清和她的男人们》
	周洁茹	《梅兰梅兰我爱你》
	赵凝	《美丽深渊》
	刘敏	《你让我有了爱的感觉》
	黄蓓佳	《危险游戏》
中国后先锋美女作家方阵 新疆青少年出版社 2003年6月 申维主编	崔曼莉、马兰、钟钟、戴来、魏微、丹羽、王传宏、朱文颖等合集	《一个人的离婚》
		《你的一生我只借一晚》
		《诱惑，诱惑你》
		《出轨》

（三）云南人民出版社"她们文学丛书"一览

丛书信息	作者	书名
第一辑 1995年 程志方主编	海男	《空中花园》
	海男	《疯狂的石榴树》
	林白	《回廊之椅》
	林白	《德尔沃的月光》
	斯妤	《我因为什么而孤独》
	斯妤	《寻访乔里亚》
	迟子建	《白雪的墓园》
	迟子建	《伤怀之美》
	陈染	《站在无人的风口》
	陈染	《断片残简》
	［英］虹影	《玄机之桥》
	［英］虹影	《异乡人手记》
第二辑 1996年 程志方主编	徐小斌	《蓝毗尼城》
	徐小斌	《世纪末风景》
	徐坤	《游行》
	毕淑敏	《预约死亡》
	毕淑敏	《性别按钮》
	黄蓓佳	《藤之舞》
	方方	《推测几种》
	蒋子丹	《回忆冬天》
	蒋子丹	《贞操游戏》
	赵玫	《零公里》
	赵玫	《从这里到永恒》
	王小妮	《放逐深圳》

续表

丛书信息	作者	书名
第三辑 1998年 程志方主编	铁凝	《想象胡同》
	铁凝	《秀色》
	蒋韵	《现场逃逸》
	蒋韵	《春天看罗丹》
	顾艳	《无家可归》
	顾艳	《欲望的火焰》
	张欣	《今生有约》
	张欣	《敬畏生命》
	王坤红	《情未了》
	王坤红	《大玩家》
	曾明了	《生死界》
	江灏	《我是谁》
	林宋瑜	《伊人面壁》
第四辑 2000年 程志方主编	宣儿	《城市记忆》
	江灏	《最后的好运》
	顾艳	《疼痛的飞翔》
	海男	《你活着吗》
	张梅	《暗香浮动》
	张梅	《女人·游戏·下午茶》
	残雪	《美丽南方之夏日》
	残雪	《奇异的木板房》
	王安忆	《岗上的世纪》
	王安忆	《男人和女人》《女人和城市》
	薛燕平	《门后的风景》
	黄晓萍	《握手》
	周晓枫	《鸟群》
	马莉	《怀念的立场》

（四）河北教育出版社女性文学丛书一览

丛书信息	作者	书名
红罂粟丛书（第一辑） 1995年 王蒙主编	范小青	《还俗》
	黄蓓佳	《玫瑰房间》
	王小鹰	《意外死亡》
	陆星儿	《女人的规则》
	胡辛	《四个四十岁的女人》
	毕淑敏	《生生不已》
	叶文玲	《此间风水》
	林白	《子弹穿过苹果》
	王晓玉	《正宫娘娘》
	迟子建	《向着白夜旅行》
	方方	《何处是我家园》
	赵玫	《太阳峡谷》
	陈染	《潜性逸事》
	蒋子丹	《桑烟为谁升起》
	陈祖芬	《让我糊涂一回》
	徐小斌	《如影随形》
	张欣	《真纯依旧》
	池莉	《绿水长流》
	张抗抗	《永不忏悔》
	徐坤	《女娲》
	铁凝	《对面》
红罂粟丛书（第二辑） 1998年 铁凝主编	残雪	《辉煌的日子》
	宗璞	《宗璞影记》
	叶文玲	《叶文玲影记》
	张抗抗	《张抗抗影记》
	铁凝	《铁凝影记》
	方方	《方方影记》
	池莉	《池莉影记》
	迟子建	《迟子建影记》
	陈染	《陈染影记》

续表

丛书信息	作者	书名
蓝袜子丛书 1995年7月 陶洁、钱满素策划	张荣选编	《第二性（法国卷）》
	高慧勒选编	《清贫赋（日本卷）》
	段若川选编	《温柔的激情（拉美南欧卷）》
	黄梅选编	《自己的一间屋（英国卷）》
	钱满素选编	《我，生为女人（美国卷）》
	蒋承俊选编	《我曾在那个世界里（东欧卷）》
	孙美玲选编	《莫斯科女人（俄苏卷）》
	劳人、宁瑛选编	《害怕爱情（德语国家卷）》
	李琛选编	《四分之一个丈夫（阿拉伯卷）》
	申慧辉、孙桂荣选编	《房中鸟（加拿大卷）》
金蜘蛛丛书 1996年4月 戴小华主编	简嫃	《忧郁女猎人》
	聂华苓	《千山外，水流长》
	苏伟贞	《我们之间》
	李昂	《暗夜》
	张晓风	《酿酒的理由》
	袁琼琼	《沧桑》
	［美］於梨华	《傅家的儿女们》
	［瑞士］赵淑侠	《春江》
	［加拿大］冯湘湘	《在水之湄》
	［美］喻丽清	《阑干拍遍》
	施叔青	《遍山洋紫荆》
	［美］丛苏	《兽与魔》
	［美］吴瑞卿	《没有天使的天使岛》
	高雷娜	《爱墙》
	周蜜蜜	《烧》
	［美］王克难	《雾里的女人》
	［法］吕大明	《流过记忆》
	［美］黄娟	《大峡谷奇遇记》
	［马来西亚］柏一	《荒唐不是梦》
	［新加坡］张曦娜	《镜花》
	［马来西亚］戴小华	《深情看世界》
	［新加坡］尤今	《美丽的胎记》
	［美］陈若曦	《走出细雨濛濛》

参考文献

一 中文著作

陈霖：《文学空间的裂变与转型：大众传播与20世纪90年代中国大陆文学》，安徽大学出版社2004年版。

程光炜：《大众媒介与中国现当代文学》，人民文学出版社2005年版。

程美华：《新时期（1978—2008）出版史概论》，学林出版社2012年版。

程箐：《消费镜像：20世纪90年代女性都市小说与消费主义文化研究》，中国社会科学出版社2008年版。

戴锦华：《隐形书写——90年代中国文化研究》，江苏人民出版社1999年版。

单小曦：《现代传媒语境中的文学存在方式》，中国社会科学出版社2008年版。

范军等：《出版文化与产业专题研究》，华中师范大学出版社2012年版。

方卿等：《出版产业链研究》，高等教育出版社2011年版。

何启治：《文学编辑四十年》，人民文学出版社2001年版。

洪子诚：《问题与方法：中国当代文学史研究讲稿》，生活·读书·新知三联书店2002年版。

胡友峰：《媒介生态与当代文学》，武汉大学出版社2016年版。

黄发有：《媒体制造》，山东文艺出版社2005年版。

黄发有：《中国当代文学传媒研究》，人民文学出版社2014年版。

黄发有：《准个体时代的写作》，上海三联书店2002年版。

蒋荣昌：《消费社会的文学文本：广义大众传媒时代的文学文本形态》，四川大学出版社2004年版。

金惠敏：《媒介的后果：文学终结点上的批判理论》，人民出版社2005年版。

赖洪波：《王朔与海岩的文学选择——大众文学的生产与消费机制》，文化艺术出版社2009年版。

刘茂华：《媒介化时代的文学镜像》，武汉出版社2010年版。

罗岗、顾铮主编：《视觉文化读本》，广西师范大学出版社2003年版。

孟繁华：《传媒与文化领导权》，山东教育出版社2003年版。

孟繁华：《众神狂欢》，今日中国出版社1997年版。

祈述裕：《市场经济下的中国文学艺术》，北京大学出版社1998年版。

人民文学出版社编：《我与人民文学出版社》，人民文学出版社2001年版。

邵燕君：《倾斜的文学场：当代文学生产机制的市场化转型》，江苏人民出版社2003年版。

宋木文：《亲历出版30年：新时期出版纪事与思考（上、下卷）》，商务印书馆2007年版。

宋原放：《中国出版史料（现代部分）第3卷（下册）》，山东教育出版社2000年版。

孙绍先：《文学艺术与媒介关系研究》，中国社会科学出版社2006年版。

孙月沐、伍旭升：《30年中国畅销书史》，对外翻译出版公司、江西教育出版社2009年版。

唐欣：《权力镜像——近二十年官场小说研究》，社会科学文献出版社2006年版。

陶东风主编：《粉丝文化读本》，北京大学出版社2009年版。

王维玲：《四十二年磨一剑——姚雪垠与〈李自成〉》，中国青年出版社

2010年版。

王先霈主编:《新世纪以来文学创作若干情况的调查报告》,春风文艺出版社2006年版。

王秀涛:《中国当代文学生产与传播制度研究》,文化艺术出版社2013年版。

王月:《新世纪媒介文化的变迁》,上海交通大学出版社2015年版。

王岳川:《中国镜像:90年代文化研究》,中央编译出版社2001年版。

徐勇:《选本编纂与八十年代文学生产》,人民文学出版社2018年版。

张邦卫:《大众媒介与审美嬗变——传媒语境中新世纪文学的转型研究》,中央编译出版社2016年版。

张邦卫:《媒介诗学:传媒视野下的文学与文学理论》,社会科学文献出版社2006年版。

张柠:《文化的病症》,上海文艺出版社2004年版。

张柠主编:《文化中国》(2004年卷、2005年卷、2006年卷、2007年卷),花城出版社2005年版、2006年版、2007年版、2008年版。

张僖:《只言片语——中国作协前秘书长的回忆》,北京十月文艺出版社2002年版。

郑崇选:《镜中之舞——当代消费文化语境中的文学叙事》,华东师范大学出版社2006年版。

郑士德:《中国图书发行史(增订本)》,中国时代经济出版社2009年版。

钟琛:《当代文学与媒介神话——消费文化语境中的"媒介文学事件"研究》,华夏出版社2010年版。

周百义:《出版的文化守望》,中国书籍出版社2008年版。

周根红:《新时期文学的影像转型》,中央编译出版社2016年版。

周扬:《周扬文集》,人民文学出版社1985年版。

作家出版社编:《回眸——从"文学新星丛书"看一个文学时代》,作家出版社2008年版。

二　中译著作

［德］哈贝马斯：《交往行动理论》（第1卷），洪佩郁、蔺青译，重庆出版社1994年版。

［法］罗贝尔·埃斯卡皮：《文学社会学》，于沛选译，浙江人民出版社1987年版。

［法］皮埃尔·布尔迪厄：《关于电视》，许钧译，辽宁教育出版社2000年版。

［法］皮埃尔·布尔迪厄：《艺术的法则：文学场的生成和结构》，刘晖译，中央编译出版社2001年版。

［法］让·鲍德里亚：《消费社会》，南京大学出版社2006年版。

［加］马歇尔·麦克卢汉：《理解媒介——论人的延伸》，何道宽译，商务印书馆2000年版。

［美］爱德华·茂莱：《电影化的想象——作家和电影》，邵牧君译，中国电影出版社1989年版。

［美］戴安娜·克兰主编：《文化社会学：浮现中的理论视野》，王小章、郑震译，南京大学出版社2006年版。

［美］丹尼尔·切特罗姆：《传播媒介和美国人的思想——从莫尔斯到麦克卢汉》，曹静生、黄艾禾译，中国广播电视出版社1991年版。

［美］道格拉斯·凯尔纳：《媒体奇观——当代美国社会文化透视》，史安斌译，清华大学出版社2005年版。

［美］凯文·凯利：《技术元素》，张行舟、余倩等译，电子工业出版社2012年版。

［美］罗伯特·艾伦：《重组话语频道：电视与当代批评理论》（第2版），牟岭译，北京大学出版社2008年版。

［美］尼尔·波兹曼：《娱乐至死》，章艳译，广西师范大学出版社2004年版。

［美］苏珊·埃勒里：《美国通俗文化简史·畅销书》，董乐山等译，漓

江出版社 1988 年版。

［美］约翰·费克斯：《理解大众文化》，王晓珏、宋伟杰译，中央编译出版社 2001 年版。

［英］罗杰·西尔弗斯通：《电视与日常生活》，陶庆梅译，江苏人民出版社 2004 年版。

［英］尼古拉斯·阿伯克龙比：《电视与社会》，张永喜等译，南京大学出版社 2002 年版。

［英］尼克·史蒂文森：《认识媒介文化：社会理论与大众传播》，王文斌译，商务印书馆 2001 年版。

［英］伊恩·瓦特：《小说的兴起：笛福、理查逊、菲尔丁研究》，高原、董红钧译，生活·读书·新知三联书店 1992 年版。

［英］约翰·苏特兰：《畅销书》，何文安编译，上海文化出版社 1988 年版。

后　　记

　　文学传媒是 21 世纪以来文学研究的热点。不过，目前对文学传媒研究关注较多的是文学期刊、影视文学和网络文学。与此相比，文学出版的关注度不高，虽然近年来也出现了不少研究成果，但是相对来说还较为分散和薄弱，缺乏整体性的研究成果。本研究只是对此的一个尝试。

　　对于文学出版的关注，始于研读导师黄发有先生的一系列文学传媒研究成果时的启发。记得读博期间，为了能够正常毕业，我曾反复研读过他的《媒体制造》《准个体时代的写作》等论著，试图从中寻找一些写论文的灵感。后来又认真学习了他的《中国当代文学传媒研究》《文学传媒与文学传播研究》《文学与媒体》《跨媒体风尚》等著作和系列论文。不过，由于生性愚钝，往往也不得要领。也许正是因为愚钝，导师怕我误入歧途，因此对我总是关爱有加、鞭策不断，让我时时心生愧疚。

　　能够较为持续关注文学出版的研究，还来自一些刊物的鼓励。《中国出版》《编辑之友》《现代出版》《出版发行研究》《中国编辑》《当代文坛》《文艺评论》《百家评论》《中国出版史研究》《民族文学研究》等刊物都刊发过我关于文学出版研究的一些习作，从而深深激励着我。他们默默的鼓励让我内心充满感动。

　　这本小书是我主持的国家社科基金项目"出版机制转型与新时期文学的市场化生产研究"的部分内容。这个项目的获得给处在学术底层

后　记

苦苦挣扎的我以巨大的学术信心，让我相信世事美好，相信但问耕耘，更重要的是，让我在此后的学术道路上始终保持一种平和、淡然、感恩的心态。

这本小书还曾入选中国作家协会重点扶持项目，出版时还受到山东大学"双一流"建设经费支持。在此一并致谢。

周根红

2022 年 3 月 10 日